Oldenbourg Interpretation
Band 16

Oldenbourg Interpretationen
Herausgegeben von
Klaus-Michael Bogdal und Clemens Kammler

begründet von
Rupert Hirschenauer (†) und Albrecht Weber

Band 16

Günter Grass

Die Blechtrommel

Interpretation von
Volker Neuhaus
mit Unterrichtshilfen von
Thomas Angenendt

Oldenbourg

Zitiert wird nach der 1997 neu gesetzten Taschenbuchausgabe dtv 11821, die seitenidentisch mit der Werkausgabe von 1997 ist. Die Stellenangaben in Klammern sind in den laufenden Text eingefügt. Alle anderen Stellenangaben werden in Anmerkungen gegeben; die hierbei verwendeten Siglen sind im Literaturverzeichnis aufgeschlüsselt.

Zitate sind halbfett gekennzeichnet.

Die Deutsche Bibliothek – CIP-Einheitsaufnahme

Neuhaus, Volker:
Günter Grass, Die Blechtrommel: Interpretation / von Volker Neuhaus. –
4., überarb. Aufl. – München : Oldenbourg, 2000
(Oldenbourg-Interpretationen; Bd. 16)
ISBN 3-486-01416-1

Bei den Zitaten, Literaturangaben und Materialien im Anhang ist die neue Rechtschreibung noch nicht berücksichtigt.

4., überarbeitete Auflage 2000
Druck 08 07 06 05 04
Die letzte Zahl bezeichnet das Jahr des Drucks.

Umschlagkonzept: Mendell & Oberer, München
Typografisches Gesamtkonzept: Gorbach GmbH, Buchendorf
Lektorat: Ruth Bornefeld, Petra Klüners
Herstellung: Lutz Siebert-Wendt
Satz: jürgen ullrich typosatz, Nördlingen
Druck und Bindung: Appl Druck, Wemding

ISBN: 3-486-**01416**-1

Inhalt

Vorbemerkung

Das Erscheinen der *Blechtrommel* hat den erst 32 Jahre alten Günter Grass 1959 über Nacht vom im engsten Kennerkreis geschätzten Lyriker und mäßig erfolgreichen Dramatiker zu einem der ersten Schriftsteller seiner Generation werden lassen.[1] Wenn das Buch auch nun als erster Teil in eine *Danziger Trilogie* eingeordnet ist, wenn auch seitdem Grass' für einen deutschen Schriftsteller einzigartiges Wahlkampfengagement 1965 bis 1972 und der Welterfolg des *Butt* seinen Ruhm vermehrt und in weiteste Kreise getragen haben, wenn der Autor auch mit neuen Werken präsent ist – *Die Blechtrommel* ist nach wie vor das Fundament dieses Ruhms. Schlöndorffs Verfilmung der ersten beiden Bücher, an der Grass intensiv mitarbeitete, hat diesen Ruhm zwanzig Jahre nach dem Erscheinen noch gefestigt: Die exakte Umsetzung des Buchs in die Optik der Kamera wurde zum bis dahin erfolgreichsten deutschen Film der Nachkriegszeit, der 1980 sogar mit dem amerikanischen Academy Award, dem ›Oscar‹, für den besten ausländischen Film ausgezeichnet wurde. Welche Bedeutung Grass der *Blechtrommel* und ihrem Helden Oskar beimisst, zeigt sich auch an dessen Wiederauftreten in der *Rättin* (1986, s. S. 92 dieser Arbeit).

Der Zielsetzung der Reihe gemäß versuche ich im Folgenden ›Analyse und Verstehenssynthese‹ miteinander zu verbinden. Der Sachinformation und der textnahen Analyse gebührt dabei Vorrang vor der Auseinandersetzung mit der ausufernden, oft unter dem Originalitätszwang der Dissertation stehenden Forschung. Wo ich von anderen gelernt habe, habe ich dies vermerkt, wenn ich anderen widerspreche, tue ich dies schweigend, explizit nur, wo es der Klarheit meiner eigenen Position dient.

Auf einen Forschungsbericht habe ich verzichtet; wer daran interessiert ist, den verweise ich auf meine Monografie *Günter Grass*, die 1993 in zweiter Auflage erschienen ist. Als ergänzende Hilfsmittel für Unterricht und Arbeit am Text sei auf den *Wortindex zur »Blechtrommel« von Günter Grass*, herausgegeben von Franz Josef Görtz, Randall L. Jones und Alan F. Keele, Frankfurt a. M. 1990, und auf das Bändchen *Günter Grass: Die Blechtrommel. Erläuterungen und Dokumente*, Hrsg. Volker Neuhaus, Stuttgart 1997 (RUB 16005), verwiesen.

Titelillustration von Günter Grass
(© Steidl Verlag, Göttingen)

1 Die Entstehung der »Blechtrommel«

In Günter Grass' epischem wie lyrischem Werk ist von den Anfängen an eine stark autobiografische Komponente unverkennbar: Grass hat selbst einmal den Schriftsteller definiert als jemanden,

> **dessen Intelligenz nicht groß genug ist, um mit dem Schreiben aufhören zu können. Er schreibt also weiter, aus einer ganz existentiellen Frage, die mit der übrigen Welt gar nichts zu tun hat. Das ist reiner Egoismus: Er tut es in erster Linie für sich selber, und er ist immer auf dem Weg, sich selbst mit seinen Erzeugnissen zu überraschen.**[2]

Diese Position von 1960 ist in späteren Werken noch verstärkt worden, da Grass bewusst seit *Aus dem Tagebuch einer Schnecke* von 1972 in allen epischen Werken Autor-Ich und Erzähler-Ich identifiziert: Der Berufsschriftsteller Günter Grass, mit seinen Problemen und seiner Biografie, erzählt vom *Butt* über *Die Rättin* bis zu den *Unkenrufen*. In den frühen Prosawerken, von der *Blechtrommel* von 1959 bis zu *Örtlich betäubt* von 1969, ist dieser direkte Bezug nicht gegeben, dort vermitteln jeweils erfundene Erzähler dem Leser die fiktive Welt. Dennoch weisen auch diese Werke autobiografische Bezüge auf: nicht im Sinne einer primitiven Gleichsetzung von Autor und Erzähler, also Günter Grass und Oskar Matzerath, gegen die sich Grass zu Recht stets gewehrt hat, sondern im Selbsterlebten des Stoffs. Grass' Detailrealismus, von dem für *Die Blechtrommel* noch die Rede sein wird, ist dort am stärksten, wo er in solchem Selbsterlebten seine Basis hat. Im *Butt* und im *Treffen in Telgte* hat Grass überzeugend seine Fähigkeit unter Beweis gestellt auch aus der Historie zu schöpfen und zugleich **genauere Fakten zu erfinden als die, die uns angeblich authentisch überliefert wurden**[3], aber für die Epik bis 1972, die Grass' eigene Lebenszeit behandelt, gab es solche Überlieferung nicht; an ihre Stelle musste Empirie, das Selbsterlebte, -gesehene, -gehörte, -gerochene, -gefühlte, -geschmeckte treten: Die Werke spielen in Danzig, Niedersachsen, dem Rheinland, Berlin, den Stationen, die Grass selbst durchlaufen hat, in dem Milieu, das ihm vertraut ist.

Günter Grass wurde am 16. Oktober 1927 in Danzig geboren, **wo eigentlich auch die Quelle meiner Literatur begraben und vergraben liegt**[4]. Danzig kommt dabei von der *Blechtrommel* bis zu den *Unkenrufen*, auch für den *Butt*, wo in Danzig Weltgeschichte abläuft, besondere Bedeutung zu: Grass lässt in den *Hundejahren*, dem dritten Teil der *Danziger Trilogie*, einen der drei Erzähler sagen:

> **Es war einmal eine Stadt, die hatte neben den Vororten Ohra, Schidlitz, Oliva, Emaus, Praust, St. Albrecht, Schellmühl und dem Hafenvorort Neufahrwasser einen Vorort, der hieß Langfuhr. Langfuhr war so groß und so klein, daß alles, was sich auf dieser Welt ereignet oder ereignen könnte, sich auch in Langfuhr ereignete oder hätte ereignen können.**[5]

Auch außerhalb des erzählerischen Werks hat GRASS bestätigt, dass **gerade in der Provinz sich all das spiegelt und bricht, was weltweit – mit den verschiedenen Einfärbungen natürlich – sich auch ereignen könnte oder ereignet hat.**[6] Darüber hinaus hat Danzig entscheidende Besonderheiten: **das Zusammentreffen von Deutschen und Polen, die weltoffene Lage der Stadt, die wechselvolle Geschichte**[7] – alles Dinge, die auch in der *BLECHTROMMEL* eine zentrale Rolle spielen. Zudem hat Danzig eine gerade für GRASS' Romane bis 1972, die sich mit der NS-Zeit auseinander setzen, entscheidende Eigenschaft: Es gehörte als deutsche Stadt nicht zum Deutschen Reich, sondern unterstand dem Völkerbund, sodass die direkte brutale ›Machtübernahme‹ bis zum Ausbruch des Zweiten Weltkriegs, der sich gerade deshalb in Danzig vollzog, verzögert wurde. In *AUS DEM TAGEBUCH EINER SCHNECKE* erklärt GRASS seinen Kindern:

> **Jetzt erzähle ich euch [...], wie es bei mir zu Hause langsam und umständlich am hellen Tag dazu kam. Die Vorbereitung des allgemeinen Verbrechens begann an vielen Orten gleichzeitig, wenn auch nicht gleichmäßig schnell; in Danzig, das vor Kriegsbeginn nicht zum Deutschen Reich gehörte, verzögerten sich die Vorgänge: zum Mitschreiben für später.**[8]

Noch ein weiterer Grund kommt hinzu: Die deutsche Tradition Danzigs, in der GRASS aufgewachsen war, mit der er in 17 Jahren vertraut wurde, endete 1945: **Es war einmal eine Stadt [...]**, heißt es nicht zufällig in den *HUNDEJAHREN* – alles, was GRASS' Danzig angeht, ist unwiderruflich vergangen, **das heutige Danzig hat einen ganz anderen Bezug, ein ganz anderes Herkommen.**[9] GRASS hat dafür den schönen Ausdruck gefunden, sein Danzig ruhe **wie Vineta auf dem Meeresgrund**[10], sein Werk ist der Versuch **erst einmal für mich [...] ein Stück endgültig verlorener Heimat, aus politischen, geschichtlichen Gründen verlorene Heimat festzuhalten.**[11] **Mit Wörtern nur** hat er so **die Stadt Danzig, die heute Gdańsk heißt, wieder entstehen**[12] lassen. Dass ihm das gelungen ist, bestätigt sogar der anonyme, ›K.‹ zeichnende Rezensent der *BLECHTROMMEL* aus ***Unser Danzig***, der GRASS sonst nicht wohl gesonnen ist:

> **Der umfangreiche Roman spielt in seinem ersten Teil in Danzig und könnte daher das Interesse vieler Landsleute finden. Der Verfasser ist selbst Danziger und mit unserem Lokalkolorit aufs engste vertraut. Auch versteht er es meisterhaft, ihn einzufangen, daß man z.B. die von Langfuhr nach Brösen fahrende Straßenbahn förmlich vor sich sieht [...]. So ist dieses Werk ein**

> ganz merkwürdiges Gemisch glänzender Milieuschilderung, aber auch boshaftester Satire gegen alles und jedes.[13]

Zum selbst erlebten Schauplatz tritt das selbst erfahrene Milieu: GRASS wuchs auf

> in Verhältnissen, die ich später zu beschreiben versucht habe, [...] in kleinbürgerlichen Verhältnissen: Meine Eltern hatten ein Geschäft; dazu kam, daß die Familie, wie viele Familien in Danzig, recht bunt gemischt war: von Vaters Seite her das, was man deutschstämmige Abkunft nennt, und die Familie meiner Mutter kaschubischer Herkunft.[14]

In *AUS DEM TAGEBUCH EINER SCHNECKE* erläutert GRASS das Kaschubische: **Die Kaschuben oder Kassuben, von denen es heute noch 300 000 geben soll, sind Altslawen, die eine aussterbende, mit deutschen und polnischen Lehnwörtern gespickte Sprache sprechen.**[15] Eine auf dem Lande lebende Großtante mütterlicherseits, Anna, wurde zum Vorbild der Großmutter, der Großvater väterlicherseits, der Tischlermeister war, gab GRASS die nötige Milieukenntnis, um den Mittelteil der *HUNDEJAHRE* in einer Langfuhrer Tischlerei spielen zu lassen. Züge seiner Mutter sind in das Bild eingegangen, das Oskar von seiner Mutter entwirft:

> Und meine Mutter war eine kunstsinnige Frau, das heißt, sie ging gerne ins Theater, las auch, war Mitglied in einem Bücherclub. Die schwärmerische Haltung des Kleinbürgers den Künstlern gegenüber, diese Mischung aus Grausen und Bewunderung, hat auch sicher dazu beigetragen, daß meine Mutter diese Dinge bei mir gefördert hat, zumal zwei ihrer Brüder, die im Ersten Weltkrieg gefallen sind, ähnliche Anlagen hatten, die sie nicht ausleben konnten, weil sie gefallen sind.[16]

Wir erkennen Oskars Mutter, die Opern liebt, im Buchklub war und ihrem Sohn bei der Geburt eine Blechtrommel verspricht. GRASS selbst hatte von Anfang an künstlerische Neigungen, die sich bildnerisch wie sprachlich ausdrückten:

> Etwa seit dem dreizehnten, vierzehnten Lebensjahr stand es für mich fest, daß ich in irgendeiner Form einen künstlerischen Beruf anstreben würde [...] Maler, Bildhauer, das stand im Vordergrunde. Bühnenbildner auch, weil bei mir eine Theaterneigung als Kind da war. Eine berufliche Ausbildung konnte ich mir nur im Bereich der bildenden Kunst vorstellen.[17]

Während des Krieges bekamen wir [...] eine bildende Künstlerin als Lehrerin, und von ihr lernte ich eine Menge.[18] GRASS besuchte u.a. das Gymnasium Conradinum, auf das Oskar fast gegangen wäre und das dann in *KATZ UND MAUS* und in den *HUNDEJAHREN* eine wichtige Rolle spielt.

GRASS hat aus seiner jugendlichen Begeisterung für den Nationalsozialismus nie einen Hehl gemacht: **Mit zehn Jahren war ich Mitglied des Jungvolkes, mit vierzehn Jahren wurde ich in die Hitlerjugend eingegliedert.**[19]

> Als Dreizehnjähriger habe ich mich an einem Erzählwettbewerb der Hitlerjugendzeitschrift *Hilf mit!* beteiligt. Ich schrieb schon früh notwendig und war auf Anerkennung versessen. Doch weil ich, offenbar die Adresse fehleinschätzend, etwas Melodramatisches über die [...] Kaschuben geschrieben und als Fragment eingeschickt hatte, war der Glücksfall gesichert, keinen Hitlerjugend-, keinen *Hilf mit!*-Preis zu bekommen.[20]

Vom Krieg erlebte GRASS noch das Ende aktiv mit:

> Mit fünfzehn Jahren wurde ich in Uniform gesteckt, war Luftwaffenhelfer, kam mit sechzehn Jahren zum Arbeitsdienst, anschließend zum Militär. Ich erinnere mich, daß Goebbels' Fangfrage: ›Wollt ihr den totalen Krieg?‹ auch in mir, dem damals Sechzehnjährigen, opferbereite Weihestimmung auslöste.[21]

Ich selbst habe bis ganz zum Schluß 1945 gedacht, daß unser Krieg richtig war.[22] GRASS wurde kurz vor Kriegsende als Panzerschütze bei Cottbus verwundet, kam nach Marienbad ins Lazarett, nach Bayern in amerikanische Kriegsgefangenschaft. Im Rahmen der ›Umerziehung‹ wurden die Kriegsgefangenen durch das KZ Dachau geführt: **Wir wollten nicht begreifen; wir sahen die Duschen, die Öfen und glaubten nicht.**[23] Erst **nach und nach** entwickelte sich die Einsicht,

> was man, überdeckt von Fanfarenruf und Ostlandgeschwafel, mit meiner Jugend angestellt hatte. Jetzt [...] begriff ich, welch unfaßliche Verbrechen im Namen der Zukunft meiner Generation begangen worden waren. Als Neunzehnjähriger begann ich zu ahnen, welch eine Schuld unser Volk wissend und unwissend angehäuft hatte, welche Last und Verantwortung meine und die folgende Generation zu tragen haben würden.[24]

In dieser Erfahrung liegt die Wurzel von GRASS' literarischem wie politischem Kampf gegen alle Heilslehren und Ideologien, gegen alle Endziele und Paradiesesverheißungen, die Furcht **vor den Wegbereitern paradiesischer Zustände** mit ihren **strengen Einreisebestimmungen** und der **erkenntnisfeindlichen Hausordnung**[25]. Er selbst hat am eigenen Leibe erfahren, wie **Glaube hellsichtig für ein Endziel** macht **und blind für die Menschen in ihrer Gegenwart**[26].

Nach Entlassung aus der Kriegsgefangenschaft 1946 verzichtete GRASS nach kurzem Versuch auf das Nachholen des Abiturs; **ich war dieser Schulzeit entwachsen.**[27] Später hat er einmal die recht überzeugende Vermutung geäußert, dass diese **Vater und Mutter grämende Tatsache** ihn vor der Versuchung bewahrt hat, 1957 nach der Geburt von Zwillingen aus finanziellen Gründen ›Nachtprogramm-Redakteur‹ zu werden statt *DIE BLECHTROMMEL* fertig zu schreiben.[28] Er arbeitete 1946/47 in einem Kalibergwerk bei Hildesheim, das er dann literarisch in den *HUNDEJAHREN* verwenden sollte. Als Praktikum für sein von der Jugend an geplantes Kunststudium arbeitete GRASS 1947/48 in Düsseldorf[29] in den Steinmetzbetrieben Göbel und Moog und sammelte dort die Erfahrungen, die Oskar später in seinem Lebensbericht uns vermitteln sollte. Von 1948 bis 1952 studierte GRASS an der Kunstakademie Düsseldorf, Bildhauerei bei Sepp Mages, Grafik bei Otto Pankok, saß somit unter den Studenten, denen Oskar dann Modell gestanden haben will. Gleichzeitig spielte er, wie Oskar, in einer Jazzband mit Horst Geldmacher, aus dem in einer an Thomas Mann erinnernden Namensübersetzung später der **Münzer** der *BLECHTROMMEL* wurde. Schon in diese Phase fallen erste Vorstudien zur *BLECHTROMMEL*. GRASS berichtet von einer Tramperreise durch Frankreich im Frühjahr und Sommer 1952, auf der er pausenlos geschrieben habe – **Sprache hatte mich als Durchfall erwischt** – unter anderem

> **ein langes und auswucherndes Gedicht, in dem Oskar Matzerath, bevor er so hieß, als Säulenheiliger auftrat. Ein junger Mann, Existentialist, wie es die Zeitmode vorschrieb. Von Beruf Maurer. Er lebte in unserer Zeit. Wild und eher zufällig belesen, geizte er nicht mit Zitaten. Noch bevor der Wohlstand ausbrach, war er des Wohlstandes überdrüssig: schier verliebt in seinen Ekel. Deshalb mauerte er inmitten seiner Kleinstadt (die namenlos blieb) eine Säule, auf der er angekettet Stellung bezog [...] Interessant alleine blieb die Suche nach einer entrückten Perspektive: Der überhöhte Standpunkt des Säulenheiligen war zu statisch. Erst die dreijährige Größe des Oskar Matzerath bot gleichzeitig Mobilität und Distanz. Wenn man will, ist Oskar Matzerath ein umgepolter Säulenheiliger.**[30]

Aber auch die endgültige Gestalt Oskars fand GRASS noch im selben Jahr, **durch bloße Anschauung** wurde

> **der Säulenheilige abgesetzt. Bei banaler Gelegenheit, nachmittags, sah ich zwischen Kaffee trinkenden Erwachsenen einen dreijährigen Jungen, dem eine Blechtrommel anhing. Mir fiel auf und blieb bewußt: die selbstvergessene Verlorenheit des Dreijährigen an sein Instrument, auch wie er gleichzeitig die Erwachsenenwelt (nachmittäglich plaudernde Kaffeetrinker) ignorierte.**[31]

Ende 1952 wechselte GRASS zur Berliner Hochschule für bildende Künste, weil er Karl Hartung, dessen Werk er auf einer Ausstellung kennen gelernt hatte, als Lehrer wollte. Schriftstellerische Arbeiten, vor allem Gedichte und Kurzprosa, entstanden neben Zeichnungen und der als Hauptberuf empfundenen Bildhauerei. Zeichnerische und dichterische Arbeit, Bild und Sprachbild stehen dabei in einem engen Zusammenhang, **zeichnend geprüfte Gebilde**[32] hat GRASS die Gedichte in seinem ersten Lyrikband 1956 genannt, in dem Gedichte und Zeichnungen zu gleichen Themen nebeneinander stehen und auch im Inhaltsverzeichnis zusammen aufgeführt sind: **Gerade bei den Gedichten wird das deutlich, daß [...] innerhalb einer solchen Reihe auch der zeichnerische Prozeß mitspielt, daß oft am An-**

fang eines Gedichts die Zeichnung steht und sich aus der Zeichnung der erste Wortansatz ergibt oder umgekehrt.[33] GRASS spricht geradezu davon, dass **eine Skizze, eine Zeichnung nicht zu Ende kommt, sondern weitergeschrieben wird**, dass umgekehrt **die geschriebene Metapher** von ihm **zeichnerisch überprüft** wird. **Und so sind für mich beide [...] Disziplinen, die einander korrigieren, die einander auch ins Wort fallen, die sich ergänzen oder abstoßen.**[34] Bei diesem Austauschverhältnis, dieser Entstehung mit-, an- und ineinander teilt das künstlerische Bild dem lyrischen Bild etwas von seinen Eigenschaften mit. Wir werden bei der Untersuchung des Bildgebrauchs in der *BLECHTROMMEL* auf diese Bezüge zur bildenden Kunst noch zurückkommen; denn die Lyrik ist für GRASS zugleich auch Erprobung, Vorarbeit zu seinen größeren Werken, den epischen wie den dramatischen: **Alles, was ich bisher geschrieben habe, ist aus lyrischen Momenten entstanden, gelegentlich [...] mit Ausweitungen bis zu 700 Seiten.**[35] Vom Gedicht »Blechmusik« des Bandes von 1956 führt ein direkter Weg zum Bühnenstück *DIE BÖSEN KÖCHE* von 1958 wie zur *BLECHTROMMEL* von 1959:

> **Damals schliefen wir in einer Trompete.**
> **Es war sehr still dort,**
> **wir träumten von keinem Signal,**
> **lagen, wie zum Beweis,**
> **mit offenem Mund in der Schlucht –**
> **damals, ehe wir ausgestoßen.**
>
> **War es ein Kind, auf dem Kopf**
> **einen Helm aus gelesener Zeitung,**
> **war es ein irrer Husar,**
> **der auf Befehl aus dem Bild trat,**
> **war es schon damals der Tod,**
> **der so seinen Stempel behauchte?**[36]

In *DIE BÖSEN KÖCHE* entfaltet GRASS dies szenisch zum Auftritt der Köche:

> **In der Mitte des großen Bühnenfeldes hockt der Koch Petri auf einem Schemel und bläst eine riesige Trompete. Das Instrument öffnet sich zum Boden hin. Bei jedem Trompetenstoß rutscht der junge Koch Benny ein Stück aus dem Gewölbe. Benny: ›Nicht so laut, Chef. Piano, piano.‹ Ein letzter Trompetenstoß, Benny, ganz ausgestoßen, springt auf die Beine und bohrt im Ohr. ›Zu!‹ Er lacht. ›Pause, bevor es anfängt.‹**[37]

In der *BLECHTROMMEL* wird die Weltsicht des Gedichts als Oskars Weltsicht entfaltet, wie noch zu zeigen sein wird, das **Kind, auf dem Kopf einen Helm aus gelesener Zeitung**, stellt dabei über GRASS' eigene Titelzeichnung und Oskars gelegentliche Auftritte als **trommelnder Reiter mit Papierhelm** (89) die direkte Beziehung zum Roman her.

1954 heiratete Grass in erster Ehe Anna Schwarz, eine Schweizer Balletttänzerin. Durch sie wuchsen ihm die Ballettkenntnisse zu, die er dann in Ballettlibretti, vor allem aber im Handlungskomplex um Jenny und Haseloff-Amsel in den *Hundejahren* von 1963 verarbeitete. Nachdem das Motiv vom umgepolten Säulenheiligen und vom blechtrommelnden Dreijährigen seit drei Jahren ruhte, ging Grass nunmehr an seine Ausarbeitung:

> Und hier genau sperrt sich meine Erinnerung. Zwar weiß ich, daß ich mehrere Pläne, den gesamten epischen Stoff raffend, graphisch entworfen und mit Stichworten gefüllt habe, doch diese Pläne hoben sich auf und wurden, bei fortschreitender Arbeit, entwertet. Doch auch die Manuskripte der ersten und zweiten Fassung, schließlich der dritten, fütterten jenen Heizungsofen in meinem Arbeitsraum, von dem noch die Rede sein wird; bei aller mir damals möglichen Verstiegenheit ist es dennoch nie meine Absicht gewesen, Germanisten und deren Geilheit nach Sekundärem mit Textvarianten zu füttern.[38]

Dass dies nicht ganz richtig war, hat inzwischen John Reddick nachgewiesen: Er hat in Grass' damaliger Pariser Wohnung in einem zurückgelassenen Koffer eine *Blechtrommel*-Fassung gefunden, die Grass selbst auf 1956 datiert hat und die als ›Urtrommel‹ nunmehr im Literaturarchiv von Sulzbach-Rosenberg zu sehen ist. S. Jendrowiak[39] hat beschrieben, wie viel von der Endfassung schon in dieser ›Urtrommel‹ enthalten ist. Der entscheidende Unterschied liegt darin, dass Grass die endgültige Erzählsituation noch nicht gefunden hat: Oskar erzählt diese Fassung als Untermieter bei Zeidler. Somit bezieht sich Grass' eigene Darstellung des Erzähl- und Schreibvorgangs nicht auf die ersten Arbeiten und Fassungen, sondern auf die letzte Umarbeitung, als er mit der Platzierung Oskars **etwas abseits in einer Heil- und Pflegeanstalt** (187) das Organisationszentrum für das Werk endgültig gefunden hatte.

> Mit dem ersten Satz: ›Zugegeben, ich bin Insasse einer Heil- und Pflegeanstalt [...]‹ fiel die Sperre, drängte Sprache, liefen Erinnerungsvermögen und Phantasie, spielerische Lust und Detailobsession an langer Leine, ergab sich Kapitel aus Kapitel, hüpfte ich, wo Löcher den Fluß der Erzählung hemmten, kam mir Geschichte mit lokalen Angeboten entgegen, sprangen Döschen und gaben Gerüche frei, legte ich mir eine wildwuchernde Familie zu, stritt ich mit Oskar Matzerath und seinem Anhang um Straßenbahnen und deren Linienführung, um gleichzeitige Vorgänge und den absurden Zwang der Chronologie, um Oskars Berechtigung in erster oder dritter Person zu berichten, um seinen Anspruch, einen Sohn zeugen zu wollen, um seine wirklichen Verschuldungen und um seine fingierte Schuld.
> So ist mein Versuch, ihm, dem Einzelgänger, ein boshaftes Schwesterchen zuzuschreiben, an Oskars Einspruch gescheitert; es mag sein, daß die ver-

hinderte Schwester später als Tulla Pokriefke auf ihrem literarischen Existenzrecht bestanden hat. [...]
Denn viel genauer als an Schreibvorgänge erinnere ich mich an meinen Arbeitsraum: ein feuchtes Loch zu ebener Erde, das mir als Atelier für angefangene, doch, seit Beginn der Blechtrommelniederschrift, bröckelnde Bildhauerarbeiten diente. Gleichzeitig war mein Arbeitsraum Heizkeller unserer darüber liegenden winzigen Zweizimmerwohnung. In den Schreibvorgang war meine Tätigkeit als Heizer verzahnt. Sobald die Manuskriptarbeit ins Stocken geriet, ging ich aus einem Kellerverschlag des Vorderhauses mit zwei Eimern Koks holen. In meinem Arbeitsraum roch es nach Mauerschwamm und anheimelnd gasig. Rinnende Wände hielten meine Vorstellung in Fluß. Die Feuchte des Raumes mag Oskar Matzeraths Witz gefördert haben.
Einmal im Jahr, während der Sommermonate, durfte ich, weil Anna Schweizerin ist, ein paar Wochen lang in freier Luft im Tessin schreiben. Dort saß ich unter einer Weinlaubpergola an einem Steintisch, schaute auf die flimmernde Kulissenlandschaft der südlichen Region und beschrieb schwitzend die vereiste Ostsee.
Manchmal, um die Luft zu wechseln, kritzelte ich Kapitelentwürfe in Pariser Bistros, wie sie in Filmszenen konserviert sind: zwischen tragisch-verschlungenen Liebespaaren, alten, in ihren Mänteln versteckten Frauen, Spiegelwänden und Jugendstilornamenten etwas über Wahlverwandtschaften: Goethe und Rasputin.[40]

Die im Roman beschworenen Erinnerungen wollten an der Wirklichkeit überprüft werden, der Aufriss des aus Worten wiedererstandenen Danzig in Gdańsk vermessen sein: Während der Arbeit an der letzten Fassung reiste GRASS zu Recherchen in seine alte Heimat.

Die Arbeit an der Schlußfassung der Kapitel über die Verteidigung der Polnischen Post in Danzig machte im Frühjahr 1958 eine Reise nach Polen notwendig. Höllerer vermittelte, Andrzej Wirth schrieb die Einladung, und über Warschau reiste ich nach Gdańsk. Mutmaßend, daß es noch überlebende ehemalige Verteidiger der Polnischen Post gäbe, informierte ich mich im polnischen Innenministerium, das ein Büro unterhielt, in dem Dokumente über deutsche Kriegsverbrechen in Polen gestapelt lagen. Man gab mir Adressen von drei ehemaligen polnischen Postbeamten (letzte Anschrift aus dem Jahre 49), sagte aber einschränkend, diese angeblich Überlebenden seien von der polnischen Postarbeitergewerkschaft (und auch sonst offiziell) nicht anerkannt worden, weil es im Herbst 1939 nach deutscher und polnischer Fassung öffentlich geheißen habe, alle seien erschossen worden: standrechtlich. Deshalb habe man auch alle Namen in die steinerne Gedenkplatte gehauen, und wer in Stein gehauen sei, lebe nicht mehr.
In Gdańsk suchte ich Danzig, fand auch zwei der ehemaligen polnischen Postbeamten, die mittlerweile auf der Werft Arbeit gefunden hatten, dort mehr als auf der Post verdienten und eigentlich zufrieden waren mit ihrem nicht anerkannten Zustand. Doch die Söhne wollten ihre Väter heldisch se-

hen und betrieben (erfolglos) deren Anerkennung: als Widerstandskämpfer. Von beiden Postbeamten (einer war Geldbriefträger gewesen) erhielt ich detaillierte Beschreibungen der Vorgänge in der Polnischen Post während der Verteidigung. Ihre Fluchtwege hätte ich nicht erfinden können.
In Gdańsk schritt ich Danziger Schulwege ab, sprach ich auf Friedhöfen mit anheimelnden Grabsteinen, saß ich (wie ich als Schüler gesessen hatte) im Lesesaal der Stadtbibliothek und durchblätterte Jahrgänge des ›Danziger Vorposten‹, roch ich Mottlau und Radaune. In Gdańsk war ich fremd und fand dennoch in Bruchstücken alles wieder: Badeanstalten, Waldwege, Backsteingotik und jene Mietskaserne im Labesweg, zwischen Max-Halbe-Platz und Neuem Markt; auch besuchte ich (auf Oskars Anraten) noch einmal die Herz-Jesu-Kirche: der stehengebliebene katholische Mief.
Und dann stand ich in der Wohnküche meiner kaschubischen Großtante Anna. Erst als ich ihr meinen Paß zeigte, glaubte sie mir: ›Nu Ginterchen, biss abä groß jeworden.‹ Dort blieb ich einige Zeit und hörte zu. Ihr Sohn Franz, ehemals Angestellter der Polnischen Post, war nach der Kapitulation der Verteidiger tatsächlich erschossen worden. In Stein gehauen fand ich seinen Namen auf der Gedenkplatte, anerkannt.[41]

GRASS' Onkel Franz und Oskars Onkel Jan waren mithin Kollegen mit gleichem Arbeitsplatz und demselben Schicksal. Als GRASS bei der Tagung der Gruppe 47 in Großholzleute im Allgäu 1958 zwei Kapitel aus der *BLECHTROMMEL* vorlas, wurde ihm der nur selten verliehene Preis der Gruppe 47 zuerkannt.

Im Frühjahr 1959 schloss GRASS das gesamte Manuskript ab, im Herbst erschien der Roman. **Wenn es noch Kritiker in Deutschland gibt, wird *DIE BLECHTROMMEL*, der erste Roman eines Mannes namens Günter Grass, Schreie der Freude und der Empörung hervorrufen**, prophezeite HANS MAGNUS ENZENSBERGER beim Erscheinen im Süddeutschen Rundfunk[42] und so war es: **Schreie der Freude** und **Hymnen**[43], wie Joachim Kaiser sie nennt, auf der einen Seite, auf der anderen Seite Entrüstung, etwa bei Günter Blöcker in der ***Frankfurter Allgemeinen***[44]. Die von ENZENSBERGER prophezeite Spaltung ging mitten durch einen Literaturpreis hindurch: Eine unabhängige Jury erkannte GRASS zum Jahresende 1959 den Bremer Literaturpreis zu, der Bremer Senat, der formal zustimmen musste, verweigerte diese Zustimmung und erkannte damit GRASS den Preis wieder ab. Walter Widmer, der den Roman am 18. Dezember 1959 in den ***Basler Nachrichten*** besprach, stellte ihn ohne Zögern **als Prototyp des großen Romans** dem *WILHELM MEISTER*, dem *GRÜNEN HEINRICH* und *BERLIN ALEXANDERPLATZ* an die Seite[45] und wies ihm damit den Platz an, den er inzwischen unangefochten behauptet. *DIE BLECHTROMMEL* wurde zum klassischen Werk der deutschen Nachkriegsliteratur.

2 Zur Form

2.1 »Die Blechtrommel« als fiktive Autobiografie

2.1.1 Zeitverhältnisse des Erzählens

Grass bedient sich in seinen epischen Werken ausnahmslos verschiedener Spielarten der Ich-Erzählung; gleich in seinem epischen Erstlingswerk hat er die klassische Form der Ich-Erzählung, die fiktive Autobiografie, in allen ihren Möglichkeiten souverän zu nutzen verstanden. Oskar Matzerath erzählt in der **Heil- und Pflegeanstalt** (9) **sein Leben** (12) bis zur Einlieferung in die Anstalt (765 f.). Im Unterschied zu den meisten fiktiven Autobiografien trägt Grass dabei der Tatsache Rechnung, dass das Erzählen von 28 Lebensjahren samt Vorgeschichte, das Beschreiben der 500 Seiten, die Oskar zu Beginn besorgen lässt, seine Zeit in Anspruch nimmt – eine Beobachtung, die Sternes *Tristram Shandy*, der Grass nach seiner eigenen Aussage beeinflusst hat, bei seiner Lebensbeschreibung überhaupt scheitern lässt: Nach einem Jahr Schreiben hat er die Erzählung von seiner Geburt noch nicht abgeschlossen, sodass er sich lebend unaufhaltsam immer weiter von der Beschreibung des Erlebten entfernt, statt umgekehrt schreibend allmählich Lebensgegenwart einzuholen: **The more I write, the more I shall have to write.** Oskar macht diese Erfahrung nicht, da er im Asyl seiner Anstalt nicht mehr viel erlebt: Arztbesuche, Pflegergespräche, die Freunde und die Familie an Besuchstagen – all das kann er beiläufig miterzählen. Wir sind über die Chronologie des Schreibvorgangs recht gut unterrichtet: Anfang September 1952 (768) wird er verhaftet und nach kurzem Prozess, weil man ihn **nicht für voll** nimmt, **in die Heil- und Pflegeanstalt zur Beobachtung** eingeliefert (765 f.), wo er bald mit dem Schreiben begonnen haben muss: Beim ersten Besuchstag, von dem er erzählt, parodieren seine Freunde noch **Szenen aus meinem Prozeß** (41). In der zweiten Januarhälfte 1953 erzählt er bereits das Kapitel »Stundenplan« (88), am 5. März 1953, als im Radio Stalins Tod gemeldet wird, schreibt er an den »Sondermeldungen« (366), liegt mithin das Buch schon fast zur Hälfte vor. Abgeschlossen wird es Anfang September 1954, an Oskars 30. Geburtstag.

Es sind damit zwei Handlungsebenen zu unterscheiden: Die erste ist Oskars Lebensbericht. Seinen Lehrer Tristram Shandy noch überbietend beginnt Oskar nicht mit der eigenen Zeugung, sondern mit der Familientradition (21) von der Zeugung der Mutter unter dem **weiten Rock** im Jahre 1899 und führt ihn bis zu seiner Verhaftung im September 1952 und der bald darauf erfolgenden Einlieferung in die Heil- und Pflegeanstalt. Wenn er die Feder und die ersten zehn Blätter in die Hand nimmt, liegt dieser gesamte Abschnitt abgeschlossen hinter ihm, wird von ihm voll überblickt und er kann damit als Erzähler nach seinem Belieben schalten. Sichtbarer Ausdruck dafür ist das Fotoalbum, das er selbst zu seinem Erzählen in Beziehung setzt: **Welcher Roman hätte die epische Breite eines Fotoalbums?** (56) Seine Bilder reichen vom Anfang des Jahrhunderts bis zu den fünfziger Jahren; Oskar kann beliebig darin blättern, auf den letzten Seiten (57 f.) anfangen oder auf den ersten vor- und zurückgreifen (61) – der gesamte Zeitraum steht frei zu seiner erzählerischen Verfügung. Franz K. Stanzel hat die typischen Erzählsituationen der Epik übersichtlich in drei Kategorien eingeteilt[46]: Ich-Erzählung; auktoriale Erzählung, bei der ein Erzähler mehr oder weniger als Rolle deutlich wird, der mit seiner erzählten Welt souverän verfahren kann, der in das Innere aller Gestalten blicken kann, den Leser anreden, ins Vertrauen ziehen, ihm etwas verschweigen kann; und das personale Erzählen, bei dem der Erzähler hinter einer Figur des Geschehens verschwindet, durch deren Augen und aus deren Sicht das Geschehen in der dritten Person vermittelt wird (vgl. S. 114 f. dieser Arbeit). Durch die Anordnung auf einem Kreis macht Stanzel deutlich, dass die Übergänge fließend sind: Das personale Erzählen geht auf der einen Seite über in die Ich-Erzählung, bei der, wie etwa in den Ich-Erzählungen Karl Mays, aus der Perspektive des handelnden und erlebenden Ichs erzählt wird, auf der anderen Seite berührt es sich mit auktorialem Erzählen, bei dem der Erzähler als ›auctor‹ zurücktritt und die Szenen wie ein anonymer Beobachter schildert. Zur anderen Seite berührt sich die auktoriale Erzählung mit der Ich-Erzählung, bei der das Ich in einer ausgeprägten Erzählsituation aus zeitlicher Distanz der erzählten Welt gegenübersteht. In diese Sektion von Stanzels Typenkreis ist Oskars Lebensgeschichte anzusiedeln. Aus der Rückschau der Heil- und Pflegeanstalt wird das erzählende Subjekt auf seinen früheren Stationen sich selbst zum Objekt, was an Oskars Erzählen von sich in der dritten Person deutlich wird, die überwiegend dem erlebenden Oskar zwischen 1924 und 1952 vorbehalten ist. Oskar überschreitet als Erzähler auch bewusst die Grenzen zur auktorialen Erzählung, worauf er selbst gelegentlich hinweist: **Niemand hätte vom Strand aus sehen können, wie Greff das Fahrrad ablegte […] Fragen Sie mich bitte nicht, woher ich das weiß. Oskar wußte damals so ziemlich alles** (383 f.).[47]

Eine ganz andere Form der Ich-Erzählung liegt vor, wenn Oskar vom Leben in der Heil- und Pflegeanstalt erzählt, von seinen Besuchen, den Ärzten, dem Pfleger, seinem Trommeln, dem Fortschreiten seiner Autobiografie. Diesen Zeitraum überblickt Oskar nur jeweils abschnittsweise:

Wenn er die Feder in die Hand nimmt, trägt er meist kurz das Geschehen der letzten Wochen, Tage und Stunden nach, bevor er die Weiterarbeit an seiner Biografie wieder aufnimmt. Wenn er die Feder aus der Hand legt, steht der Erzähler jedesmal vor echter, auch ihm unbekannter Zukunft, wenn Oskar zum Beispiel die Befürchtung äußert, Luzie Rennwand würde ihn in der Anstalt besuchen (507), weiß er so wenig wie der Leser, ob das nicht wirklich einmal der Fall sein wird. Dies ist die Erzählsituation des Brief- und Tagebuchromans, in dem beim Beginn der Niederschrift eines Abschnitts das erzählende Ich dem erlebenden Ich jeweils um Stunden oder Tage voraus ist, während eines Schreibvorgangs das Geschehen bis an die Schreibsituation heranführt, um im nächsten Brief oder Tagebucheintrag das inzwischen Geschehene nachzutragen.[48] Überblickt werden immer nur solche kurz zurückliegenden Abschnitte, nie das ganze Geschehen. So erfährt Oskar zum Beispiel erst am 30. Geburtstag, was er nicht vor dem Abend dieses Tages berichten kann:

> **Was ich seit Jahren befürchte, seit meiner Flucht befürchte, kündigt sich heute an meinem 30. Geburtstag an: Man findet den wahren Schuldigen, rollt den Prozeß wieder auf, spricht mich frei, entläßt mich aus der Heil- und Pflegeanstalt, nimmt mir mein süßes Bett, stellt mich auf die kalte, allen Wettern ausgesetzte Straße.** (765)

Dieser Übergang vom Ahnen und Fürchten zum Wissen hat sich erst nach dem vorletzten und unmittelbar vor dem letzten Erzähleinsatz vollzogen, die schreckliche Gewissheit des Erzählers, das Asyl verlassen zu müssen, kann so erst den letzten Erzählabschnitt prägen – der Erzähler etwa des ersten Kapitels kann noch die Hoffnung hegen, für immer im **endlich erreichten Ziel** (9 f.) verharren zu können.

Von den beiden Handlungsebenen außerhalb (1899–1952) und innerhalb (1952–54) der Heil- und Pflegeanstalt ist die Ebene des Schreibens zu unterscheiden, da niemand während des Erlebens schreibt: Von den Besuchern erzählt Oskar, nachdem sie sich von ihm verabschiedet haben, vom Experiment mit dem Brausepulver ein Erzähler, der das Scheitern schon kennt. Am Abend des 30. Geburtstags hat Oskar seinen Lebensbericht bis zu seinem Ende mit seiner Verhaftung geführt. Wem dieses Ende der ersten Handlungsebene nicht zusagt, dem bietet er seinen **30. Geburtstag als Schluß an** (771) – das Ende der zweiten Handlungsebene, die er mit der Schilderung des 30. Geburtstags am späten Abend dieses Tages abschließt. Oskars Leben bis zu diesem Moment liegt in diesem Augenblick restlos erzählt vor dem Leser, alle Vergangenheit ist eingeholt: **Jetzt habe ich keine Worte mehr** (777). In der letzten Aufzeichnung Oskars, der Beschwörung der Schwarzen Köchin, die wie ein Stenogramm seiner augenblicklichen Gefühle anmutet, fallen Schreibvorgang und Handlung zusammen, die

Handlung ist die Niederschrift der Horrorvision, die Oskar **nun und fortan** entgegenkommt (779). Mit Oskar steht der Leser der gegenwärtigen Schwarzen Köchin gegenüber, blickt mit Oskar in eine von ihr beherrschte Zukunft, die für ihn wie für Oskar echte Zukunft ist, blind und offen.

2.1.2 Der Erzähler

GRASS hat selbst die Bedeutung betont, die der Einleitungssatz **Zugegeben: ich bin Insasse einer Heil- und Pflegeanstalt** für ihn als Autor gehabt hat (s. S. 15 dieser Arbeit). Einmal etabliert er für das Werk eine feste Erzählerposition, die, wie gezeigt wurde, von GRASS dann durch das ganze Buch hindurch entfaltet und genutzt wurde, zum anderen untergräbt er diese Erzählerposition – und das noch, bevor sie überhaupt etabliert ist. Vor dem **ich** steht noch das **Zugegeben:** mit signifikantem Doppelpunkt. Der Leser einer Ich-Erzählung ist dem Erzähler ohnehin ausgeliefert, da der sein einziger Zugang zur erzählten Welt ist. Traditionell unterstellt der Leser die Zuverlässigkeit des Ich-Erzählers, die geradezu dem Werk einen authentischeren Charakter zu geben scheint als andere Erzählhaltungen. Viele Autoren haben sich um die Untermauerung dieses Authentizitätsanspruches bemüht, am krassesten vielleicht KARL MAY, wenn er die Gewehre Old Shatterhands und Winnetous im Arbeitszimmer hatte und Postkarten verbreitete, auf denen er als Old Shatterhand und als Kara Ben Nemsi posierte. Es gibt aber auch eine andere Tradition, die mit der Unkontrollierbarkeit des Ich-Erzählers bewusst gespielt hat[49] und die von GRIMMELSHAUSEN, STERNE, JEAN PAUL und MELVILLE – alles Autoren, von denen GRASS nach eigenem Bekenntnis gelernt hat – über HENRY JAMES bis zu den mannigfachen Ausprägungen in der Moderne reicht; aus GRASS' unmittelbarer Nachbarschaft sei an den ersten Satz von MAX FRISCHS Ich-Erzählung *STILLER*: **Ich bin nicht Stiller**, erinnert. **Zugegeben: ich bin Insasse einer Heil- und Pflegeanstalt** – mit dieser Verunsicherung des Lesers spielt Oskar bewusst, wenn er vorgibt, seinem Pfleger **Begebenheiten aus meinem Leben** zu erzählen, und zugleich fortfährt: **sobald ich ihm etwas vorgelogen habe** (9). Dem stellt er dann wiederum ebenso bewusst sein **hoffentlich genaues Erinnerungsvermögen** (11) entgegen. So erschüttert er von Anfang an eine vielleicht vom Leser traditionell unterstellte Zuverlässigkeit des Ich-Erzählers, während zugleich **die Unverbindlichkeit von Lügengeschichten** vermieden wird.[50]

Auch im weiteren Verlauf des Erzählens hält Oskar solche Verunsicherungen aufrecht: Er korrigiert mehrfach an anderer Stelle Geschriebenes, indem er, mit seinem eigenen bildkräftigen Ausdruck, **Oskars Feder in den Rücken** fällt (318). Nicht nur hat er des stärkeren Effekts halber das Skatspiel in der Polnischen Post mitten in einem **großen, bombensicheren Grandhand, mit Viern, Schneiderschwarz angesagt** (312), statt dem ›wirklichen‹ **Karo ohne Zwein** enden lassen, er hat auch hinsichtlich des eigenen Verhaltens gelogen, ebenso, wenn er nachträglich zugibt, das Parteiabzeichen, an dem sein Vater erstickt, absichtlich geöffnet zu haben (531), oder wenn er den Steinwurf seines angeblichen Sohnes Kurt erst später nachträgt (538) – genauso wie das Durchsuchen der Bücher Schwester Dorotheas nach schriftlichen Zeugnissen (654). Wie Oskar von Anfang an das Urvertrauen seiner Leser in ihn zerstört, so verspielt er an solchen Stellen auch jeden vielleicht in der Zwischenzeit erworbenen Kredit und vergrößert ihn nicht etwa durch seine ›Ehrlichkeit‹ – warum sollte man dem, der einmal gelogen hat, die nächste Version mehr glauben?

Zweimal legt Oskar fremde Erzählungen in seine Autobiografie ein: Einmal muss er seinen Pfleger Bruno Münsterberg um ›Nacherzählung‹ seines Berichtes bitten, da er selbst durch die Auswirkungen seines Erzählens erkrankt und nicht mehr schreiben kann (551–564). Zum anderen fügt er von Vittlars Anzeige, die zu seiner Flucht und Verhaftung am Ende führt, im Original in seine Aufzeichnungen ein (744–762). Oskar belegt auf diese Weise zwei besonders eklatante Beispiele für die vergegenwärtigende Wirkung seines Trommelns und Erzählens – das neuerliche Wachstum und die herbeigetrommelte Polnische Kavallerie – durch Zeugenberichte. Da er es aber ist, der sie in seine Lebensgeschichte integriert und dem Leser vermittelt, hat das auf die Glaubwürdigkeit des Ganzen keinen Einfluss und wirkt nicht etwa verifizierend.

Durch Münsterbergs Bericht und seine Platzierung im Ablauf der Erzählung löst Oskar auf elegante Weise eine kleine Schwierigkeit der Ich-Erzählung: Der Erzähler sieht sich ›von innen‹ und alle anderen Menschen ›von außen‹. Um ein äußeres Bild des Erzählers oder des personalen Mediums zu geben, führen die Autoren sie meist kurz nach Beginn der Erzählung vor einen Spiegel[51] oder lassen sie ein Foto von sich betrachten[52]. Grimmelshausen etwa lässt aus diesem Grund Simplicius vom Gouverneur von Hanau malen; indem Simplicius dieses Bild beschreibt, beschreibt er sein eigenes Äußeres in seiner Jugendzeit. Diesen Weg wählt auch Grass, wenn er Oskar seine Fotos beschreiben lässt: Pfingsten 25, im Alter von acht Monaten – **Ich war ein schönes Kind** (68) –, mit eineinhalb Jahren im Kinderwagen (69 f.), **ein gutes Dutzend Schnappschüsse des liegenden, sitzenden, kriechenden, laufenden, einjährigen, zweijährigen, zweieinhalbjährigen Oskar […] insgesamt nur die Vorstufe zu jenem ganzfigürlichen Portrait, das man anläßlich meines dritten Geburtstages machen ließ** (70). Da Oskar an diesem Tag das Wachstum einstellt, sieht er fortan immer so aus wie auf diesem Bild; indem er es ausführlich beschreibt, beschreibt er sein Äußeres, welches für die gesamte Handlung bis 1945 Gültigkeit hat:

> Da habe ich sie, die Trommel. Da hängt sie mir gerade, neu und weißrot gezackt vor dem Bauch. Da kreuze ich selbstbewußt und unter ernst entschlossenem Gesicht hölzerne Trommelstöcke auf dem Blech. Da habe ich einen gestreiften Pullover an. Da stecke ich in glänzenden Lackschuhen. Da stehen mir die Haare wie eine putzsüchtige Bürste auf dem Kopf, da spiegelt sich in jedem meiner blauen Augen der Wille zu einer Macht, die ohne Gefolgschaft auskommen sollte. Da gelang mir damals eine Position, die aufzugeben ich keine Veranlassung hatte. Da sagte, da entschloß ich mich, da beschloß ich, auf keinen Fall Politiker und schon gar nicht Kolonialwarenhändler zu werden, vielmehr einen Punkt zu machen, so zu verbleiben – und ich blieb so, hielt mich in dieser Größe, in dieser Ausstattung viele Jahre lang. (70 f.)

Wenn er nach 1945 sich zum Weiterwachsen entschließt, verändert sich seine Größe und er bekommt einen Buckel: Ab hier gilt für den Rest der Handlung ein neues Oskar-Bild, und Oskar fügt es genau in diesem Moment durch Münsterbergs Bericht in seine Erzählung ein:

> Mein Patient mißt einen Meter und einundzwanzig Zentimeter. Er trägt seinen Kopf, der selbst für normal gewachsene Personen zu groß wäre, zwischen den Schultern auf nahezu verkümmertem Hals, Brustkorb und der als Buckel zu bezeichnende Rücken treten hervor. Er blickt aus starkleuchtenden, klug beweglichen, manchmal schwärmerisch geweiteten blauen Augen. Dicht wächst sein leicht gewelltes dunkelbraunes Haar. Gerne zeigt er seine im Verhältnis zum übrigen Körper kräftigen Arme mit den – wie er selbst sagt – schönen Händen. Besonders wenn Herr Oskar trommelt – was ihm die Anstaltsleitung drei bis allenfalls vier Stunden täglich erlaubt –, wirken seine Finger wie selbständig und zu einem anderen, gelungeneren Körper gehörend. (564)

Dass er sich selbst nur ›von innen‹ sieht, ist für den Ich-Erzähler sicher die kleinere Schwierigkeit, verglichen mit der korrespondierenden, alle anderen nur ›von außen‹ zu sehen. Pilenz, der Ich-Erzähler des zweiten Teils der *Danziger Trilogie*, *Katz und Maus*, hat das Problem auf eine Formel gebracht, wenn er von Mahlke erzählen will: **Und seine Seele wurde mir nie vorgestellt. Nie hörte ich, was er dachte. Am Ende bleiben sein Hals und dessen viele Gegengewichte.**[53] Ebenso betont Oskar gleich zu Beginn, dass er kein **Bordbuch für Koljaiczeks Gedanken**, kein **Journal des [...] sägemeisterlichen Innenlebens** führen will (31). Oskar wie auch die übrigen Erzähler der *Danziger Trilogie* beschränken sich daher auf das äußerlich sichtbare, hörbare, riechbare Detail und versuchen unter weitgehendem Verzicht auf eigenes Psychologisieren aus dem Detail das Bild ihrer Gestalten zu erstellen[54], wie für Oskar und *Die Blechtrommel* noch gezeigt werden wird.

Doch der Satz **Zugegeben: ich bin Insasse einer Heil- und Pflegeanstalt** enthält mehr als die gleichzeitige Etablierung und Verunsicherung der Erzählersituation: G. Just hat darauf hingewiesen, dass in ihm zugleich zwei Wertsysteme zusammenstoßen, indem der Erzähler keineswegs mit der erwarteten ›aber‹-Konstruktion fortfährt, die sich der Sicht der Leser außerhalb der Heil- und Pflegeanstalt anpassen würde und ihnen mit Argumenten aus ihrer Welt seine Zuverlässigkeit trotz Anstaltsaufenthalt erweisen könnte.[55] Stattdessen baut Oskar seine eigene Position bewusst weiter auf, ihrem ständigen Ausbau dient seine ganze weitere Erzählung. G. Cepl-Kaufmann[56] hat diesen Gegensatz in einem Schema erfasst:

Oskar	Leser, **Freunde und [...] Besucher** (12)
Insasse einer Heil- und Pflegeanstalt (9)	**die [...] außerhalb meiner Heil- und Pflegeanstalt ein verworrenes Leben führen müssen** (12)
Gleichgewicht, Heiterkeit, Stille (10 f.)	**blind, nervös, [...] unerzogen** (10)

Dieser Gegensatz ist bildlich objektiviert in der Gitterschranke des Anstaltsbettes, die der Erzähler, jeder Vermittlung abhold, noch erhöhen lassen will.[57] Diese Gitterschranke bleibt durch das ganze Buch hindurch aufrechterhalten – auch die reale. Oskar erinnert etwa in der Buchmitte noch einmal an sein Erhöhungsgesuch an die **Anstaltsleitung** (322) –, etwa wenn es von Fräulein Doktor Hornstetter heißt, dass sie Oskar **als Ärztin [...] behandeln sollte, doch jedesmal von [ihm] behandelt weniger nervös das Zimmer verläßt** (119) oder wenn Oskar sagt: **Die jungen Leute außerhalb der Heil- und Pflegeanstalt sind wirklich merkwürdig und neigen zur Manieriertheit** (368).

Doch Oskar etabliert in seiner Einleitung nicht nur seine Erzählerposition, indem er sie vorab untergräbt, er behauptet nicht nur seine Überlegenheit über Freunde und Leser, **die [...] außerhalb meiner Heil- und Pflegeanstalt ein verworrenes Leben führen müssen** (12), er äußert sich auch zur Romanästhetik. Dies ist einmal insofern bemerkenswert, als Oskar damit für seine Lebensgeschichte Roman- und damit Kunstcharakter beansprucht.[58] In der Regel behaupten die fiktiven Verfasser fiktiver Autobiografien nichts anderes zu schreiben als ihre reale Lebensgeschichte, ›Roman‹ wird sie erst auf der Ebene des Titelblatts, auf dem der Autor sich nennt, der Biografen wie Biografie erfunden hat.[59] Diesen Anspruch Oskars, einen Roman zu schreiben, gilt es zunächst einmal festzuhalten, wir werden darauf zurückkommen. Indem Oskar sich zur Romanästhetik äußert, stiftet er aber zugleich zusätzliche Verwirrung, worauf E. Mannack hingewiesen hat.[60] Wenn Oskar gängige Romantheorien der fünfziger Jahre ironisch zitiert und zugleich beiseite wischt[61], kann er sich des Beifalls einer ästhetisch konservativen Leserschaft sicher sein. Diese aber brüskiert er sofort danach mit seiner

Bemerkung: **Für mich, Oskar, und meinen Pfleger Bruno möchte ich jedoch feststellen: Wir beide sind Helden, ganz verschiedene Helden, er hinter dem Guckloch, ich vor dem Guckloch** [...] (12)

Noch vor Beginn seiner Lebensbeschreibung hat Oskar somit seine Leser hinsichtlich der Form und des Wahrheitsgehalts seiner Mitteilungen und hinsichtlich des von ihm vertretenen Wertesystems verunsichert. Er verbietet ihnen so eine rein passive Rezeption und zwingt sie zu einer aufmerksamen und kritischen Lektüre.

2.2 »Die Blechtrommel« und die Romantradition

Mit der Wahl der biografischen Form hat GRASS sich bewusst in die wichtige deutsche Romantradition des Individualromans gestellt, die eine traditionelle Literaturbetrachtung gerne mit Wolframs *PARZIVAL* beginnen ließ – auf den Oskar zweimal anspielt (167 f., 623). GRASS selbst hat dazu erklärt:

> **Das Buch [...] befindet sich in einem ironisch-distanzierten Verhältnis zum deutschen Bildungsroman. Es kommt, und das betrifft nun mich und meine Affinität, sehr stark von jener europäischen Romantradition her, die vom pikaresken Roman herreicht mit all seinen Brechungen [...]; da ist der erste große Roman Grimmelshausens.**[62]

Gerade zu GRIMMELSHAUSEN als Lehrer hat sich GRASS wiederholt bekannt: Wenn er im *TREFFEN IN TELGTE* mit der Erfindung einer barocken Gruppe 47 seinen literarischen Mentor H.W. Richter ehrt, gilt diese Ehrung zugleich GRIMMELSHAUSEN, seinem literarischen Mentor aus der Barockzeit. Für das Treffen, zu dem Richter und Dach einladen, lässt GRASS GRIMMELSHAUSEN das Quartier machen, und so versammeln sich die Dichter in GRIMMELSHAUSENS erzählter Welt: Courasche macht die Wirtin. GRIMMELSHAUSEN kündigt dort seinen Plan eines Kriegsromans an: Er werde **den großen Sack aufmachen, den gefangenen Stunk freisetzen, des Kronos Parteigänger sein, den langen Krieg als Wortgemetzel neuerdings eröffnen, alsdann ein entsetzliches Gelächter auffliegen lassen und der Sprache den Freipaß geben, damit sie laufe, wie sie gewachsen sei.**[63] Mit ganz ähnlichen Worten hat GRASS fünf Jahre zuvor seine Intentionen beim Schreiben der *BLECHTROMMEL* erläutert:

> **Vielleicht gelang es dem Autor, einige neu anmutende Einsichten freizuschaufeln, schon wieder vermummtes Verhalten nacktzulegen, der Dämonisierung des Nationalsozialismus mit kaltem Gelächter den verlogenen Schauer regelrecht zu zersetzen und der bis dahin ängstlich zurückgepfiffenen Sprache Auslauf zu schaffen.**[64]

Im *TREFFEN IN TELGTE* nutzt er dann die Gelegenheit, diese von GRIMMELSHAUSEN angeregte Absicht seinem Lehrer zurückzuerstatten.[65] In der

Tat ist es ja das Finden der pikaresken Erzählsituation im ›Abseits‹ der Heil- und Pflegeanstalt gewesen, das GRASS den Abschluss der *BLECHTROMMEL* ermöglichte (s. S. 15 u. 21 dieser Arbeit). Diese Position aber ist die typische Erzählsituation des Pikaroromans (Schelmenroman).[66] Im gesellschaftlichen Abseits oder im religiösen Asyl erzählt der vom Leben Gezeichnete sein abgeschlossen hinter ihm liegendes Leben. Er tut dies chronologisch – *ab ovo,* wie es in HORAZ' Poetik heißt. Wenn Oskar bei seiner poetologischen Bemerkung zu Anfang der *BLECHTROMMEL* schreibt: **Man kann eine Geschichte in der Mitte beginnen** (12), so ist dies fast wörtlich die andere Erzähltechnik, das Springen *medias in res*, das HORAZ als das Vornehmere empfiehlt und dessen sich auch alle klassischen deutschen Bildungsromane bedienen. Oskar wählt wie seine pikaresken Vorgänger den Beginn *ab ovo*, bei ihm sogar *ab ovo matris*, wenn er mit der Zeugung der Mutter beginnt. Der Gegensatz zwischen dem Asyl, in dem er sich jetzt befindet, und der Welt, von der er erzählt, ist dabei grundsätzlich und radikal, hierin zeigt sich GRASS stark vom deutschen Traditionszweig beeinflusst, der mit Aegidius Albertinus' Guzman-Bearbeitung beginnt und in GRIMMELSHAUSENS *SIMPLICIUS SIMPLICISSIMUS* seinen vollkommensten Vertreter hat. Das Asyl und das Leben außerhalb dieses Asyls, Weltflucht und Weltlauf sind darin einander radikal entgegengesetzt als Heil und Unheil, Gnade und Sünde. Die Welt ist des Teufels Wirtshaus, wer darin eintritt, muss auch unweigerlich mit diesem Wirt Geschäfte machen, wie Simplicius jedes Mal erfährt, sobald er sein Asyl verlässt. Diese Bewertung der Welt ist nicht Ergebnis des einzelnen Lebens, keine individuelle Erfahrung, sondern als Wesen der Welt aller Erfahrung vorgegeben. Was Simplicius am Ende als **Adieu Welt** von einem andern Dichter fertig vorformuliert übernimmt, hat ihm genauso schon der Einsiedler am Anfang seines bewussten Lebens erzählt; das Einzelleben ist nur *exemplum* für diesen grundsätzlich allem Leben vorgegebenen Sachverhalt. Deshalb kann man, statt sich wie Simplicius mit einem **Adieu Welt** am Ende zu verabschieden, die Welt schon zu Anfang so begrüßen, wie es Oskar tut: **Ich gehörte zu den hellhörigen Säuglingen, deren geistige Entwicklung schon bei der Geburt abgeschlossen ist und sich fortan nur noch bestätigen muß.** (52) Oskar sieht sein Leben in seiner Essenz sogleich vor sich: **Einsam und unverstanden lag Oskar unter den Glühbirnen, folgerte, daß das so bleibe, bis sechzig, siebenzig Jahre später ein endgültiger Kurzschluß aller Lichtquellen Strom unterbrechen werde, verlor deshalb die Lust, bevor dieses Leben unter den Glühbirnen anfing.** Deshalb überkommt ihn sofort der **Wunsch nach Rückkehr in meine embryonale Kopflage**, zugleich mit der gewissen Erkenntnis: **Zudem hatte die Hebamme mich schon abgenabelt; es war nichts mehr zu machen** (55 f.).

Nichts mehr zu machen ist doppeldeutig: Es ist die resignierende Einsicht dessen, der alles durchschaut, in sein unrettbares Ausgesetztsein in ein einsames, sinnloses Leben – es ist zugleich die Antwort auf die Frage nach dem rechten Tun in solcher Welt. Oskar verweigert jede Teilhabe, jede Teilnahme an der Welt. Sobald er die nötige Standfestigkeit und Beweglichkeit erreicht hat, an seinem dritten Geburtstag, unterbricht er sein Wachstum. Wie wir aus GRASS' Mitteilung zur Konzeption dieser Figur (s. S. 13 dieser Arbeit) wissen, entspricht dieser Entschluss dem Rückzug des Säulenheiligen aus der Welt auf seine Säule – in seiner Wachstumsverweigerung ist Oskar **ein umgepolter Säulenheiliger**, wie in seinen eigenen Worten noch anklingt:

> **[...] und wuchs seit meinem dritten Geburtstag keinen Fingerbreit mehr, blieb der Dreijährige, aber auch Dreimalkluge, den die Erwachsenen alle überragten, der den Erwachsenen so überlegen sein sollte, der seinen Schatten nicht mit ihrem Schatten messen wollte, der innerlich und äußerlich vollkommen fertig war, während jene noch bis ins Greisenalter von Entwicklung faseln mußten, der sich bestätigen ließ, was jene mühsam genug und oftmals unter Schmerzen in Erfahrung brachten** (71).

Derselbe Überlegenheitsanspruch wird geradezu mit einem ›Säulenheiligen‹-Bild verbunden, wenn Oskar beansprucht, **von so hoher Warte aus** (104) zu handeln.

Da er aller Erfahrung immer schon voraus ist, besteht sein Leben einzig darin, sich das schon Gewusste **bestätigen** zu lassen, wie es bereits anlässlich der Geburt hieß und jetzt wieder heißt. Zwar vergisst er dieses Wissen, will an der Welt teilnehmen und entschließt sich mit 21 Jahren am Grab des Vaters zum Wachstum, übernimmt **Verantwortung** (533), doch zieht er sich drei Jahre später wieder zurück: **Mühsam genug** und **unter Schmerzen** hat er lediglich das **in Erfahrung** (71) gebracht, was er schon vorher wusste, was er nie hätte vergessen dürfen: dass das Mitmachen in der Welt nicht lohnt. Innerlich versehrt und um einen Buckel bereichert, ist er wieder bei der Einsicht angelangt, die er in der Stunde seiner Geburt schon hatte und nach der zu leben ihm jetzt das **endlich erreichte Ziel**, das Gitterbett, ermöglicht, das ihn von der Welt abschirmt und verhindert, dass ihm jemand **zu nahe tritt** (10). Um diesen Aspekt des A-priori-Wissens bereichert, gilt für Oskar das, was ELIAS CANETTI einmal über ROBERT WALSER gesagt hat: **Seine Erfahrung mit dem ›Kampf ums Dasein‹ führt ihn in die einzige Sphäre, wo dieser nicht mehr besteht, ins Irrenhaus, das Kloster der Moderne.**

Diese Beziehungen Oskars zur Familie der Pikaros erklären viele seiner Eigenschaften: Wie der Pikaro im übertragenen Sinne entwickelt sich Oskar ganz konkret nicht. In ihren Untersuchungen zu Oskars Sexualität hat E. Pflanz nachgewiesen, dass Oskar selbst auf diesem Gebiet, auf dem er sich doch beachtlich ›entwickelt‹, auf dem er Erfahrungen sammelt, auf dem er höchst konkrete ›Beziehungen‹ zur Welt aufnimmt, **im wesentlichen vorgeprägt ist und einer persönlichkeitsverändernden Einwirkung sexueller Begegnungen mit der Umwelt nicht ausgesetzt ist.**[67] Wie seine literarischen Verwandten **führte** er **bis zum heutigen Tage allerlei Namen**, worauf er stolz hinweist (427). Von ihnen hat Oskar aber auch vielleicht sein wichtigstes Erbteil übernommen, die Art der Weltbetrachtung, die dem Pikaro eigentümliche Perspektive: Oskar ist der Gestalt gewordene Blick von unten. Der Pikaro sieht als Diener vieler Herren die Welt im übertragenen Sinne ›von unten‹, aus der Perspektive des Kammerdieners, vor dem bekanntlich niemand ein Held ist; Oskar sieht sie wirklich von unten: Als Zeuge, den man wegen seiner Größe übersieht oder wegen seines Alters nicht beachtet, hört er alle Lüge und sieht alle Gemeinheit, aus denen die Welt besteht.

Seiner abgeschlossenen geistigen Entwicklung verdankt er seine große Überlegenheit; seine Nichtteilhabe am Treiben der Welt, seine Distanz zu den Verstrickungen der anderen ermöglichen es ihm, seine Beobachtungen und Urteile schonungslos zu formulieren. Beides zusammen ergibt das, was Hans Mayer Oskars **bösen Blick** genannt hat[68] oder was man auch schlichter mit D. van Abbé als **the undergraduate trick of being deeply cutting about everyone** bezeichnen kann, den Pennälertrick, über alles und jedes schneidend zynisch zu sein, wie man van Abbé paraphrasieren könnte.[69] Oskar, in dem Satan ja bekanntlich die Taufe **gut überstanden** (174) hat, weist in solchen Zügen in der Tat oft etwas Mephistophelisches auf[70]; aber auch Mephisto zeichnet sich ja gerade über die längste Strecke des *Faust I* dadurch aus, dass er unverblümt herzerfrischende Zynismen von sich gibt – und in aller Regel mit ihnen schlicht menschlich Recht behält.

Mit von Anfang an **hellwacher Skepsis** (86) durchschaut Oskar die ihn umgebende Kleinbürgerwelt, vom Dreiecksverhältnis zu Hause bis zu den Scheffler'schen und Greff'schen Eheproblemen. Was er von den Kindern auf dem Hof zu erwarten hat, weiß er von vornherein, bekommt es aber mit der Ziegelmehlsuppe noch einmal eingetrichtert, weshalb ihn der Vorwurf kindlicher Kontaktschwäche von einer Ärztin, die selbst so kontaktschwach ist, dass sie **eigentlich nur mit ihren Zigaretten näheren Umgang pflegt** (119), nicht treffen kann. Die Schule durchschaut er wie die Sütterlinschrift (103)[71], und er verweigert sich der Leistungsgesellschaft in den Anfängen, dem **Markt [...], auf dem** von den Müttern die **Erst- und Zweitgeburten feilgeboten werden** (93). Er weiß, woher die Kugeln stammen, die in Danzigs Gebäuden stecken und an historische Belagerungen erinnern sollen, in Wirklichkeit aber von einem Maurer des Hochbauamtes und des

Amts für Denkmalpflege eingemauert werden (127). Wo die Erwachsenen **kindisch in jenem Sinne** sind, **in welchem ich nie ein Kind gewesen bin** (79), ist Oskar der Wissende und Durchschauende: Die NSDAP enttäuscht ihn schon 1934 (150), die Lächerlichkeit des Soldatenspiels der uniformierten Zivilisten in der Polnischen Post ist ihm von Anfang an bewusst, von den **Sandsäcken und ähnlichem Unsinn** (283) über die unverteidigte Rückseite (287) bis hin zu der Erkenntnis, dass weder Frankreich noch England helfen werden, dass die Home Fleet vor Anker und die Franzosen hinter der Maginotlinie bleiben werden (305 f.). Er scheut sich ebenso wenig das Weinen seines **mutmaßlichen Vaters** Jan in Todesangst **Geflenne** zu nennen (295), wie er am Totenbett der Mutter Hemmungen hat, das Beten aller zu beobachten – er selbst betet ja nicht mit, er trommelt stattdessen und sieht und schildert, wie sein Vater Matzerath in einen Konflikt gerät, weil er, der typische Mitläufer und Mitmacher, der winkt, **wenn andere winkten,** schreit, lacht, klatscht, **wenn andere schrien, lachten oder klatschten** (195), der deshalb Nazi und irreligiös geworden ist, nun in einem Raum steht, in dem alle teils protestantisch, teils katholisch beten und er nicht weiß, bei wem er ›mitmachen‹ soll, woraufhin er alle drei Haltungen gleichzeitig einnimmt: Als Nazi schämt er sich **offensichtlich seiner Beterei** und lässt dabei **die Finger verkrampft unten, etwa in Höhe der Geschlechtsteile, von einer Religion in die andere wechseln** (208). Genauso kann Oskar bei Greffs Freitod, der ihm sichtlich nahe geht, nicht darauf verzichten, auf die Zweideutigkeit hinzuweisen, dass dem Homosexuellen, der nur zur Erleichterung seines Umgangs mit Knaben Pfadfinder geworden ist, an der zu eng gewordenen Pfadfinderuniform die Hosenknöpfe offen stehen (414).[72] Ebenso bemerkt er, dass **die Sanitäter**, die die Leiche abtransportieren, sich an den Kartoffeln **bereichern**, mit denen Greff sich aufgewogen hat (415). Es ist ihm auch nicht verwunderlich, dass es bei Kriegsende keine Ärzte mehr in Danzig gibt, hat man doch **die Westpreußische Krankenkasse schon im Januar nach dem Westen verlegt**, sodass ›**für viele Ärzte**‹ ›**somit der Begriff Patient**‹ ›**irreal**‹ wurde (540 f.). Sein Wachstum, sein Entschluss das selbst gewählte Abseits zugunsten der Teilhabe, des Engagements, der Verantwortung in dieser Welt und für diese Welt aufzugeben, ist in diesem Horizont der typische Sündenfall des barocken Pikaro, den Simplicius so oft erlebt, das Einlassen mit der Welt, das nur zu Schuld und Reue führt. So packt denn auch Oskar bald die Sehnsucht **nach den verlorenen Proportionen des Dreijährigen** (572 f.), die große Beichtszene bei Bebra ist die Rückkehr ins lebenslange Asyl, die Vergebung wird erkauft mit der neuerlichen Abkehr von der Welt, der Verpflichtung, zu **trommeln [...], wie ich es als Dreijähriger getan hatte** (732), so wie Simplicius mehrfach in seinem Leben in das Stadium der Kindheit beim Eremiten und wirklichen Vater zurückkehrt. Bebra, der gleich Oskar aus Weltverneinung das Wachstum eingestellt hat (143), ist berechtigt Oskar das Weiterwachsen, den Integrationsversuch, als Sündenfall vorzuwerfen, ihm die Taten, die er unverantwortlich, diesseits von Gut und Böse, einst begangen hat, jetzt anzulasten, da er bewusst **Verantwortung** auf sich genommen hat. Nicht umsonst hat Oskar genau in dem Moment, als er die Trommel begrub, gedacht: **Wie mochte der Meister mein Handeln beurteilen?** (533) Einzig mögliche Form der Buße ist die radikale Umkehr, die trommelnde Rückkehr zur Dreijährigkeit (730–733); sie ist Bedingung für **Erbarmen** und Vergebung.

Ganz Erbe des barocken Pikaro ist Oskar auch in den Generalisierungen seines A-priori-Wissens, das von den Erfahrungen lediglich bestätigt wird, etwa dass **auf diesem Stern nichts von Dauer ist** (401), dass **all die Klebearbeit, die wir Architektur nennen, diesen oder jenen Umständen gehorchend, den Zusammenhalt aufgeben wird** (319). Oskar kann keinen Bau entstehen sehen ohne an seinen Abbruch zu denken (319) und mit dem Stapellauf beginnt für ihn der Untergang eines Schiffes (40), im lebenden Körper erblickt er das Gerippe (352), **Friedensverträge** sind ihm **Anlaß zu ferneren Kriegen** (47).

Oskars Blick von unten auf die Welt ist zugleich der Blick von hinten, der Blick hinter die Masken und die Kulissen, der Blick auf die Rückseite, der das wahre Wesen zeigt wie beim barocken Bild der Frau Welt, die von vorne schön und verführerisch ist, von hinten aber ein von Würmern zerfressener Leichnam. **Und wer die Welt von hinten sah, der sah ihr ins Gesicht**, dichtet Erich Kästner und Oskar sagt dasselbe:

> **Haben Sie schon einmal eine Tribüne von hinten gesehen? Alle Menschen sollte man – nur um einen Vorschlag zu machen – mit der Hinteransicht einer Tribüne vertraut machen, bevor man sie vor Tribünen versammelt. Wer jemals eine Tribüne von hinten anschaute, recht anschaute, wird von Stund an gezeichnet und somit gegen jegliche Zauberei, die in dieser oder jener Form auf Tribünen zelebriert wird, gefeit sein. Ähnliches kann man von den Hinteransichten kirchlicher Altäre sagen; doch das steht auf einem anderen Blatt. (150)**

Es kommt Grass nicht auf die Entlarvung der Welt in ihrer Totale an, wie sie das große Ständepanorama des spanischen Pikaroromans anstrebt, sondern in ihrer Essenz: Deshalb entlarvt Oskar mit Danzig-Langfuhr die Welt, mit der Danziger Geschichte Geschichte schlechthin.

Ist Oskar so in vielen Zügen der Erbe der barocken Pikaros, vor allem des *Simplicius Simplicissimus*, so unterscheidet er sich von allen seinen deutschen Vorgängern grundsätzlich darin, dass er die Hoffnung auf ein besseres Jenseits nicht kennt. Das gnadenlose Diesseits ist ohne jenseitigen

Trost sich selbst überlassen. So ist es zwar für Oskar keine Frage, dass man eine solche Welt, die nie und nirgendwo, zu keiner Zeit und unter keinem Himmel anders und besser war und die sich auch nie verändern und bessern wird, meiden und hassen muss, aber er weiß zugleich, dass seine Haltung zu diesem Leben durch kein besseres Leben nach dem Tod belohnt werden wird.[73]

Ein Rückgriff auf den Pikaroroman GRIMMELSHAUSEN'scher Prägung bedeutet fast dreihundert Jahre später *eo ipso* implizit zugleich ein **ironisch-distanziertes Verhältnis zum deutschen Bildungsroman.** Weder der Autor noch seine Leser/innen können eine zweihundertjährige Entwicklung, die zu den bedeutendsten deutschen Romanen geführt hat, einfach vergessen. In der Tat enthält *DIE BLECHTROMMEL* eine ganze Reihe von Zügen, die Motive des Bildungsromans aufgreifen und abwandeln. E. Mannack[74] hat darauf hingewiesen, dass eine Großmutter auch in *WILHELM MEISTERS LEHRJAHREN* und im *GRÜNEN HEINRICH* für den Lebensgang der Helden wichtig ist, auch dass Oskar wie Wilhelm Meister zwischen ererbtem Kaufmannsgeschäft und erstrebter Kunst steht, wobei die Kunst das mütterliche Erbteil ist. S. Jendrowiak[75] hat daran erinnert, dass die Konstellation im realen Lebensgang von GOETHE und THOMAS MANN eine ähnliche gewesen ist. GOETHE hat sich in seinem viel zitierten Gedicht »Vom Vater hab ich die Statur« dazu bekannt, aber auch in *DICHTUNG UND WAHRHEIT*; THOMAS MANN hat diesen Konflikt u. a. in *TONIO KRÖGER* gestaltet. Auf *DICHTUNG UND WAHRHEIT*, worin GOETHE ja sein eigenes Leben unter den Kategorien des Bildungsromans erzählt, finden sich verschiedene Anspielungen. Oskar stellt wie GOETHE an den Anfang seiner Lebensbeschreibung sein Horoskop, wie GOETHE ist Oskar Jungfrau:

> **Die Sonne stand im Zeichen der Jungfrau [...] Merkur machte mich kritisch, Uranus einfallsreich, Venus ließ mich ans kleine Glück, Mars an meinen Ehrgeiz glauben. Im Haus des Aszendenten stieg die Waage auf, was mich empfindlich stimmte und zu Übertreibungen verführte. Neptun bezog das zehnte, das Haus der Lebensmitte und verankerte mich zwischen Wunder und Täuschung. Saturn war es, der im dritten Haus in Opposition zu Jupiter mein Herkommen in Frage stellt.[76] (54)**

Auch der nächtliche Gang Oskars durch seine Vaterstadt vor dem Aufbruch zum Fronttheater, bei dem der Held die Vergangenheit Revue passieren lässt und anhand der Stätten und Namen sein bisheriges Leben noch einmal heraufbeschwört, ehe er es endgültig hinter sich lässt, findet sich ähnlich in *DICHTUNG UND WAHRHEIT* vor GOETHES Abreise nach Weimar.[77] Oskar spielt sogar direkt auf die Tradition des Bildungsromans an, wenn er ausruft:

Sie werden sagen: In welch begrenzter Welt mußte sich der junge Mensch heranbilden! Zwischen einem Kolonialwarengeschäft, einer Bäckerei und einer Gemüsehandlung mußte er sein Rüstzeug fürs spätere, mannhafte Leben zusammenlesen. Wenn ich auch zugeben muß, daß Oskar seine ersten, so wichtigen Eindrücke in recht muffig kleinbürgerlicher Umgebung sammelte, gab es schließlich noch einen dritten Lehrer. Ihm blieb es überlassen, Oskar die Welt zu öffnen und ihn zu dem zu machen, was er heute ist, zu einer Person, die ich mangels einer besseren Bezeichnung mit dem unzulänglichen Titel Kosmopolit behänge. (401)

Im Horizont des Bildungsromans ist Bebra eine den Mitgliedern der Turmgesellschaft in den *Lehrjahren* vergleichbare Mentorgestalt.

Solche Anspielungen auf die Bildungsromantradition betonen jedoch eher die Kluft, die *Die Blechtrommel* von dieser Gattung trennt, als dass sie sie zum Verschwinden bringen: Wenn das Ich einerseits in seiner geistigen Entwicklung schon bei der Geburt abgeschlossen ist und andererseits kein anderes Ziel hat als **Distanz** von der Welt zu halten (75), kommt es genau wie im Pikaroroman nicht zu einer fruchtbaren Auseinandersetzung zwischen Ich und Welt, die das Wesen des Bildungsromans ausmacht.

Zugleich führt *Die Blechtrommel* aber in einem entscheidenden Punkt über den den Pikaroroman prägenden statischen Dualismus ›Weltflucht – Weltverfallenheit‹ hinaus, und zwar in der Blechtrommel, die dem Roman den Namen gegeben hat. Wenn bei Oskars negativem Welt- und Menschenbild ›Entwicklung‹ nur darin besteht, **von Jahr zu Jahr größere Schuhe und Hosen zu tragen, nur um beweisen zu können, daß etwas im Wachsen sei**, während man von einer anderen als dieser rein äußerlichen ›Entwicklung‹ **bis ins Greisenalter** nur **faseln** kann, so muss **auch Oskar** in einem Punkt **Entwicklung zugeben:** Sein Trommeln wächst im Lauf seines Lebens und erreicht letztlich **messianische Größe** (71). Durch die Blechtrommel wird Oskars Autobiografie zum Künstlerroman, sein Instrument bezeichnet die Nahtstelle zwischen Pikarobiografie und Künstlerbiografie: Oskars Asyl ist zeit seines Lebens seine Kunst. Wo Simplicius Simplicissimus die Welt aus religiösen Gründen flieht, tut das Oskar aus ästhetischen Gründen, seine pikarische Weltverneinung und Weltflucht verwirklichen sich als Flucht in die Kunst. Damit ordnet sich *Die Blechtrommel* in die lange Linie des Künstlerromans als Sonderfall des Bildungsromans ein, von Novalis' *Heinrich von Ofterdingen* über Tiecks *Franz Sternbalds Wanderungen*, über Mörikes *Maler Nolten* und Kellers *Der grüne Heinrich* bis hin zu Thomas Manns *Doktor Faustus*. Gerade die Beziehungen zum *Doktor Faustus* werden uns noch in anderem Zusammenhang beschäftigen (s. S. 47 dieser Arbeit). Im *Doktor Faustus* findet sich ebenfalls die sonst seltene breite Ausführung des Erzählvorgangs auf einer eigenen zeitlichen Ebene, wie wir sie auch bei der *Blechtrommel* beobachten konnten (s. S. 18 ff. dieser Arbeit). S. Jendrowiak weist auf eine weitere interessante Parallele hin, indem sie Peter Pütz' Beobachtung zur **Entwicklungslosigkeit** des Künstlerhelden Leverkühn im Unterschied zum **Modell eines Bildungsromans** zitiert.[78]

Dass Oskar Künstler ist, wird innerhalb des Romans nirgendwo in Zweifel gezogen. Nicht nur er selbst erhebt diesen Anspruch, auch andere bestätigen ihn: von Vittlar schreibt, **daß der Angeklagte von Beruf Trommler ist und, wie sich erwiesen hat, wo er geht und steht, diesen Trommlerberuf ausübt** (745), und der erfolgreiche Maler Lankes äußert den Wunsch: **So möcht ich malen können, wie du trommelst** (715). In der Tat lässt sich der soeben skizzierte pikareske Lebenslauf Oskars ebenso gut, ja besser noch als Künstlerbiografie schreiben: Bei seiner Geburt trommelt ein Falter gegen eine Glühbirne, der, wie später Bebra, zu **Oskars Meister** wird (54):

> **Mittelgroß und haarig umwarb er die beiden 60-Watt-Glühbirnen, warf Schatten, die in übertriebenem Verhältnis zur Spannweite seiner Flügel den Raum samt Inventar mit zuckender Bewegung deckten, füllten, erweiterten. Mir blieb jedoch weniger das Licht- und Schattenspiel, als vielmehr jenes Geräusch, welches zwischen Falter und Glühbirne laut wurde: Der Falter schnatterte, als hätte er es eilig, sein Wissen loszuwerden, als käme ihm nicht mehr Zeit zu für spätere Plauderstunden mit Lichtquellen, als wäre das Zwiegespräch zwischen Falter und Glühbirne in jedem Fall des Falters letzte Beichte und nach jener Art von Absolution, die Glühbirnen austeilen, keine Gelegenheit mehr für Sünde und Schwärmerei. Heute sagt Oskar schlicht: Der Falter trommelte. (53)**

Und zwar **zuchtvoll und entfesselt zugleich** (53), was Oskar ihm eines Tages nachtun will. F. Gaede hat die Bedeutung dieses wirkungsvoll über dem Eingang von Oskars Leben stehenden Vorgangs so erläutert:

> **Der Falter fliegt gegen das Licht und kann es nicht erreichen, weil er durch das Glas von der inneren Lichtquelle getrennt bleibt. Die Unfähigkeit, zum Lichtzentrum zu kommen, und die dennoch nicht aufgegebene Absicht, zum Ziel zu gelangen, äußern sich als Trommeln […] Das Trommeln ist damit Frustration, Protest und Sisyphustapferkeit in einem.**
> **[Ein] Suchender, der sein Ziel, die religiöse Wahrheitsgewißheit, nicht erreichen kann, wird darüber zum Künstler oder Trommler.**[79]

Man kann die ›Meisterschaft‹ des Falters aber noch weiter verfolgen: **In Gestalt zweier 60-Watt-Glühbirnen**, gegen die der Falter nun trommelt, hat Oskar soeben **das Licht dieser Welt** erblickt (52), Leben ist **Leben unter den Glühbirnen** (54).[80] Das alte Emblem von Falter und Kerze[81] wird hier zum Ausdruck der grundsätzlichen Erfahrung, dass man am Licht der Welt stirbt, sobald man geboren ist. Die Frage des Gedichts »Blechmusik«

(s. S. 14 dieser Arbeit), wer uns **ausgestoßen**, aus dem Schlaf des vorgeburtlichen Seins gerissen hat, **wer uns geweckt hat – war es schon damals der Tod, der so seinen Stempel behauchte?** –, wird hier eindeutig beantwortet: Leben ist der Schattenwurf unseres Tanzes um den Tod, der im Zentrum steht. **Was sich als Leben ausgibt, ist von Anfang an Todeskampf.**[82]

Noch vor dieser Initiation ins Trommeln durch den Meister im Trommeln wird Oskar das Instrument dazu von seiner Mutter verheißen, während sein Vater in ihm den Erben des Geschäfts sieht: **Um nicht mit einer Kasse klappern zu müssen, hielt ich mich an die Trommel** (71).[83] Sie erlaubt es ihm, **die zwischen ihm und den Erwachsenen [...] notwendige Distanz** (75) zu erreichen und in seinem Sinne **menschlich** zu bleiben, nämlich **kindlich, neugierig, vielschichtig, unmoralisch**, während er in Erwachsenen nur die jedem **vorgeschriebene Existenzkarikatur** (97) erkennen kann, die **gradlinig dumme, obendrein schlecht bezahlte Rolle**[84], wie er an Fräulein Spollenhauer demonstriert, die **unentwegt den uralten schablonenhaften Volksschullehrerinnenanblick** (98) bietet und selbst wenn sie plötzlich **fortschrittlich milde** wird und **in erzieherische Lustigkeit ausbrechend** jauchzt (99), das nur tut, weil sie sich an die Lehren der **Seminarzeit** erinnert.[85]

Später demonstriert Oskar seinen Begriff von Menschlichkeit, Vielschichtigkeit, Kindlichkeit, Neugier, Offensein, Stehen zur eigenen Unmoral, den er Fräulein Spollenhauer gegenüber mit der Trommel vertritt, mit seiner zweiten Kunst, dem Glas-Zersingen: Ursprünglich hat es nur Schutzfunktion für seine Trommel, entzieht sie dem Zugriff einer verständnislosen Erwachsenenwelt, später benutzt er es, um mit Hilfe dieser Kunst andere zur Selbsterkenntnis zu bringen: Vor nächtlichen Schaufensterbetrachtern singt er Löcher in die Scheiben und hilft ihnen sich selbst neu zu sehen. **Manch solid elegante Dame, manch braver Onkel, manch ältliches, im Religiösen frischbleibendes Fräulein hätte niemals in sich die Diebesnatur erkannt, wenn nicht deine Stimme zum Diebstahl verführt hätte, obendrein Bürger gewandelt hätte, die zuvor in jedem kleinen und ungeschickten Langfinger einen verdammenswerten und gefährlichen Halunken sahen** (165 f.). So macht er aus einer weiteren **Existenzkarikatur** und **gradlinig dummen [...] Rolle**, aus einem **Staatsanwalt und am Oberlandesgericht gefürchteten Ankläger**, einen **milden, nachsichtigen und im Urteil beinahe *menschlichen* Juristen** (166) – menschlich eben in Oskars Sinn.

Trommeln wie Glas-Zersingen sind vielschichtig, dynamisch, entwicklungsfähig, und Oskar ›arbeitet‹ an der Erweiterung dieser Künste: Sein Trommeln beginnt als reine, absolute, klassische, sich selbst genügende Kunst, wenn er von seinem **in die Aprilluft getrommelten Tempelchen**

(121) spricht. Das **Tempelchen** steht in GRASS' Bildwelt für die reine, wirklichkeitsfremde Kunst: In *HOCHWASSER* beschreibt Leo eine Zirkuskünstlerin mit Beinen **aus reinstem Porzellan**, die im Verlauf des Auftritts **zu zwei Säulen Eis bis zu jenem Tempelchen in der Arktis** werden.[86] GRASS nimmt damit die Bilder seines Ballerina-Essays wieder auf, die er später in den *HUNDEJAHREN* in der Porzellanfigurine einer Ballerina und der die Eiskönigin tanzenden Jenny weiter ausführt: Bilder für die **leere Form**, die **gewichtslose Schönheit**, die **gültig gezeigte Schönheit.**[87] Weltentrückte Überlegenheit über die Wirklichkeit und schutzloses Preisgegebensein an die Wirklichkeit fallen dabei zusammen: Oskars **Tempelchen** bringen **hundert teppichklopfende Weiber** [...] **mit wenigen Schlägen zum Einsturz** (121), die Ballerina fällt, wenn sie in die Wirklichkeit zurücktritt, **gleich einem Kartenhaus, das plötzlich der Zugluft ausgesetzt wird, in sich** zusammen[88] – genauso, wie Jans reales Kartenhaus, das **als einzig menschenwürdige Behausung** dem Beton der Nazis einerseits überlegen ist (316, 319), andererseits von ihnen mit ihrem **Raus** und ihrem **Wind** sofort zum Einsturz gebracht wird.

Mit fortschreitender Entwicklung kann Oskar mit Trommeln und mit Glas-Zersingen aber auch seinen Protest gegen die Welt artikulieren. Das beginnt, als die Kinder des Hofes ihn mit einer Suppe füttern, die Inbegriff aller Scheußlichkeiten ist, bloß weil er nicht mitspielt bei dem, was alle spielen (123). Auch die Entglasung des Theaters vom Stockturm aus kann noch als wildes Schreien des Protestes gedeutet werden – sei es gegen das Verhältnis seiner Mutter mit Jan, das ihn in seiner wilden Ausschließlichkeit (126 f.) isoliert, sei es symbolisch gegen das Stück, das man 1933 in Deutschland aufzuführen beginnt[89], sei es veranlasst durch den Stockturm, **angesichts der ausgesuchtesten Produkte menschlicher Phantasie**, der **Folterinstrumente** (242)[90], sei es als ästhetische Auseinandersetzung des Künstlers Oskar mit der herkömmlichen Kunst einer **klassizistischen dramatischen Kaffeemühle**, eines **Musen- und Bildungstempels: Mich ärgerte dieser Bau, von dessen säulenflankierten Foyerfenstern eine absackende und immer mehr Rot auftragende Nachmittagssonne nicht lassen wollte** (130 f.) – gerade diese Schminkmetapher spricht für den Protest gegen eine die Wirklichkeit verfälschende Kunst.

Sein Protesttrommeln veranschaulichen vor allem die gesprengten Parteiversammlungen. Er demonstriert dies ausführlich an einer Nazikundgebung, weitet es aber danach bewusst aus auf alle Veranstaltungen von einer Tribüne herab, denn er ist kein **Widerstandskämpfer** gegen die Nazis, er handelt nicht aus politischen, sondern **aus privaten, dazu ästhetischen Gründen** (158): Ihn stört die vorgetäuschte **Symmetrie** (150, **symmetrisch** auch 148) einer Tribüne, die doch von hinten ganz anders aussieht (s. S. 30

dieser Arbeit), **die Landsknechtpaukerei** (149), die Art, wie die Musiker **in übelster Landsknechtmanier in ihr sidolgeputztes Blech** (152) stoßen – **es liegt nahe**, dass die Kritik des Künstlers Oskar sich vor allem **an den Trommlern und Fanfarenbläsern rieb** (150), ebenso wie er **durch Uniformen im Auge beleidigt** wird (151). Dass er sich am falschen Ebenmaß der Tribüne und an der falschen Gleichförmigkeit der Uniformen reibt, führt zu seinen **Unternehmungen gegen die Tribünensymmetrie** (158). **Oskar Matzeraths** ***zerstörerisches*** (158) **Werk soll all jene treffen, die von erhöhter Warte aus alleinseligmachende Wahrheiten verkünden. Für sie steht als Metapher (und daher Kapitelüberschrift!) die Tribüne.**[91]

> **Ich trommelte nicht nur gegen braune Versammlungen. Oskar saß den Roten und den Schwarzen, den Pfadfindern und Spinathemden von der PX, den Zeugen Jehovas und dem Kyffhäuserbund, den Vegetariern und den Jungpolen von der Ozonbewegung unter der Tribüne. Was sie auch zu singen, zu blasen, zu beten und zu verkünden hatten: meine Trommel wußte es besser.** (158)

Zugleich muss Oskar aber beim Glas-Zersingen genauso wie beim Protesttrommeln[92] eine Entwicklung konstatieren, die Entwicklung zum L'art pour l'art: Er macht,

> **während der Blüte- und Verfallszeit seiner Kunst, Gebrauch von seinen Fähigkeiten, ohne äußeren Zwang zu verspüren. Aus bloßem Spieltrieb, dem Manierismus einer Spätepoche verfallend** (87).
> [...] **gleich einem modernen Kunstmaler produzierte ich mich, der seinen einmal gefundenen, seit Jahren gesuchten Stil zeitigt, indem er eine ganze Serie gleichgroßartiger, gleichkühner, gleichwertiger, oftmals gleichformatiger Fingerübungen seiner Manier der verblüfften Welt schenkt** (131).

Zugleich lässt Oskar sein Sonderleben in der Kunst, mit dessen Hilfe er allein **Distanz** von der Welt **ertrommeln** kann (75), lässt ihn die Trommel, mit der allein **er** [...] **sein dreijähriges Gesicht bewahren** kann (271), in der Wirklichkeit schuldig werden. Dreimal flüchtet er vor den Folgen seiner Taten in die trommelnde Dreijährigkeit: nach der Verhaftung Jans, den er doch um seiner Trommel willen in die Polnische Post geführt hat, nach der von ihm inszenierten Trommelmesse der Stäuberbande und nach dem von ihm herbeigeführten Tod Matzeraths. Oskar parallelisiert in seiner eigenen Erzählung diese drei Ereignisse bewusst, wenn er schildert, wie er sich jedes Mal mit umgehängter Trommel auf dem Arm eines Feindes aus dem Geschehen tragen lässt, wobei die Gegner jedes Mal durch dasselbe Merkmal gekennzeichnet sind: ein Heimwehrmann mit **immer lachenden, deshalb geschlitzten** [...] **Augen** (319), ein **in den Augen leicht geschlitzter** Russe (516) und Luzie Rennwand mit **Augen rastlos hinter zwei schwarzen Schlitzen** (501). **Oskar versprach sich einiges für seine heile und seine zer-**

störte Trommel von diesem Judasschauspiel (318), schreibt er beim ersten Mal – die reimartige Wiederholung der Umstände signalisiert ein abermaliges und ein drittes **Judasschauspiel.**

Hier zeigt sich, dass Oskars Kunst in diesen Jahren in eine Phase eingetreten ist, für die S. Jendrowiak den Terminus **Ästhetizismus** vorgeschlagen hat –

> **eine Lebensanschauung, die ästhetisches Erleben und Genießen absolut setzt und Welt und Gesellschaft zum Mittel des reinen Selbstgenusses degradiert. Ästhetizismus [...] beinhaltet eine amoralische Komponente (im Sinne der Mißachtung gesellschaftlicher Moralvorstellungen), die dem *Ästheten* nicht wesensimmanent ist.**[93]

Oskars Ästhetizismus wird deutlich in seinem Anschluss an Bebras Fronttheater: L'art-pour-l'art-Trommeln und Glas-Zersingen werden hier in der letzten Entwicklung von Oskars erster Trommelzeit zum blöden Klamauk für Frontsoldaten (429, 450) und zur abstoßenden Barbarei für die höheren Chargen: **Oskar [...] paßte sich dem verwöhnten Geschmack der Pariser Besatzungstruppen an [...], ausgesuchteste, schöngeschwungene, hauchdünn geatmete Vasen und Fruchtschalen [...] zerscherbte ich. Nach kulturhistorischen Gesichtspunkten baute sich mein Programm auf** (432). Oskar vernichtet Glas von Louis XIV. bis zum Jugendstil und bekommt den Beifall der dort versammelten zivilen und uniformierten Schöngeister, unter denen man auch Friedrich Sieburg erkennt (432). Der Künstler, der sich mithilfe seiner Kunst radikal von der Wirklichkeit absondern wollte, ist nun mit eben dieser Kunst zum Handlanger der Barbarei geworden; sie hat einzig noch den Zweck von der grauenvollen Wirklichkeit des Krieges abzulenken. S. Jendrowiak hat darauf hingewiesen, dass Bebras Truppe das Grammophon anstellt, wenn Lankes die Nonnen erschießt: **Das mildert manches** (449) – Kunst hat hier allein noch **die Funktion der Verschleierung.**[94]

Oskars Biografie als Künstler entspricht genau derjenigen Eddi Amsels aus den *Hundejahren*, in dessen Balletttruppe auch prompt Bebra wieder auftaucht. Grass hat für sich selbst eine solche Biografie als **Kopfgeburt** in den *Kopfgeburten* erfunden, indem er seinen Geburtstag um zehn Jahre zurückdatiert. Dann wären auch ihm diese Verstrickungen nicht erspart geblieben.

> **Dank meiner Mitgift, dem rigorosen Schreibtalent, wäre mir zu den Ereignissen der Bewegung (Machtergreifung, Erntedankfest, Führers Geburtstag) und später zum Kriegsverlauf Gereimtes und Hymnisches eingefallen, zumal die Poetik der Hitlerjugend (s. Anacker, Schirach, Baumann, Menzel) spätexpressionistische Wortballungen und gestische Metaphern erlaubte. Meine Texte zu Morgenfeiern sind vorstellbar. Oder es hätte mich – ange-**

> regt von feinsinnigen Deutschlehrern – naturbeflissene Innerlichkeit lammfromm gemacht und auf Carossas oder, noch stiller, auf Wilhelm Lehmanns Spuren geleitet: Sommerglanz, Herbstes Fülle, immer fleißig den Jahreszeiten hinterdrein. In beiden Fällen hätte ich, wie ich mich einschätzen muß, vom Atlantikwall (!), vom Oslofjord aus, von mythenbewohnter kretischer Küste oder (meiner hafenstädtischen Herkunft kriegsfreiwillig entsprechend) als U-Boot-Fahrer einen Verleger gesucht und gefunden. Wahrscheinlich wäre mir ab Stalingrad – jetzt sechsundzwanzig Jahre alt – ein trostloses Lichtlein aufgegangen: dem Oberleutnant oder dem Gefreiten. Verwickelt in Partisanenerschießungen, Vergeltungsschläge und Säuberungsaktionen, als Augenzeuge unübersehbarer Juden-Deportationen hätte ich meiner spätexpressionistischen Reimkunst oder der Beschwörung der Schachtelhalme neue Töne – ortlose Trauer, verzweifelte Wortwahl, Dunkles, Vieldeutiges – beigemengt. Wahrscheinlich wären mir zum Rückzug (im Vergleich zu meiner Schreibphase während der Zeit der raumfressenden Siege) sogenannte *allzeit gültige Verse* gelungen.[95]

Oskar bricht mit Kriegsende seine Künstlerlaufbahn ab und begräbt konsequent seine Trommel, als er an Matzeraths Grab mit einundzwanzig Jahren **Verantwortung** übernehmen und sich in die Gesellschaft integrieren will (533). Das Gefühl, nun mit Maria und Kurt eine Familie übernommen zu haben (533), bestärkt diesen Beschluss. Schon früher hatte die Liebe zu Krankenschwestern eine Zeitlang seine Trommel verdrängt (326), später lässt ihn die Liebe zu Maria, sein ›**neu gewachsener Stock**‹, ›**Trommel und beide Trommelstöcke vergessen**‹ (348). Verantwortliche Teilhabe an der Welt, liebende Teilnahme an anderen Menschen und Trommeln scheinen sich also auszuschließen. Die Konsequenz seiner Hinwendung zur Welt ereilt ihn gleich sehr massiv: Aus dem Krankenhaus entlassen begegnet ihm in Marias und Kurts temporärer Bleibe in Düsseldorf ›Kunst‹ in höchst ungewohnter Form: als ›Kunsthonig‹. **Aus unbeschrifteten Eimern füllte [Maria] ab, klatschte die Kunst auf die Küchenwaage und nötigte mich – kaum war ich eingetreten und mit den engen Verhältnissen vertraut – zum Verpacken der Viertelpfundkleckse** (567). Diese Konfrontation mit der neuen ›Kunst‹ der Schwarzmarktzeit lässt ihn seinen Entschluss bald bereuen: **Werdet ihr glücklich mit Kunsthonig und Feuerstein** [...] **meine Kunst soll anders heißen** (580). Oskar beginnt sein jahrelanges Kreisen um das Trommeln, bevor er sich zur endgültigen Rückkehr entschließt: Indem er zunächst als Steinmetz auf Grabsteinen trommelt, ist er **ersatzweise** [...] **glücklich** (581), eine Abart des Trommelns verbindet sich hier mit der Todesnähe, die sein Trommeln von Anfang an bestimmte: **Glück, das war zwar nicht meine Trommel, Glück war nur Ersatz, Glück kann aber auch ein Ersatz sein, Glück gibt es vielleicht nur ersatzweise, Glück immer Ersatz fürs Glück** [...] (581, ähnlich 597)

Schon bald steht Oskar wieder vor der Frage, die sich ihm bereits bei seiner Geburt gestellt hatte: **Geschäftsmann, Biedermann, Ehemann**, mit Maria in bürgerlicher Ehe lebend, oder **Kunst** (604)? Maria lehnt seinen Heiratsantrag ab (603) und Oskar fällt wieder **der Kunst anheim** (604), zunächst als Malermodell, dem man schließlich gegen seinen Willen eine Trommel in die Hand drückt und ihn damit malt. In nächster Näherung zur Trommel wird er Schlagzeuger in einer Jazzband, bis er schließlich endgültig zur Trommel zurückkehrt, wie Odysseus in die Heimat (656 f., 666), wie Parzival zur Gralssuche (623).[96] Er verpflichtet sich wieder so zu trommeln, wie er **es als Dreijähriger getan hatte** (733); für dessen ›Konzertagentur West‹, wie der bezeichnende Name heißt, arbeitet er äußerst erfolgreich für den Markt als professioneller Künstler, dessen **Blechtrommel eine Goldgrube** (735) ist; noch in der Heil- und Pflegeanstalt verdient er **gut mit seinen Schallplatten** (774).

Wie es fast stets beim Helden im Künstlerroman der Fall ist, wird auch Oskar von einer Reihe anderer Künstler flankiert, die **Möglichkeiten seiner selbst weiterentwickeln [...] Randfiguren als Fußnoten zu der Randfigur Oskar Matzerath.**[97] Die wichtigste, **Meister Bebra,** nennt GRASS selbst, **Bebra erscheint als Bild des Künstlers, des Intellektuellen, der den Schrecken der politischen Verfinsterung klar im voraus erkannte, der sich dennoch zu keiner Aktion durchrang, sondern sich schrittweise, im Zuge immer größerer Verschuldung, assimilierte.**[98] In wenigen Strichen erstellt Oskar in Bebra das Bild einer ganzen Schicht von Künstlern, Kriegsmalern, Kriegsberichterstattern, die als neue Herren alte Kultur genießen und als Verächter des Dritten Reiches sich bei französischen Weinen gegen Hitler aussprechen, unklare Beziehungen zum 20. Juli unterhalten (434), sich als **innere Emigration** (403, 434) verstehen und gleichzeitig vor und für Goebbels und Göring tanzen (402) und längst **selbst unters Fußvolk geraten** sind (221). Bebras Truppe verdeutlicht dieses Verhalten. J. Rothenberg hat darauf hingewiesen, dass das **Verknoten** seiner Liliputaner (428), vor allem während des Nonnenmords (449), das in den *HUNDEJAHREN* ebenso begegnet, das In-sich-selbst-Verkriechen der die innere Emigration verdeutlichenden Vogelscheuchen Amsels vorwegnimmt.[99] In Bebra wird in dieser Weise auch Oskars Versagen als Künstler vergrößert gespiegelt, und unter diesem negativen Aspekt müssen wir auch die massive Vermarktung von Oskars Trommel nach dem Krieg in Bebras ›Konzertagentur West‹ sehen.

S. Jendrowiak hat die besondere Bedeutung Roswitha Ragunas in diesem Kreis betont: Mit ihrer **blutjungen, uralten Hand** (220), ihrer **Mittelmeerstimme** (419, 451), ihrem **Mittelmeermund** (419 f.), aus dem **das Mittelmeer sprach** (452), wird die große **Somnambule** (222 u. pass.), die mithin auch in ihrer Kunst wirklichkeitsabgewandt ist, zu einer bildlichen Vergegenwärtigung der südlichen, vom Mittelmeerraum geprägten Kultur, zu einem Äquivalent römischer und griechischer Klassik. Oskars Zusammenleben mit ihr, das mit der gesamten Fronttheater-Reise zusammenfällt, ist daher Hingabe an eine ästhetisch-erotische Kunst, die unbeeinflußt vom historischen Zeitgeschehen als eine Form autonomer Schönheit ausgeübt wird.[100]

In deutlicher Parallelität beschreibt Oskar die Musiker Meyn und Klepp, die Duettpartner seiner ersten (106) und zweiten Trommelphase (667). Von Meyn in seiner **trunkenen, aber hochmusikalischen Zeit** (237) sagt er: **Es gab für ihn nur drei wahre Behältnisse: die Machandelflasche, die Trompete und den Schlaf** (106). Die Kunst als Rückzug aus der Welt wird in genau derselben Bildlichkeit wie bei Oskar selbst ausgedrückt: Nachdem man das erste schützende Behältnis des Mutterleibs – vgl. das Gedicht »Blechmusik«: **damals schliefen wir in einer Trompete** [...] – **damals, ehe wir ausgestoßen** [101] – verlassen hat, bietet sich die Ersatzwelt der Kunst an, in der **Blechmusik** von Trommel und Trompete – **Es war ihm sein Blech nicht mehr wert als mein Blech** (106). Meyns neues Behältnis wird die Trompete; Oskar hindert **nur die in Aussicht gestellte Blechtrommel ..., dem Wunsch nach Rückkehr in meine embryonale Kopflage stärkeren Ausdruck zu geben** (53). Beim Duettpartner der zweiten Phase, Klepp, verhält es sich ähnlich:

> Ich wollte wissen, ob er unser Schicksal für unabänderlich halte. Er hielt es für unabänderlich. Ob er der Meinung sei, alle Menschen müßten sterben, wollte Oskar wissen. Auch den endlichen Tod aller Menschen hielt er für gewiß, war aber nicht sicher, ob alle Menschen geboren werden müssen, sprach von sich als von einer irrtümlichen Geburt, und Oskar fühlte sich ihm abermals verwandt (662).

Sobald diese Weltflüchtlinge ihr Asyl Kunst verlassen, verfallen sie der Welt in einer Weise, die Oskar stets abgelehnt hat – sie fallen einer Ideologie anheim: Meyn, der früher in **einer kommunistischen Jugendgruppe**, dann bei den Roten Falken Mitglied war (254), tritt in die Reiter-SA ein, aus dem Spitzweg'schen ›armen Musiker‹, der **auf dem Dachboden mit unbeschuhten Füßen eine leere Machandelflasche** (106 f.) rollt und dabei **ganz wunderschön Trompete** bläst, wird bruchlos der Landsknecht einer Ideologie und letztlich der brutale Schläger, dem wir in der ›Kristallnacht‹ wiederbegegnen werden.[102] Ähnlich ergeht es Klepp, er wird, **kaum hatte Oskar ihm sein Bett** [...] **genommen** (670), KPD-Mitglied und beginnt, wie Oskar boshaft und doppeldeutig formuliert, **im Sinne der KPD mehr zu reden als zu denken** (728). Zugleich wird er Ideologe der Jazzmusik und nennt Oskar, der nicht mithält, einen **Verräter an der Idee der Jazzmusik** (728).[103] Er hat sich **die Zufahrtstraßen zu allen Glaubensbekenntnissen offenge-**

halten (670). Oskar, der im Gegensatz zu Meyn und Klepp nach kurzem Zwischenspiel zum **Behältnis** (106) Blechmusik und konkret ins Bett zurückgekehrt ist, sieht in Klepp den Versucher, der ihn **mit lebenswarmen Versprechungen locken will** (671), **aus dem Bett** (671) auf seine **Zufahrtstraßen** (670). **Daß es auch mir so ergehe, sei mein Bett vor** (671).

Von besonderer Bedeutung ist auch der Kunstmaler Lankes, dessen Biografie wie die Oskars Krieg und Nachkriegszeit durchläuft. Lankes' Anerkennung Oskars wurde schon zitiert: **So möcht ich malen können, wie du trommelst** (715) – es gilt aber auch das Umgekehrte: Oskar trommelt, wie Lankes malt. Im Krieg benutzt Lankes seine Kunst, die **zu schräge** ist um **Kriegsmaler** in der **Propagandakompanie** zu werden (440), zur Verschönerung von Bunkern: S. Jendrowiak hat gezeigt, dass er damit den **Ästhetizismus** (s. S. 37 dieser Arbeit) der Bebra-Truppe aufnimmt, denen der Beton nur als **Bühne** (442) wichtig ist. **Lankes' Verhalten ist davon bestimmt, daß er in dem Beton der Schießanlagen kein Kriegsobjekt, sondern lediglich einen ästhetischen Ausdruck sieht und daher Material auch für seine künstlerischen Absichten.**[104] Gleichzeitig isst er auf **dienstlichen Befehl** (444 f.) von Bebras Beutedelikatessen ebenso, wie er auf **dienstlichen Befehl** (449) Nonnen erschießt. Nach dem Krieg verführt er im selben Bunker eine Nonne, und wenn sie danach Selbstmord begeht, wird ihm das nur zum Bild, zu immer neuen Bildern: Er

> **öffnete [...] die Maleraugen und sagte: ›Das gibt ein dolles Bild: Flutende Nonnen. Oder: Nonnen bei Flut!‹ ›Du Unmensch!‹ schrie ich, ›Und wenn sie nun ertrinkt?‹ Lankes schloß die Augen: ›Dann heißt das Bild: Ertrinkende Nonnen.‹ ›Und wenn sie zurückkommt, dir vor die Füße fällt?‹ Mit offenen Augen sprach der Maler sein Urteil: ›Dann wird man sie und das Bild eine gefallene Nonne nennen‹ (726). Und alle diese Bilder [...] malte der Maler Lankes, [...] fertigte ganze Nonnenserien an, fand einen Kunsthändler, der auf die Nonnenbilder scharf war, stellte dreiundvierzig Nonnenbilder aus, verkaufte siebzehn an Sammler, Industrielle, Kunstmuseen, auch an Amerikaner [...]. (727)**

Indem Oskar diese Episode berichtet, spricht er ebenfalls **mit offenen Augen [...] sein Urteil** (726), denn er verhält sich ebenso wie Lankes: Während Lankes die Nonne verführt, trommelt Oskar als ›**Ausweg**‹ ›**aus dieser Betonlandschaft, aus dieser Bunkerwelt, aus diesem Gemüse, das Rommelspargel hieß**‹[105], seine eigenen Erlebnisse: **Einst liebte auch ich eine Schwester. Weniger eine Nonne, mehr eine Krankenschwester.** (723) Er versucht sein Trommeln **dem Beton gleich schnellwachsenden Kletterpflanzen davorzupflanzen** (724 f.) – also wiederum Kunst als Eskapismus, als Verschleierung und Verhüllung der Wirklichkeit, während er gleichzeitig Lankes gewähren lässt und die nach der jungen Nonne suchenden

Mitschwestern in die falsche Richtung schickt (724).[106] Wenn Lankes anschließend seine Erlebnisse zu Kunst macht und vermarktet, folgt Oskar direkt und explizit seinem Vorbild: **Nicht nur seine Kunst, auch meine Kunst schrie nach Brot: Es galt, die Erfahrungen des dreijährigen Blechtrommlers Oskar während der Vorkriegs- und Kriegszeit mittels der Blechtrommel in das pure, klingende Gold der Nachkriegszeit zu verwandeln.** (727)[107]

In diesem Sinne ist also auch Oskar ein ›Unmensch‹ – der Künstler, dem das Leben nur insofern wichtig ist, als es Stoff für seine Kunst abgibt: Es ist die moralische Problematik der Erlebnisdichtung, der alles, der Tod von Mutter[108], Frau und Kind, das Verlassen der Geliebten, der Einbruch in eine fremde Ehe, zum dichterischen Gebilde wird, das dann anschließend im Druck erscheint. THOMAS MANN hat diese Problematik wiederholt gestaltet und in *LOTTE IN WEIMAR* an GOETHE als historischem Exempel dargelegt. Dieses Künstlertum durchdringt Oskars ganze Haltung zum Leben, das **der unverbesserliche Ästhet** (647), wie Oskar sich selbst nennt, überwiegend aus ästhetischer Perspektive sieht.[109] Das ist einmal im ganz wörtlichen Sinn von aísthesis (= Wahrnehmung) zu verstehen: Oskar ist ein großer Wahrnehmer, dem sich die Welt über seine Sinne erschließt. Daneben ist er auch Ästhet im Sinne der Alltagssprache, die so einen heiklen, empfindlichen Menschen bezeichnet: Die von den ersten Rezensionen an so oft monierten vielen ekelhaften Szenen in der *BLECHTROMMEL* hängen damit zusammen, dass Oskar eine außergewöhnliche Befähigung zum Sich-Ekeln mitbringt, woran er seine Leser offensichtlich gern teilhaben lässt.[110] Natürlich ist Oskar als Künstler aber auch Ästhet in dem Sinne, dass die Kategorie des Schönen für ihn vorrangige Bedeutung hat. In allen drei Bedeutungen prägt dieses ›Ästhetentum‹ sein Leben und die Erzählung von diesem seinem Leben.

So missfallen ihm an der Schule künstlerisch die **Sgraffitos und Fresken** (93), zugleich aber auch der **Schulgeruch**, das in allen Details erfasste und beschriebene Trinkbecken (93 f.), **das Volk** der Mitschüler, sodass er letztlich die **zielbewußten Wolken für ästhetischer** (96) hält. Der so intensiv beschriebene und wiedergegebene Geruch der Tafelschwämmchen (108) bestätigt ihn in seinem Entschluss, er hat ganz wörtlich **von der Schule endgültig die Nase voll.** Wenn er Jans erotische Spielereien **mit dem ganzen gefüllten Socken** zwischen Mamas Schenkeln beschreibt, urteilt er nicht moralisch, sondern teilt uns Farbe und Frischegrad des Sockens mit (83). Am Anblick des familiären Dreigestirns in Badekleidung (139 f.) leidet er ebenso wie an den detailliert beschriebenen Esssitten der Verwandtschaft (395) und der **süß-niedlichen, entzückend gemütlichen** Einrichtung bei Schefflers (109) und an Marias Dauerwellen und den **ein wenig geschmack-**

losen Klips (340); trotz der schnell entstandenen Patina empfindet er die Neugotik der Herz-Jesu-Kirche als **für den Kenner sichtbar und peinlich** (174). Solche Beispiele lassen sich beliebig vermehren, Oskar kann die Dominanz der Ästhetik selbst in tragischen Momenten nicht verhehlen: Wenn Jan Agnes anlässlich der **Karfreitagskost**, von der noch die Rede sein wird, handgreiflich zu trösten versucht, beobachtet das Oskar, und obwohl ihm die ganze Tragweite des Morgenerlebnisses für seine Mutter bewusst ist, muss er doch im Detail beschreiben, wie Jan – **man muß das gesehen haben – nach getaner Arbeit aufstand, sich die Finger mit dem Taschentuch betupfte** (202). Wenn seine Mutter wenig später ihre selbstmörderische Fischorgie beginnt, kann Oskar, der ihre Absicht durchschaut und tief betroffen ist[111], nicht die Bemerkung unterdrücken, dass sie **überhaupt nur noch Fisch mit dem Messer aß** (205). Nimmt man noch die Verschuldungen hinzu, die er unter dem Deckmantel des Ästhetizismus auf sich lädt und die schon behandelt wurden (s. S. 36 f. dieser Arbeit), so kann man mit Oskar durchaus von seiner **fragwürdigen Existenz** (776) sprechen und sich mit ihm fragen, ob man bereit ist in ihm **einen Menschen zu sehen** (335). Nicht nur Hans Mayer hat diese Frage klar beantwortet: **Menschliches ist nicht an ihm.**[112] Von den ersten Rezensionen zur *Blechtrommel* an, der Günter Blöckers etwa [113] (s. auch S. 105 dieser Arbeit), ist kaum eine Gestalt der deutschen Literatur mit so viel Verbalinjurien bedacht worden wie Oskar. G. Just[114] geht in seinem Buch zur *Blechtrommel* gemäß seinem wirkungsästhetischen Ansatz davon aus, dass Oskar zur Identifikation total ungeeignet ist – wo er es im dritten Buch gelegentlich wird, wo er unser Mitleid finden kann, liegt ein die Wirkung störender Konzeptionsbruch vor. Dieser Ansatz hält in solcher Ausschließlichkeit einer Überprüfung am Text nicht stand. I. Leonard hat in ihrem informativen Grass-Buch den Oskar der ersten beiden Bücher geradezu **a sane element in a crippled society** genannt.[115] M. Durzak spricht davon, dass **er seinen Familienangehörigen [...] überlegen** ist, weil **in ihm [...] gleichsam eine moralische Instanz intakt** bleibt.[116] Dem ist zuzustimmen; wenn man Oskars eigene Definition von Menschlichkeit zugrunde legt – **kindlich, neugierig, vielschichtig, unmoralisch** (97) –, ist Oskar einer der menschlichsten Charaktere in der *Blechtrommel*. Er solidarisiert sich mit allen Geschlagenen und Unterdrückten, mit Stephan Bronski, der nach Tante Kauers Worten **doch nichts dafür kann, daß er ein kleiner Pole ist** (91), und geht als Einziger zum vom Friedhof gewiesenen Markus: Während die ganze **große [...] Trauergemeinde** (209) diesen grausamen Affront geschehen lässt, geht Oskar zu Markus, **nahm ihn bei seiner schweißnassen Hand, führte ihn durchs schmiedeeisern offenstehende Friedhofstor, und wir beide, der Hüter meiner Trommeln und ich, der Trommler, womöglich sein Trommler, wir tra-**

fen auf Schugger Leo, der gleich uns ans Paradies glaubte (214). Die Gesten des handelnden wie viele Jahre später die Sprache des erzählenden Oskar lassen das tiefe Mit-Gefühl mit den Gedemütigten und den Narren erkennen, die große Fähigkeit zum Mit-Leiden. Nach Markus' Tod betritt er kein Spielwarengeschäft mehr, weil es ihn an dessen **zertretenen Laden** erinnert hätte (338). Unter den Dingen, die als die Essenz des Seins ins Bild der Schwarzen Köchin am Ende des Buchs eingehen, nennt Oskar nicht zufällig: **wenn zwischen den Doppelfenstern stundenlang eine Fliege starb** (778) – sogar deren Leiden vermag er zu teilen. Seine Sprache versucht gelegentlich fast gewaltsam seine Betroffenheit zu verbergen, etwa wenn er bei Herbert Truczinskis Tod schreibt: **Daß ich nicht lachte, als ich Herbert sah!** (251) Er lacht aber gerade nicht, sondern schlägt ›**das Blech noch mit den Fäusten**‹, ›**wie immer, wenn ihm etwas verlorenging**‹ (251) – wie er es deshalb auch bei der **Karfreitagskost** auf der Mole tut (195). Bei allem forciertem Bemühen, Teilnahmslosigkeit vorzutäuschen, verrät seine Sprache häufig wie gegen seinen Willen Gefühl, etwa beim Tod seiner Mutter (216) oder beim Abschied von Matzerath (422). Aus Oskars schönem Nachruf auf seine Mutter (209) formte GRASS später sein Gedicht »Mein Schutzengel«[117], und die Szene, wie der kranke Oskar seine ihm allen Schutz bedeutende Großmutter zum letzten Mal sieht und auf kaschubisch **Babka, babka** (›Großmutter, Großmutter‹) ruft und sie doch geht – **und ging, ging ohne mich, ging ohne Oskar davon** (548) –, gehört zu den leisesten, schönsten und endgültigsten Abschiedsszenen der Literatur.

W. G. Cunliffe hat in seinem Buch Oskar als Allegorie der Nazizeit zu deuten versucht[118] und Hanspeter Brode hat das aufgenommen und um eine entscheidende Dimension erweitert: Oskar als **Hitler-Karikatur**. Um dies zu belegen, muss er Trommeln und Glas-Zersingen ganz abstrakt deuten als Verkörperung des **aggressiven Zeitklimas, er realisiert in seinem Bereich per Diminutiv und in bildhaft verschlüsselter Form, was das national-sozialistische Deutschland in großem Maßstab unternimmt.**[119] Alle konkreten Aussagen fallen dabei zugunsten der **bildhaft verschlüsselten Form** unter den Tisch: Am Beginn wie am Ende des Dritten Reiches kämpft Oskar, wenn auch aus ästhetischen oder anarchischen Motiven, mit Trommeln und Glas-Zersingen gegen die Nazis (**Die Tribüne, Die Stäuberbande**), wie es umgekehrt heißt: **Meine Trommeln gefielen denen nicht. Mein Blech hielt ihren Zorn nicht aus, mußte still halten und ins Knie brechen** (260), in Markus stirbt **der Hüter seiner Trommeln** (259), der **Verwalter meines Trommelmagazins** (269) und in ihm Oskars Spielwelt: **Es war einmal ein Blechtrommler, der hieß Oskar, und sie nahmen ihm seinen Spielzeughändler. Es war einmal ein Spielzeughändler, der hieß Markus und nahm mit sich alles Spielzeug aus dieser Welt.** (264) Oskar bezeichnet sich selbst, wie spätestens sein Buch zeigt, zu Recht als **sein** [des Markus] **Trommler** (214). Oskar ist in der Polnischen Post wie schon in Tante Kauers Kindergarten und in der Dreieckskonstellation zu Hause aufseiten der Polen und er ist durchaus bereit seine Stimme **für Polen und Polens wildblühende und dennoch immer wieder Früchte tragende Wirtschaft** (288) einzusetzen. Brode, der sich u.a. auf Oskars Parallelisierung seiner Stimme mit der **Wunderwaffe** (288, 489) stützt, unterschlägt, dass sich die erste dieser Stellen auf ihren Einsatz für Polen bezieht. Wenn Oskar selbst **Fronterfolge und Betterfolge in einem Satz** nennt (400), liegt eine Travestie vor, bei der die Unangemessenheit der sprachlichen Mittel auf den mit ihnen dargestellten Gegenstand zurückschlägt.

Um seine These halten zu können muss Brode Unübersehbares einfach ignorieren: so Oskars genuines Mitleid mit Juden und Polen, Oskars Erinnern an den toten Jan, den alle vergessen wollen (393), und so den ganz grundlegenden und elementaren Zug, dass Oskar während der Dauer des Dritten Reiches, dessen symbolischer Repräsentant er sein soll, zu einer Menschengruppe gehört, die die Nationalsozialisten genauso vernichteten wie die Juden, und dass ihm während des ganzen Krieges auch konkret solche ›Euthanasie‹ droht. Bebra warnt ihn schon im Frühjahr 1934: **Sie kommen! Sie werden die Festplätze besetzen! Sie werden Fackelzüge veranstalten! Sie werden Tribünen bauen, Tribünen bevölkern und von Tribünen herunter unseren Untergang predigen.** (144 f.) In der ›Kristallnacht‹ erkennt Oskar, **daß sich gnomhaften Blechtrommlern, wie er einer war, Notzeiten ankündigten** (261), was auch nicht ausbleibt: Nur der Tatsache, dass Matzerath zumindest so lange fest bleibt, bis der Postverkehr nicht mehr funktioniert (507), verdankt es Oskar, dass er trotz vierzehntägiger Mahnungen des Gesundheitsamtes (455) und trotz des Drängens seiner früheren Geliebten und jetzigen Stiefmutter nicht der Euthanasie zum Opfer fällt. Ähnliches gilt für Oskar als Hitler-Karikatur: Die Stelle, wo Oskar selbst am deutlichsten auf Hitler anspielt, indem er sein eigenes Foto beschreibt, weist ihn eindeutig als Anti-Hitler aus: **[…] da spiegelt sich in jedem meiner blauen Augen der Wille zu einer Macht, die ohne Gefolgschaft auskommen sollte. […] Da sagte, da entschloß ich mich, da beschloß ich, auf keinen Fall Politiker […] zu werden.** (70 f.) Brode stützt sich vor allem auf Belege, in denen Hitler sich selbst als ›Trommler‹ bezeichnet und auch von anderen so genannt wird. Um der Parallelisierung mit Oskar willen muss Brode wiederum Oskars Trommel allegorisieren und sie zugleich ihrer entscheidenden, das ganze Buch strukturierenden Eigenschaft berauben, indem er Oskars Trommeln **pseudokünstlerisch** nennt und mit **Hitlers Kunstmalen** vergleicht[120]: Wo in der gesamten *Blechtrommel* wird Oskar jemals die Künstlereigenschaft abgesprochen?[121]

Oskars Trommelkunst erreicht in den letzten Jahren eine weitere und letzte Entwicklungsstufe: **die Kunst des Zurücktrommelns** (623), die Beschwörung der Vergangenheit mittels der Trommel. Sie pflegt er vor allem in der Heil- und Pflegeanstalt. Durch die zeitliche Berücksichtigung und Ausfaltung des Erzählvorgangs, der das Erzählen selbst erzählt, der mit der Lebensgeschichte zugleich ihre Entstehungsgeschichte gestaltet, wird dieser Aspekt von Oskars Kunst ausführlich vorgestellt. Damit nimmt *Die Blechtrommel* zugleich eine bevorzugte Stellung in der Geschichte des deutschen Künstlerromans ein: Ist sonst die Kunstausübung der Helden entweder bloßes in Bildbeschreibungen mitgeliefertes Beiwerk (*Franz Sternbalds Wanderungen, Maler Nolten*) oder, als erzählte Komposition, wichtige Station ihres Lebens (*Doktor Faustus*), so geht Grass eine Stufe weiter: Der Künstlerroman selbst ist weitgehend identisch mit den Kunstwerken des Helden, ist deren Umsetzung in Sprache durch den Künstler selber, ist dessen Œuvre, nachgestaltet in einer anderen Gattung; die Episoden, in denen *Die Blechtrommel* überwiegend erzählt ist und die durch Kommentare und raffende Zusammenfassungen Oskars verbunden sind, sind umgeformte Trommelstücke Oskars, Nachschriften dessen, was er sich vorgetrommelt hat. Er beschreibt diesen Vorgang ausführlich an »Der weite Rock« (23), an »Unterm Floß« (40), an »Falter und Glühbirne« (51 f.) und an »Fernwirkender Gesang vom Stockturm aus gesungen« (134). Aber auch andere Kapitel werden immer wieder als Trommelstücke genannt: Jesus trommelt schon 1944 ein **Potpourri**, dessen Einzelstücke bereits die meisten Kapitel aus dem ersten Buch der *Blechtrommel* umfassen (468). Auf Seite 415 wird das Stück **Fünfundsiebenzig Kilo** genannt, auf Seite 715 trommelt Oskar beim Wiedersehen mit dem Atlantikwall das entsprechende Kriegskapitel, und bei der endgültigen Rückkehr zur Trommel, bei deren ›**Auferstehung**‹ ›**am Jüngsten Tag all meiner alten zerschlagenen erledigten Blechtrommeln**‹ (666) in Klepps Zimmer werden die Episoden des ersten und zweiten Buches getrommelt (667 f.). Gegen Ende der Handlung außerhalb der Heil- und Pflegeanstalt, am 21. Juli 1951, trommelt Oskar auf die Frage **Nun warte mal, Oskar. Nun wolln wir doch mal sehen, was du bist, wo du herkommst** fast wörtlich die Erzählung seiner Geburt, mit der er dann reichlich ein Jahr später seine eigene Lebensgeschichte beginnen wird (740, vgl. 52–55). Die Ringstruktur der *Blechtrommel*, in der die Autobiografie auf der letzten Seite bruchlos übergeht in die Erzählung von der Entstehung der Autobiografie auf der ersten Seite, wird hier besonders auffällig.

Die Wirkung von Oskars Trommeln wird im Buch oft gestaltet: Es ist eine mimetische Kunst und vergegenwärtigt Vergangenes. Wenn Oskar unter den Röcken, wo der Großvater einst zeugte, den Regen von damals fallen lässt, die Szene zurücktrommelt, so wirkt das auf die Großmutter wie die Sache selbst (276). Die drei Einschübe in der *Blechtrommel*, die nicht von Oskar erzählt sind, erzielen entweder Vergegenwärtigung direkt durch die von Oskar gewählte dramatische Form (436–450, von Oskar getrommelt S. 715 f.) oder berichten die beiden verblüffendsten Phänomene von Vergegenwärtigung durch Oskars Trommeln aus der Zeugenperspektive: Der Pfleger erzählt, während Oskar nach dem Bericht vom Wachstumsentschluss erneut ein Stück wächst (551–564) und von Vittlar berichtet von der durch Oskar herbeigetrommelten polnischen Kavallerie (759–761).

Wenn Oskar dem Diktat des Trommelstocks folgend nach und nach die **fünfhundert Blatt unschuldiges Papier** (11) mit seinem ›**Füllfederhalter**‹ – ›**Er ist voll, an seiner Tinte soll es nicht fehlen**‹ (11) – **befleckt**[122], beschwört er eine Wirklichkeit künstlerisch herauf, aus der er sich im Leben zurückgezogen hatte. Da seiner Trommel **bei geschicktem und geduldigem Gebrauch alles einfällt, was an Nebensächlichkeiten nötig ist, um die Hauptsache aufs Papier bringen zu können**, wie es zu Anfang programmatisch heißt (23), entsteht mit der Lebensgeschichte zugleich ein reiches Zeitgemälde: Der Künstlerroman wird zum historischen und zum Zeitroman. An der Grenze zwischen beiden steht wiederum die Blechtrommel, die Oskars Lebenslauf zur wirklichkeitsfernen, weltfliehenden Künstlerbiografie werden ließ (s. S. 32 ff. dieser Arbeit), ihm aber jetzt im Nachhinein zugleich die Möglichkeit gibt die vergangene Wirklichkeit wieder heraufzubeschwören. Die Mimesis der Wirklichkeit auf der Blechtrommel führt so, wie S. Jendrowiak betont hat, zur selben Verbindung von Künstler- und Epochenroman, wie Thomas Mann sie im *Dr. Faustus* leisten wollte: **Dies eine Mal wußte ich, was ich wollte und was ich mir aufgab: nichts Geringeres als den Roman meiner Epoche, verkleidet in die Geschichte eines hochprekären und sündigen Künstlerlebens.**[123] Bei der *Blechtrommel* wird dieser Doppelcharakter vor allem daran deutlich, dass das Buch, der Tradition des Individualromans gemäß, den Stationen von Oskars Leben folgt, seine Einteilung in Bücher aber durch die Zeitereignisse bestimmt wird, wie es einem historischen Roman zukommt: Das erste Buch behandelt die Vorkriegszeit, das zweite den Krieg, das dritte die Nachkriegszeit.

3 Geschichte und Zeitgeschichte in der »Blechtrommel«

Die Blechtrommel, die den Künstlerroman zum historischen Roman, den Individualroman zum Gesellschaftsroman werden lässt, verwischt durch ihre Fähigkeit, Vergangenes Gegenwart werden zu lassen, auch die Grenze zwischen historischem und Zeitroman. Für GRASS ist auch in seinen geschichtlichen Romanen *DER BUTT* und *DAS TREFFEN IN TELGTE* Geschichte nur insofern interessant, als sich Bezüge zur Gegenwart des Autors herstellen lassen: Der im *BUTT* wiederholt beschriebene mittelalterliche Aufstand zum Beispiel ist GRASS deshalb wichtig, weil er viele Entsprechungen zum Danziger Hafenarbeiterstreik von 1970 aufweist. **Gestern wird sein, was morgen gewesen ist. Unsere Geschichten von heute müssen sich nicht jetzt zugetragen haben. Diese fing vor mehr als dreihundert Jahren an. Andere Geschichten auch. So lang rührt jede Geschichte her, die in Deutschland handelt**, heißt es programmatisch zu Beginn des *TREFFENS IN TELGTE*[124] und schon in *ÖRTLICH BETÄUBT* sagt GRASS vom Erzähler, er sei Studienrat für **Deutsch und also Geschichte**[125], und der Klappentext zu *AUS DEM TAGEBUCH EINER SCHNECKE* betont, es sei **wie jede deutsche Geschichte eine Geschichte mit Vergangenheit**[126]. Selbst den Wahlkampf 1980 stellt eine Gestalt der *KOPFGEBURTEN* in solche historischen Bezüge: **Wird nun die Bajuwarisierung Deutschlands erste Erfolge zeigen? Sie wissen ja, seit dem Dreißigjährigen Krieg sind einige innerdeutsche Rechnungen noch immer nicht beglichen.**[127] Wirkt so schon eine scheinbar ferne Vergangenheit in der Gegenwart fort, so gilt dies erst recht für die in der jüngsten Vergangenheit spielende *DANZIGER TRILOGIE:* In jedem der drei Werke tritt die Zeit der Handlung, Krieg und Nazizeit, in Spannung zur ausführlich miterzählten Situation der Erzähler in der Bundesrepublik; in den dritten Büchern von *BLECHTROMMEL* und *HUNDEJAHREN*, die in der Nachkriegszeit spielen, wird dieses Fortleben des nur scheinbar Vergangenen direkt zum Thema. Äußerlich kommt dieser unmittelbare Gegenwartsbezug schon in den fiktiven Abfassungsdaten zum Ausdruck: Die von GRASS 1956 bis 1959 geschriebene *BLECHTROMMEL* wird in der Fiktion von Oskar im September 1954 abgeschlossen, die 1963 veröffentlichten *HUNDEJAHRE* haben in der Fiktion den 5. Februar 1962 als Abschlussdatum. Für dieses Fortwirken der Geschichte in der Gegenwart – in der *DANZIGER TRILOGIE* eben speziell das Fortwirken der Nazigeschichte in der Bundesrepublik, das H. Koopmann als GRASS' eigentliches Thema bezeichnet[128] – hat GRASS in den *KOPFGEBURTEN* einen sprachlichen Ausdruck gefunden: Wir

haben das so in der Schule gelernt: nach der Vergangenheit kommt die Gegenwart, der die Zukunft folgt. Mir aber ist eine vierte Zeit, die Vergegenkunft geläufig.[129] Dieser ›Vergegenkunft‹ dient GRASS' schriftstellerische Arbeit, die um der Zukunft willen Vergangenheit gegenwärtig hält.

In *AUS DEM TAGEBUCH EINER SCHNECKE* definiert GRASS seine Rolle als Schriftsteller so: **Ein Schriftsteller, Kinder, ist jemand, der gegen die verstreichende Zeit schreibt.**[130] Genau in diesem Sinne versteht auch Oskar seine künstlerische Aufgabe, wenn er beim Erzählen der *BLECHTROMMEL* die **Kunst des Zurücktrommelns** (623) pflegt und damit **gegen die verstreichende Zeit** erst trommelt und dann schreibt. Er handelt dabei bewusst und mit einer bestimmten Intention, wie seine Reflexionen, aber auch die Art seines Schreibens zeigen:

> **Da tanzten Amerikaner und Japaner einen Fackeltanz auf der Insel Luzon. Da verloren Schlitzäugige und Rundäugige Knöpfe an ihren Monturen. Da gab es aber in Stockholm einen Schneider, der nähte zum selben Zeitpunkt Knöpfe an einen dezent gestreiften Abendanzug [...] So blieb es auch nicht aus, daß der Faden des Zeitgeschehens, der vorne noch hungrig war, Schlingen schlug und Geschichte machte, hinten schon zur Historie gestrickt wurde. Auch mir fiel auf, daß Tätigkeiten wie: Daumendrehen, Stirnrunzeln, Köpfchensenken, Händeschütteln, Kindermachen, Falschgeldprägen, Lichtausknipsen, Zähneputzen, Totschießen und Trockenlegen überall, wenn auch nicht gleichmäßig geschickt, geübt wurden. Mich verwirrten diese vielen zielstrebigen Aktionen. (505)**[131]

Dieses nicht nur Oskar verwirrende Nebeneinander **zielstrebiger Aktionen** macht eben den **Faden des Zeitgeschehens** aus, der einerseits **Geschichte macht**, andererseits **zur Historie gestrickt** wird (505). Dieser Begriff der ›Historie‹ wird von Oskar in der *BLECHTROMMEL* immer in demselben Sinn als Gegenteil von ›lebendig‹ und ›aktuell‹ gebraucht: Anlässlich der Tribünenepisode heißt es, **heute** sei **das alles schon historisch geworden** und werde **zwar immer noch eifrig, aber als kaltes Eisen geschmiedet** (157). Dieses ›Historischwerden‹ vollzieht sich äußerst schnell, denn es ist die bequemste Entlastung des Gewissens, die es gibt, wie Oskar selbst spürt, als er an Bronskis Grab vorbei zum Baden fährt: **Es war die Verteidigung der Polnischen Post schon historisch geworden, ehe den Verteidigern das Fleisch von den Knochen gefallen war.** (347)

Was Oskar hier im Hinblick auf eigenes Verschulden erfährt, vollzieht sich nach dem Krieg als kollektiver Prozess: Oskar **diskutierte mit Katholiken und Protestanten die Kollektivschuld, fühlte sich mit all denen schuldig, die da dachten: Machen wir es jetzt ab, dann haben wir es hinter uns und brauchen später, wenn es wieder aufwärts geht, kein schlechtes Gewissen mehr zu haben.** (570) **Heute**, da er *DIE BLECHTROMMEL* schreibt, hat er das hinter sich und weiß, dass von diesem Nachkriegsrausch nur ein

Kater zurückgeblieben ist, **der unaufhörlich miauend heute schon alles zur Historie erklärt, was uns gestern noch frisch und blutig als Tat oder Untat von der Hand ging** (571). Gegen diesen ›Kater‹, gegen das ›Historischwerden‹, für das Frisch- und Blutighalten der Taten und der Untaten schreibt er sein Buch. Im *Rückblick auf die Blechtrommel* sagt Grass ganz explizit: **Vergangenheit bewältigen konnte [wollte] er nicht**[132] – eben weil es ihm nicht darum geht, die Vergangenheit in einem Ritual zu exorzisieren und damit zu entschärfen. Will man an der Vergangenheit lernen, muss sie scharf, offen und gegenwärtig bleiben.

W. Preisendanz hat sehr überzeugend Oskars eigentümliches und in nahezu allen Darstellungen zur *Blechtrommel* erwähntes Verfahren geschichtliche Vorgänge darzustellen aus dieser Intention heraus erklärt.[133] Oskar teilt seinen Lesern wichtige Daten fast ausschließlich in der Weise mit, dass er sie als Temporalsätze oder sogar grammatisch unvermittelt in Parenthese in seine Erzählung von privaten Vorgängen einfügt: **An jenem Oktobernachmittag des Jahres neunundneunzig, während in Südafrika Ohm Krüger seine buschig englandfeindlichen Augenbrauen bürstete, wurde zwischen Dirschau und Karthaus** [...] **meine Mutter Agnes gezeugt** (23) oder **Ende Juli des Jahres nullnull – man entschloß sich gerade, das kaiserliche Schlachtflottenbauprogramm zu verdoppeln – erblickte Mama im Sternzeichen Löwe das Licht der Welt** (24). Dieses bei einer rückschauenden Darstellung befremdliche Verfahren berichtet von wichtigen Ereignissen eben gerade nicht ›historisch‹, sondern hält sie, wie Preisendanz betont, genauso fest, wie man sie zuerst erfahren hat, vermischt und verbunden mit für das eigene Leben wichtigen privaten Vorgängen und Problemen. **So lernte ich also im Januar dreiundvierzig, daß die Stadt Stalingrad an der Wolga liegt, sorgte mich aber weniger um die sechste Armee, vielmehr um Maria, die zu jener Zeit eine leichte Grippe hatte.** (416) **Kaum war Maria genesen, bekam mein Sohn Kurt den Keuchhusten. Während ich versuchte, mir die schwierigsten Namen einiger heißumkämpfter Oasen Tunesiens zu merken, fand mit dem Afrikakorps auch Kurtchens Keuchhusten sein Ende.** (416) Vordergründig wirken sie komisch, dahinter aber verbirgt sich das Bestreben, Geschichte nicht auf die nachträglich als wichtig erkannten – oder für wichtig erklärten – historischen Perspektiven zu reduzieren und sie damit als ›vergangen‹ erscheinen zu lassen, sondern sie so lebendig zu halten, wie man sie damals konkret aus Radio oder Zeitung erfahren hat.

Zugleich erfüllt dieses Erzählverfahren, das Wolfgang Preisendanz in weiteren **deutschen Romanen unserer Zeit** nachweist, aber auch noch eine Reihe anderer Zwecke. Just hat darauf hingewiesen, dass in solchen beiläufig eingeschobenen Daten eine **äußerliche abstrakte Chronologie** entsteht;

in ihrer Gesamtheit bilden sie einen Projektionshintergrund, durch den die deutsche Geschichte der ersten Hälfte des zwanzigsten Jahrhunderts parat gehalten wird.[134] F. Richter betont, dass die Hintergrundhandlung nicht aus zufällig eingestreuten Bemerkungen besteht, sondern eine konkrete historische Entwicklung in Stichworten beschwört. Wenn Deutschland im Burenkrieg gegen den britischen Imperialismus Front macht, so unterliegen dieser Entscheidung die gleichen Motive, die zur Verdoppelung des Flottenprogramms führten.[135] So wird in diesen Einschüben eine Kontinuität von politischer Wirklichkeit aufgebaut, die den Erzählern Oskar, Pilenz oder Liebenau entgeht. Der subjektive Nichtzusammenhang von politischen und privaten Ereignissen weist auf die Beschränkung der hier angesprochenen fiktiven Erzähler hin.[136] Diese Auffassung, die z. B. auch Irmela Schneider teilt[137], geht von Oskar als von einem völlig naiven und ›bewusstlosen‹ Erzähler aus und widerspricht damit seinen expliziten Reflexionen zum Problem der Gleichzeitigkeit des Heterogenen. Deshalb sieht Heinz Hillmann in der von Oskar vermittelten beziehungslosen Gleichzeitigkeit ein Darstellungsprinzip, eine stilistische Parodie kleinbürgerlicher Erlebnisweise.[138] Besonders deutlich wird dies an der Stelle, an der Oskar selbst private und ökonomische Daten so montiert, dass das Fazit jedem deutlich werden muss, ohne dass er die kausale Verknüpfung auch grammatisch nachvollzieht:

> Als Alfred Matzerath im Jahre dreiundzwanzig, da man für den Gegenwert einer Streichholzschachtel ein Schlafzimmer tapezieren, also mit Nullen mustern konnte, meine Mama heiratete, war Jan der eine Trauzeuge, ein Kolonialwarenhändler Mühlen der andere. Von jenem Mühlen weiß ich nicht viel zu berichten. Er ist nur nennenswert, weil Mama und Matzerath von ihm einen schlechtgehenden, durch Pumpkundschaft ruinierten Kolonialwarenladen im Vorort Langfuhr zu einem Zeitpunkt übernahmen, da die Rentenmark eingeführt wurde. Innerhalb kurzer Zeit gelang es Mama, die sich im Kellerladen auf dem Troyl geschickte Umgangsformen mit jeder Art Pumpkundschaft erworben hatte, die dazu einen angeborenen Geschäftssinn, Witz und Schlagfertigkeit besaß, das verkommene Geschäft soweit wieder hochzuarbeiten, daß Matzerath seinen Vertreterposten […] aufgeben mußte, um im Geschäft helfen zu können. (49)

Sowohl I. Schneider[139] wie F. Richter[140] nutzen diese Stelle um Oskars Perspektive als *falsch*[141] zu entlarven. Dass Oskar hier bewusst mit seinem Urteil zurückhält, aber zugleich Fakten sprechen lässt, die die privatistische Erklärung zumindest ergänzen, wenn nicht korrigieren oder umstoßen, wird daran deutlich, dass er an anderen Stellen durchaus Einzelbeobachtungen auf übergreifende Vorgänge zurückführen kann, so den Schulneubau in einer kinderreichen Vorstadt auf sozialdemokratische Bildungspolitik (93), die Zunahme der Staubsauger auf den wirtschaftlichen Aufschwung unter

Hitler (224), die Wiederzunahme der Kaninchenhaltung in den Hinterhöfen auf die **immer schwieriger werdende Ernährungslage** im Krieg (390). Wo er auf solche mitgelieferten Erklärungen verzichtet, tut er es im Gehorsam gegen die Romanpoetik seines Autors, die GRASS in Berufung auf DÖBLIN in der Rede *ÜBER MEINEN LEHRER DÖBLIN* entwickelt hat: **Döblin sieht Geschichte als absurden Prozeß;** um in seinem *WALLENSTEIN* diese Sicht dem Leser zu vermitteln **zerschlägt Döblin mehrmals und bewußt** Schillers Sinngebungsversuche gegenüber Wallensteins Geschichte **zu Scherben, damit Wirklichkeit entsteht.**[142] GRASS zitiert DÖBLIN selbst: **Der Gegenstand des Romans ist die entseelte Realität. Der Leser in voller Unabhängigkeit einem gestalteten, gewordenen Ablauf gegenübergestellt; er mag urteilen, nicht der Autor.**[143] GRASS' Wirklichkeitsbegriff wird hier deutlich – Wirklichkeit begegnet im ohne übergreifendes System wahrgenommenen einzelnen Gegenstand oder Faktum, die aller interpretierenden und damit verzerrenden ideologischen Bezüge – von **allem, was mit Idee behangen ist** – entkleidet sind. F. Richter hat die erkenntnistheoretische Position, die dahintersteht, als **sensualistisch** bezeichnet und auf ihre Verwandtschaft mit dem Empirismus hingewiesen.[144]

Vor diesem Hintergrund bekommt Oskars schon zitiertes programmatisches Wort, seiner Trommel fiele **bei geschicktem und geduldigem Gebrauch alles** ein, **was an Nebensächlichkeiten nötig ist, um die Hauptsache aufs Papier bringen zu können** (23), einen neuen Sinn: Solche Nebensächlichkeiten sind es, die letztlich die Hauptsache ausmachen, nur zahllose Details vermögen ein Ganzes zu bilden, wer mit dem Ganzen, der übergreifenden Einheit, beginnt, läuft Gefahr das Einzelne zu verfälschen, zu verzerren, zu vergewaltigen.[145]

Die Details, die Oskar wie beiläufig mitteilt, reichen in der Tat aus, eine ganze Epoche im Leser zu evozieren: Der Erste Weltkrieg ist präsent im **schnellen, sprunghaften Rhythmus** seiner Märsche, **dem alle Menschen vom August des Jahres vierzehn an gehorchen mußten** (43), dem Wechsel von der bunten Uniform zu Feldgrau (44), seinen Hungerjahren (44), der Grippewelle, den Menschenopfern seiner Materialschlachten im Westen, den Schlachtorten Verdun, Hartmannsweilerkopf, Somme und Marne. Die Befreiung Polens, die Gründung des Freistaats Danzig, die polnisch-russischen Kriege (46) werden ebenso erwähnt wie der Vertrag von Rapallo (60), die Inflation, die Rentenmark (84 f.) und der Börsenkrach (84). In Prügeleien im Kindergarten werden deutsch-polnische Gegensätze deutlich (90 f.), gemäß Bebras Prophezeiung beginnt die Zeit der **Fackelzüge und Aufmärsche** (144), **Röhmputsch** (149) und **Olympiade** (178) folgen, selbst die im Hof spielenden Kinder tragen auf einmal Uniformen (224). Die populären Nazi-Propagandagestalten SA-Mann Brand und Hitlerjunge Quex werden genannt (152). In Polen bildet Oberst Koc 1937 die Regierung der Nationalen Front (164). 1938 werden die Zölle erhöht und **zeitweilig die Grenzen zwischen Polen und dem Freistaat geschlossen** (235). In der Matrosenkneipe, in der Herbert Truczinski kellnert, entladen sich alle ethnischen und politischen Spannungen des Ostseeraums und werden auf Herberts Rücken zu einem **alles vorbedeutenden und alles vorwegnehmenden** Narbenlabyrinth (252): Schweden und Norweger, deutsche Matrosen und Danziger Freistaatler, Ukrainer und Russen, Danzig und Polen, Finnland und Schweden, Binnenländer und Küstenbewohner hinterlassen ebenso ihre Narben wie der ganz Europa spaltende Spanische Bürgerkrieg. Die Kriegsvorbereitungen beider Seiten in Danzig (280) werden ebenso erwähnt, wie in den Absendern und Adressen die Spannungen deutlich werden, die zum Krieg führten: ›**Lodz, Lublin, Lwow, Torun, Krakow und Czestochowa**‹ – ›**Lodz, Lublin, Lemberg, Thorn, Krakau und Tschenstochau**‹ (285). Die Kämpfe um Danzig, die polnischen Kavallerieattacken gegen deutsche Panzer (324 f.) werden ebenso genannt wie Hitlers Einzug in die Stadt (325), Frankreichfeldzug (345), Landung auf Kreta (388), U-Boot-Krieg (278 f.), Balkan- und Russlandfeldzug folgen mit vielen Schlachtorten in Oskars Kriegstravestie (s. S. 45 dieser Arbeit). Die Kaschuben werden Volksdeutsche (492) und feiern mit Balten und Deutschen zusammen die deutschen Erfolge (396), polnische Namen werden eingedeutscht (424). Mit Stalingrad (405, 416) und dem Ende des Afrikakorps (416) beginnen die Rückschläge, die Meldungen beziehen sich nur noch auf **erfolgreiche Frontverkürzungen** (434). Der Picknickkorb der Propagandakompanie spiegelt noch einmal das Ausmaß der deutschen Erfolge: dänische Butter und Schlagsahne, amerikanischer Büchsenkeks, holländischer Kakao, südafrikanische Ingwermarmelade, englisches Corned Beef, französische Mirabellenkonfitüre – aber der russische Kaviar ist schon **aus Stalingrad gerettet** (445 f.). In Danzig verschlechtert sich die Ernährungslage, die Schokoladenfabrik ›Baltic‹ zum Beispiel arbeitet nur noch für die Luftwaffe (483). Auf jedem Speicher finden sich ein **Luftschutzsandberg** und ein **Luftschutzeimer** (423), jede Straße hat ihren Luftschutzwart (381), mitten in der Stadt wird ein **Löschteich für den Luftschutz** gebaut (471). In Matzeraths Wohnzimmer häufen sich **feuchte, klebende Klebebögen** für **Brotmarken, Fettmarken, Nährmittelmarken, Reisemarken, Schwerarbeitermarken, Schwerstarbeitermarken** und **Marken für werdende und stillende Mütter** (475). Wenn Matzerath den Brief der Anstaltsleitung, die Oskar für ihr Euthanasieprogramm anfordert, zerreißt und die Fetzen zwischen all diese Marken schleudert, wird darin deutlich, dass Oskar in einer total verwalteten und rational verplanten Welt überflüssig, vor dem Hintergrund dieser Marken ein ›unnützer Esser‹ ist.

Paris wird geräumt und Patton zieht dort ein (484). Die Heeresgruppe Mitte kommt an der Weichsel zum Stehen, die Amerikaner haben Erfolge gegen Japan (484), V1 und V2 werden eingesetzt (489) und die Russen brechen an der Weichsel durch (488), ein kurzlebiger Gegenerfolg ist die Ardennenoffensive (495). Im Innern regt sich Widerstand, der 20. Juli wird erwähnt und die Tätigkeit anarchistischer Jugendbanden, ausführlich die **Stäuber**, mit bloßer Nennung die Kölner Edelweißpiraten (490).[146] Öffentliche Massenexekutionen sollen die Disziplin aufrecht erhalten (511). Zugleich beginnt man sich schon auf die Nachkriegszeit vorzubereiten, wie Kittys Lied es deutlich macht (444). Beim Bunkerbau denkt man an den zukünftigen Beruf beim notwendigen Wiederaufbau der Heimat (437), beim eiligen Rückzug schreibt man ins Tagebuch: **Heute Orvieto geräumt, phantastische Kirchenfassade, nach dem Krieg mit Monika hinreisen und genau ansehen.** (473) Die Russen erobern Danzig und probieren **überall Fahrräder, Nähmaschinen und Frauen** aus (523). Durch Überlebende kommen die Vernichtungslager in den Blick (524, 543 f.), Widerstandskämpfer, von denen während des Dritten Reiches niemand etwas gemerkt hat, rühren sich nachträglich (554 f.). Die Massenflucht nach Westen beginnt mit großen Leiden und Verlusten der Deutschen (508, 540). Im Westen richtet man sich schnell ein, der Materialismus wird zur neuen Religion (569, 599). Berlinblockade, Luftbrücke und Wiedervereinigung werden erwähnt (616), **schlesische und ostpreußische** (324), **Trachten einmottende Landsmannschaften** (135), Polenkredite (135), Vereinte Nationen, Demokratie, Adenauer und der fehlende Friedensvertrag (759). Anfangs wird noch der rote Mainsandstein **von zerbombten Bank- und Kaufhausfassaden** zu Grabsteinen verarbeitet (574), doch schon bald sorgt die **lebensbejahende Währungsreform** (625) dafür, dass **Bürohochhäuser, Versicherungspaläste** (604), **Metzgereien** sowie **Bankhäuser und Kaufhäuser** (625) mit Marmorfassaden bald **wieder zu Ansehen kamen** (625). Schon bald geht es vielen wieder so gut, dass sie an der Atmosphäre eines feuchten Kellerlokals mit Luftschutztür, Kanonenöfen, Karbidlampen und Kisten als Sitzen eine exotisch-nostalgische Freude haben, für die sie harte D-Mark zu zahlen bereit sind (688 f.). **Unser heute in Blüte stehendes Biedermeier** hat begonnen (450, ähnlich 604). Oskar hat seine historischen Notizen an seine Gegenwart und an die der Leser herangeführt.[147]

In diese in Stichworten präsentierte Geschichte von 1900 bis 1954 zeichnet Grass nun die Detailstudien zu Danzig und seinem Kleinbürgertum hinein und in ihnen wächst dem Roman seine historisch-zeitgeschichtliche Bedeutung zu. Grass schreibt in seinem *Rückblick auf die Blechtrommel*:

> Mich hat nicht edle Absicht getrieben, die deutsche Nachkriegsliteratur um ein robustes Vorzeigestück zu bereichern. Und auch der damals billigen Forderung nach ›Bewältigung deutscher Vergangenheit‹ wollte und konnte ich nicht genügen, denn mein Versuch, den eigenen (verlorenen) Ort zu vermessen und mit Vorzug die Ablagerungen der sogenannten Mittelschicht (proletarisch-kleinbürgerlicher Geschiebemergel) Schicht um Schicht abzutragen, blieb ohne Trost und Katharsis.[148]

Indem GRASS aber das verlorene Danzig zu vermessen und die Schichten seines kleinbürgerlichen Kindheitsmilieus abzutragen suchte, schilderte er die Vorgeschichte des Zweiten Weltkriegs in den deutsch-polnischen Konflikten der Stadt, in der dieser Krieg beginnen sollte, und das langsame, durch das Mandat des Völkerbundes verzögerte Hinaufziehen des Nationalsozialismus in der ihn tragenden sozialen Schicht (s. S. 11 dieser Arbeit). Gerade dadurch aber ist es GRASS nach seinen eigenen Worten **vielleicht** gelungen, **einige neu anmutende Einsichten freizuschaufeln, schon wieder vermummtes Verhalten nacktzulegen, der Dämonisierung des Nationalsozialismus mit kaltem Gelächter den verlogenen Schauer regelrecht zu zersetzen** [...][149] Hans M. Enzensberger hat ihm diesen Erfolg gleich nach Erscheinen der *BLECHTROMMEL* bestätigt:

> Dieser Autor greift nichts an, beweist nichts, demonstriert nichts, er hat keine andere Absicht, als seine Geschichte mit der größten Genauigkeit zu erzählen [...] Ich kenne keine epische Darstellung des Hitlerregimes, die sich an Prägnanz und Triftigkeit mit der vergleichen ließe, welche Grass, gleichsam nebenbei und ohne das mindeste antifaschistische Aufheben zu machen, in der Blechtrommel liefert [...] Seine Blindheit gegen alles Ideologische feit ihn vor einer Versuchung, der so viele Schriftsteller erliegen, der nämlich, die Nazis zu dämonisieren. Grass stellt sie in ihrer wahren Aura dar, die nichts Luziferisches hat: in der Aura des Miefs.[150]

Was Enzensberger hier zu Recht GRASS' **Blindheit gegen alles Ideologische** nennt, hat G. Cepl-Kaufmann als **Dominanz der realen Erscheinungsformen vor kausaler Erklärung** bezeichnet.[151] GRASS' Kleinbürger sind als Kolonialwaren-, Gemüse- und Spielwarenhändler, Bäcker, Berufsmusiker, Postbeamte des mittleren Dienstes zwar sozial Kleinbürger, für GRASS' Kleinbürgerbegriff ist aber das Bewusstsein wichtiger als das Sein. So wie er im *RÜCKBLICK AUF DIE BLECHTROMMEL* soziologisch bewusst unscharf von der **sogenannten Mittelschicht (proletarisch-kleinbürgerlicher Geschiebemergel**) spricht, so definiert er an anderer Stelle den Kleinbürger unter bewusstem Absehen von konkreten historischen, sozialen und lokalen Gegebenheiten allein vom Verhalten und vom Bewusstsein her:

> Damit hatte ich überhaupt nicht gerechnet, daß sich jemand im mittleren Westen der Vereinigten Staaten oder in Südfrankreich oder in Skandinavien

> für kleinbürgerlichen Mief im Übergang der Weimarer Republik zum Nationalsozialismus etc. interessieren könnte. Für mich ist es eine unvermutete Bestätigung gewesen, daß sich dieses geduckte Verhalten des Kleinbürgers, des Opportunisten – und wenn ich jetzt *Kleinbürger* sage, so geht das sowohl in diesen ideologischen Begriff *Proletariat* hinein wie auch in die andere Richtung, in die Universitäten – doch sehr weltweit versteht und daß diese Verhaltensweisen gar nicht besonders exotisch sind.[152]

In **Verhaltensweisen**, im **geduckten Verhalten**, im **Opportunismus**, in **kleinbürgerlicher Anpassung**, im **Mief** sieht Grass auch die Ursachen für die Affinität zwischen Kleinbürgertum und Nationalsozialismus. So spricht ja auch Enzensberger in seiner Rezension von der **Schäbigkeit**, der **Aura des Miefs**, der **Inkarnation des Muffigen, des Mickrigen und des Schofeln** als den Kennzeichen der kleinbürgerlichen Nazis bei Grass. G. Cepl-Kaufmann stellt ausdrücklich fest, dass Grass' Darstellung **nicht die Rezeption und Applikation einer der bekannten Faschismustheorien** zugrunde liegt.[153]

> Genauso wenig wird es gelingen, aus der Darstellung des Kleinbürgertums […] dessen ökonomische Krise und soziale Deklassierung herauszulesen. Als Begründung kleinbürgerlich-aggressiven Verhaltens gilt weder der Prozeß der Industrialisierung und Modernisierung, die eben die wirtschaftliche Basis kleinbürgerlicher Existenz bedrohte und zur Flucht vor der Freiheit ins Irrationale führte, noch die negative Identifizierung mit der nationalen Niederlage.[154]

Grass verzichtet auf solche Erklärungsmechanismen, die letztlich den Einzelnen entmündigen, ihn vom Täter konkreter Verbrechen zum Opfer seiner Verhältnisse werden lassen. Sie gehören auch zu den Konstruktionen, die Grass in seinem Werk nach Döblins Vorbild zerschlägt um ›Wirklichkeit‹ zu zeigen. Stattdessen dividiert er die **Kollektivschuld** (575) durch die konkreten Individuen und stellt jedem seinen Anteil zu.

4 Die Gesellschaft im Labesweg

4.1 Die Eltern

Oskars Eltern, die ja durch das **vom ersten Tage der Matzerath-Ehe an ehebrecherische** Verhältnis von Agnes mit ihrem Cousin Jan von Anfang an zu dritt sind (66), weisen in dieser Dreieckskonstellation in der Tat **kosmische Bezüge** (64) auf, die Oskar wie stets andeutet, indem er sie negiert: Zum einen verkörpern sie, ins Kleinbürgerliche abgewandelt, das klassische Dreieck der europäischen Romanliteratur: Agnes steht, wie Madame Bovary, Anna Karenina und Effi Briest, zwischen einem trockenen, bürgerlich-soliden Ehemann und einem romantischen Liebhaber. Matzerath kann seine Gefühle nur **in Suppen verwandeln**, wie es wiederholt von ihm heißt (47, 532, 649); nur beim Kochen wird er **differenzierter, ja sensibel und deshalb beachtenswert** (341), was er an Erotik aufbringt, gilt dem Schweinebraten (396). Sonst fehlt ihm jegliche Sensibilität, vor allem für Agnes' Probleme, während Jan offenbar nur als romantischer Liebhaber denkbar, aber als Ehemann für Agnes nicht akzeptabel ist. Deshalb ist nur in diesem Dreieck für sie Glück möglich:

> **Jan und Mama [...]: Da riecht es nach Tragik, Goldgräberei und Verstiegenheit, die zum Überdruß wird, Überdruß, der Verstiegenheit mit sich führt. Matzerath neben Mama: Da tröpfelt Wochenendpotenz, da brutzeln die Wiener Schnitzel, da nörgelt es ein bißchen vor dem Essen und gähnt nach der Mahlzeit, da muß man sich vor dem Schlafengehen Witze erzählen oder die Steuerabrechnung an die Wand malen, damit die Ehe einen geistigen Hintergrund bekommt. (65)**

GRASS hat dieses eigentümliche Dreiecksverhältnis anlässlich der Dreharbeiten zur *BLECHTROMMEL* noch einmal kommentiert:

> **Agnes' Neigung zu Jan Bronski bleibt erotisch, ist aber auch brüderlich-schwesterlich. Manchmal verachtet sie ihn, weil er sie nicht ganz für sich verlangt. Auch Matzerath gegenüber äußert sich ihr schlechtes Gewissen in Verachtung, weil er dieses Verhältnis toleriert. Er duldet ihr Verhältnis zu Bronski nicht aus Gleichgültigkeit, sondern weil er ein so steiles romantisches Gefühl wie das Jan Bronskis einfach nicht aufbringen kann. Er weiß, daß Agnes es braucht. Es erleichtert ihn, daß ein anderer es für ihn macht. Er weiß auch, daß die beiden ihn brauchen – wie einen Vater, außerdem als dritten zum Skat.[155]**

Das diesem **spannungsreichen Frieden** (66) zwischen den dreien angemessene Spiel ist nur das Skatspiel, es ist **ihre Zuflucht, ihr Hafen** (67), in den sie sich immer wieder vor den Problemen der Welt und vor allem ihrer Beziehung flüchten können (z. B. 203). Diese **beliebte Dreiecksthematik des Theaters** (66), die sich bei den dreien auch gelegentlich in förmlichen Dramen realisiert – **Die kannten ja ihre Rollen. Jan machte Einwürfe. Ohne ihn gab es kein Theater. Schließlich der zweite Akt** [...] **Dritter Akt** (202) –, hat neben der privaten aber auch eine politische Dimension, auf die GRASS Sigismund Markus hinweisen lässt (133): Agnes ist die bodenständige Danzigerin mit kaschubisch-regionaler Abstammung, die zwischen **dem Reichsdeutschen Matzerath** (48) und Jan Bronski steht, der nach der Neugründung des Staates für Polen optiert hat. Diese Konstellation ist aber nicht etwa symbolisch gemeint, sondern höchst konkret: Aus tausend solcher Einzelbeziehungen entstehen die politischen Spannungen eines Grenzraumes. Weil sich Agnes seinem Rivalen Matzerath zugewandt hat, optiert Jan für Polen und tritt in polnische Dienste (48), weil Agnes dennoch nicht von Jan lässt, kommt Matzerath sich zu Hause oft überflüssig vor und verfällt mehr und mehr der Nazipartei. Dort kann er sein tiefes Bedürfnis nach Einordnung und Konformität befriedigen, was in seiner Ehe zu kurz kommt: **Aber das war so seine Angewohnheit, immer zu winken, wenn andere winkten, immer zu schreien, zu lachen und zu klatschen, wenn andere schrien, lachten oder klatschten. Deshalb ist er auch verhältnismäßig früh in die Partei eingetreten** [...]. (195) Uniformiert stapft er am Sonntagmorgen davon, während Jan Bronski **auf seine zivil eindeutige Art meine verlassene Mama** besucht (146). Wo sie sich nicht zum Skat zusammenfinden, **verteilen** (198) sie sich auf die ihnen gemäßen Orte: Matzerath verschwindet zur Maiwiese (146) oder in der Küche (198), Agnes und Jan landen **auf der Chaiselongue** (147, 198) oder gar im Schlafzimmer (202).[156]

Agnes, die Basis dieses Dreiecks, ist es zugleich, die schließlich **nach einer Möglichkeit** sucht **das Dreiecksverhältnis** [...] **aufzulösen** (207 f.). Mit ihrem **Sinn für zerbrechliche Schönheit** (28), ihrem **wachen Sinn fürs Schöne, Kleidsame und Teure** (47) muss sie an ihrer **muffig kleinbürgerlichen Umgebung** (401) leiden. Wie Madame Bovary beginnt sie mit Romanlektüre. Oskar erzählt, **wie eifrig** Mama und Gretchen Scheffler, **da sie noch verlobt und schließlich fast gleichzeitig jung verheiratet waren, Bücher getauscht, Bücher aus der Leihbücherei am Filmpalast entliehen hatten, um mit Lesestoff vollgepumpt der Kolonialwarenhändlerehe und Bäckerehe mehr Welt, Weite und Glanz vermitteln zu können** (110 f.). Das Klavier, in dem sie ab dreiunddreißig **Wagner, leicht gesetzt** [...] **beheimatet** (142), die Opern, in die sie ihre offen oder heimlich gelangweilten Partner schleppt[157] – all das dient dem Ausbruch aus der Enge ihrer Welt. Das Verhältnis zu Jan wird von Oskar bewusst in diese Reihe eingeordnet: Wegen Jan Bronski hört Mama mit der **Welt, Weite und Glanz** versprechenden Lektüre auf, wie Oskar gleich zweimal betont (111). Auch wenn sie am Klavier sitzt – Matzerath ist wieder einmal in der Küche – und Jan hinter ihr steht, **ihre Schulter berührend, die Noten studieren wollend** (72), und sie **›aus dem Zigeunerbaron‹ ›Wer uns getraut? – Ei sprich: Sag Du's! Der Dompfaff, der hat uns getraut‹** (s. dazu S. 108 dieser Arbeit) singt, so fällt auch hier das Musische mit dem Erotischen zusammen, und die große Leidenschaft schrumpft zur kleinbürgerlichen Operettenseligkeit. Auch mit anderen kleinbürgerlichen Freuden vergleicht Oskar die ehebrecherischen Eskapaden seiner Mutter. Wie von selbst stellen sich beim Kuchenessen zu dritt erotische Bezüge ein: **Mama wollte ein drittes Stückchen von der fünfstöckigen Torte. Matzerath war dagegen, Jan dafür und dagegen zugleich, Mama bestellte, gab Matzerath einen Happen ab, fütterte Jan, stellte ihre beiden Männer zufrieden, bevor sie sich den übersüßen Keil Löffelchen für Löffelchen in den Magen rammte.** (139) **Süß** wie der Kuchen ist die **Mühsal eines ehebrecherischen Frauenlebens**, die Agnes schließlich **fromm und lüstern nach Sakramenten** macht (172). Lüstern nach Jan, lüstern nach Kuchen, lüstern nach Sakramenten – Oskar stellt die Parallelität bewusst her: Mama wird **kurz vor ihrem Tode durch allzu heftigen Verkehr mit Jan Bronski fromm**, was dazu führt, dass sie **sich Sonnabend für Sonnabend leicht beichtete, sonntags mit dem Sakrament stärkte, um so erleichtert und gestärkt zugleich am folgenden Donnerstag dem Jan in der Tischlergasse zu begegnen** (465). Was sie aus der Enge ihrer Welt herausführen sollte, erweist sich in Wirklichkeit als fest in sie integriert, wie Operette, Cafébesuch und Kirchgang, was sie begeht, sind **Kolonialwarenhändlerinsünden**, die sie **in Hochwürden Wiehnkes Ohr** abfüllt, **wie sie Zucker in blaue Pfund- und Halbpfundtüten abzufüllen pflegte** (425). Ihre **Gewissenserforschung** betreibt sie, indem sie **im Beichtspiegel wie über Geschäftsbüchern** blättert, **den Daumen anfeuchtend, eine Steuererklärung erfindend** (182). **Wie gut sich die Sünde einrichten läßt: Am Donnerstag trifft man sich in der Stadt [...] hatte es in der Tischlergasse auf zumeist befriedigende Art und Weise anstrengend, erfrischt sich hernach im Café Weitzke bei Mokka und Gebäck** (172). Bei der Rückkehr aber müht sie sich

> **durch den Labesweg wie durch einen Kreuzweg: die beginnende Unlust, das anormale Kind an der Hand, das schlechte Gewissen und das Verlangen nach Wiederholung; mit Nichtgenug und Überdruß, mit Abscheu und gutmütiger Zuneigung für den Matzerath mühte sich meine Mama mit mir, meiner neuen Trommel, dem Päckchen halbgeschenkter Nähseide durch den Labesweg zum Geschäft, zu den Haferflocken, zum Petroleum neben dem Heringsfäßchen, zu den Korinthen, Rosinen, Mandeln und Pfefferku-**

> **chengewürzen, zu Dr. Oetkers Backpulver, zu Persil bleibt Persil, zu Urbin, ich hab's, zu Maggi und Knorr, zu Kathreiner und Kaffee Hag, zu Vitello und Palmin, zu Essig-Kühne und Vierfruchtmarmelade, zu jenen beiden in verschiedenen Stimmlagen summenden Fliegenfängern führte mich Mama, die honigsüß über unserem Ladentisch hingen und im Sommer alle zwei Tage gewechselt werden mußten, während Mama jeden Sonnabend mit ähnlich übersüßer Seele, die sommers und winters, das ganze Jahr über hoch und niedrig summende Sünden anlockte, in die Herz-Jesu-Kirche ging und Hochwürden Wiehnke beichtete. (173 f.)**[158]

Was als Flucht aus der Alltagswelt beginnt, ist längst tief im Alltag stecken geblieben, jeder Ausbruch führt nur bis zur Tischlergasse und endet im in Werbesprüchen beschworenen Einerlei der **Kolonialwarenhändlerehe** und im ständigen Abwaschen der ständig übersüßen Seele durch Hochwürden Wiehnke. Die von Anfang an hinter der Beziehung zu Jan lauernde **Verstiegenheit, die zum Überdruß wird, Überdruß, der Verstiegenheit mit sich führt** (65), der **große Appetit, der nie aufhört, der sich selbst in den Schwanz beißt** (126), ist gerade in dieser ewigen Wiederholung zu **Nichtgenug und Überdruß** zugleich geworden (173).

Agnes Matzeraths **Kreuzweg** führt folgerichtig zu ihrem **Karfreitag** auf der Mole von Neufahrwasser. Während im Teppichklopfen der Katholiken ringsum der Heiland immer wieder ans Kreuz geschlagen wird (188, 197), betrachtet die Familie den von Aalen wimmelnden Pferdekopf: Aus dem Kopf, der wie der Tod mit **vollständigem, gelben Pferdegebiß lacht** (192), werden zwei Aale auf einmal geholt – wir denken an die beiden Männer, **die beide von [Agnes'] Fleisch gezehrt hatten** (272, vgl. auch 168: **Jan, der vom Fleisch meiner Mama lebte**). Wenn der Mann dann einen weiteren Aal **dem Gaul [...] aus dem Ohr** zieht (193), fällt uns die Märchenvorstellung ein, wo der kleine, von Agnes selbst wiederholt mit Oskar identifizierte Däumling **dem Pferd im Ohr** saß (137). Dazu wird erwähnt, dass Aale sich bevorzugt von Wasserleichen ernähren und wir erinnern uns, dass Agnes' Vater ertrunken ist (37) und nie wieder auftauchte – und das in demselben Mottlauwasser, aus dem jetzt die Aale gefischt werden. Der Fischer erzählt von den **mächtig fetten** Aalen nach der Seeschlacht im Skagerrak und Oskar trägt dabei einen Matrosenmantel und auf dem Kopf eine Matrosenmütze mit dem Band ›SMS Seydlitz‹ – einem der Schiffe aus der Skagerrakschlacht. Zugleich ist dieser so als Totenfisch gekennzeichnete Aal aber auch ein so etabliertes Phallussymbol, dass es fast unnötig erscheint, wenn Oskar explizit darauf hinweist.[159] Während im Hintergrund der rostige Kahn einläuft, **rostig [...] wie die Friedhofsgitter auf Saspe** (652), spürt die schwangere Agnes plötzlich etwas von der furchtbaren Kette von Tod, Leben, Tod und Leben: **Aal von der Seeschlacht im Skager-**

rak, Aal von der Hafenmole Neufahrwasser, Karfreitagsaal, Aal aus dem Haupte des Rosses entsprungen, womöglich Aal aus ihrem Vater Joseph Koljaiczek, der unters Floß geriet und den Aalen anheimfiel, Aal von deinem Aal, denn Aal wird zu Aal. (210)[160] Ihr geht auf, dass der Kreislauf des Sinnlosen, in den sie ihr eigenes Leben hineingebannt sieht, nicht Zufall ist, nicht ihr privates Unglück, sondern Weltgesetz. Und bei alldem hat Agnes sofort und wieder **eine Hand in Jans Hosentasche** (195), tröstet Jan sie, indem er ihr unter den Rock fährt, **bis sie aufhörte zu wimmern** (202). Andere Hilfe hat sie von ihren Männern nicht: Jan hat nur Angst vor den Möwen und hält sich **die Hände vor die schönen blauen Augen** (193) und Matzerath **kümmerte sich überhaupt nicht um Mama [...], machte auf starke Nerven** und kauft die Aale feilschend zum Essen (193).[161] Agnes aber hat einen Blick auf den **Irrsinn** (652) des Lebens getan, der sie den **Karfreitag des aalwimmelnden Pferdekopfes** (205) nie mehr vergessen lässt: Sie kann nicht mehr, will nicht mehr, hat genug, **nicht nur vom Aal, auch vom Leben, besonders von den Männern** (652). Ihr tut sich ein **Abgrund** auf, **der [...] durch nichts [...] auszufüllen war** (206), und sie stirbt mit **angeekeltem, im Ekel mich manchmal anlächelndem, von Krämpfen verwüstetem Gesicht** (207).

Mit Agnes' Tod setzt sich die politische Auflösung der Danziger Gesellschaft verstärkt fort: Der Reichsdeutsche Matzerath und der Wunschpole Bronski, diese **beiden so verschiedenen, doch in bezug auf Mama einmütigen Herren** (49), treffen sich nur noch gelegentlich – zu mächtig sind doch die von ihnen mitgetragenen Institutionen geworden: Der eine muss auf die Nazipartei, der andere auf die Verwaltung der Polnischen Post Rücksicht nehmen (272). Indem viele Matzeraths und viele Bronskis sich so verhalten, zerfällt die Kleinbürgerwelt plötzlich in **politisch gegensätzliche, jedoch den gleichen Tabak rauchende Männerversammlungen** (272). Selbst das Skatspiel, das in diesem Milieu stets das probate Mittel war Spannungen innerhalb des Dreiecks (s. S. 57 f. dieser Arbeit), aber auch alle sonstigen Probleme zu überdecken und zu überspielen und unter den Skattisch zu kehren, wo sie dann verdeckt weiterwirken (83)[162], wird deshalb seltener (223); wenn es überhaupt noch dazu kommt, wird es politisch, wird zum **Manöver** (274) für den Polenfeldzug, zu einem Spiel, das aus politischen Gründen hätte verboten sein müssen: [...] ***Polen*** **hat einen** ***Grand Hand verloren*****, die Freie Stadt Danzig gewann soeben für das Großdeutsche Reich** ***bombensicher einen Karo einfach*** (276 – Hervorhebungen v. Verf.). An beiden mutmaßlichen Vätern demonstriert Oskar, wie ihre eigenen Entscheidungen für die Nazis oder die Polen von ihnen in wachsendem Maße nicht mehr als eigenes Tun empfunden werden, wie sie ihnen mehr und mehr entgleiten und als unabhängig von ihnen sich vollziehendes

Schicksal empfunden werden. Matzerath vergisst, dass er selbst, als er anlässlich seines Parteieintritts ein Hitlerbild gegenüber einem Beethovenporträt aufhängte, die **finsterste aller Konfrontationen: Hitler und das Genie** geschaffen hat (146). Sie verselbstständigt sich für ihn und Matzerath lässt sich betrunken **vom Genie das Schicksal und vom Führer die Vorsehung** erklären und sieht auch **im nüchternen Zustand** konkret **das Sammeln für die Winterhilfe [...] als sein vorgesehenes Schicksal an** (270). Ebenso verhält sich Jan Bronski: Nachdem er aus privaten Gründen für Polen optiert hat, tritt er zur Polnischen Post über. Sein Sohn wird als Pole erzogen, als Pole aus dem Kindergarten hinausgeprügelt, wobei die politische Toleranz der Kindergärtnerin so weit geht, den Kindern zu erklären: **Er kann doch nicht dafür, daß er ein kleiner Pole ist** (91), in die polnische Volksschule eingeschult. **Jan Bronski [...] ließ sich nicht davon abraten, wiederholte meiner Mama und Matzerath immer wieder: Er sei Beamter in polnischen Diensten. Für korrekte Arbeit auf der Polnischen Post bezahle der polnische Staat ihn korrekt. Schließlich sei er Pole und Hedwig werde es auch, sobald der Antrag genehmigt sei.** (91) Wie Stephan und Hedwig hier aufgrund des väterlichen Handelns ganz selbstverständlich zu Polen werden, so später wieder zu Deutschen: Nach Jans Tod heiratet Hedwig den Nazi-Ortsbauernführer Ehlers und schon laufen neue **Anträge, nach deren Bewilligung Marga und Stephan Bronski den Namen ihres Stiefvaters Ehlers übernehmen sollten. Der siebzehnjährige Stephan hatte sich freiwillig gemeldet, befand sich auf dem Truppenübungsplatz Groß-Boschpol in der Infanterieausbildung und hatte alle Aussichten, die Kriegsschauplätze Europas besuchen zu dürfen.** (393) Als er **schon nach seinem Stiefvater Ehlers** heißt, fällt er an der Eismeerfront (462), seine Schwester Marga aber ist BDM-Mädchen und soll deshalb nach dem Krieg von den Polen in ein Umschulungslager gesteckt werden, während man Hedwig beinahe an der Seite ihres zweiten Mannes aufgehängt hätte, **weil sie als Frau von einem polnischen Helden den Ortsbauernführer genommen** hat (547).

Indem Grass' Kleinbürger in dieser Weise die politischen Konsequenzen ihres eigenen scheinbar privaten Tuns zum Schicksal erklären, das ihnen ihr weiteres Handeln vorschreibt, fühlen sie sich selbst aus jeglicher Verantwortung entlassen. So können sie die für die kleinbürgerliche Weltsicht, für Grass wichtiger als ihre ökonomische Lage (s. S. 55f. dieser Arbeit), typische Trennung der privaten von der politischen Sphäre aufrecht erhalten, wie sie sich in Matzeraths **stehender Redensart** ausdrückt: **Dienst ist Dienst und Schnaps ist Schnaps.** (146) Schon im Ersten Weltkrieg hatte er so die Rolle des Soldaten Matzerath vom Menschen Matzerath trennen können: Während er sich in seiner dominierenden Eigenschaft privat **als**

löffelschwingender Koch unter gestärkter Kochmütze zeigt, blickt er **in Uniform, mit dem Eisernen Kreuz zweiter Klasse behaftet,** [...] **tragisch bewußt geradeaus** (62). Die Geschichte, an der sie doch als Soldaten und Parteigenossen und als engagierte Polen mitgewirkt haben, wird ihnen zum Ereignis, das unabhängig von ihnen abläuft und aus dem man sich, wenn man genug davon hat, herausstehlen kann ins Privatleben, wie man aus einer nicht befriedigenden Filmvorführung nach Hause geht. So verhält sich Jan Bronski zu Kriegsbeginn und Alfred Matzerath zu Kriegsende: Jan läuft aus der **seit Monaten mit Panzerplatten in Verteidigungszustand** (280) versetzten Polnischen Post davon, die er doch **als Staatsbeamter zu verteidigen hatte** (281). Erst Oskar führt ihn in die Post zurück, während das Glockenspiel vom Rathausturm beziehungsreich spielt: **Üb' immer Treu und Redlichkeit, bis an dein kühles Grab** und bringt ihn gegen seinen Willen dazu, die Konsequenz aus seinem jahrzehntelangen Eintreten für die polnische Sache in Danzig **bis ans kühle Grab** zu ziehen (281). Ebenso nimmt Matzerath bei Kriegsende, wenn ihm angesichts des brennenden Danzig **erstmals Zweifel am Endsieg** (514) kommen, das Parteiabzeichen vom Rock ohne zu empfinden, dass er es doch gewesen ist, der zusammen mit Hunderttausenden seinesgleichen der NSDAP die Massenbasis und der Hitlerpolitik den Beifall und den Rückhalt verschafft hat, ohne die sie nicht durchführbar gewesen wäre. Auch hier sorgt Oskar durch das Parteiabzeichen mit der geöffneten Nadel dafür, dass Alfred an der Partei stirbt, für die er elf Jahre gelebt hat.

Das Verhältnis der Kleinbürger zur Geschichte als zu einem ohne sie und über ihnen ablaufenden Prozess, das Oskar schon in den parenthetischen Einfügungen geschichtlicher Ereignisse in den Kleinbürgeralltag verdeutlichte (s. S. 49 f. dieser Arbeit), konkretisiert sich sowohl bei Jans wie bei Matzeraths Ende darin, dass beide die Wirklichkeit nicht mehr wahrzunehmen vermögen, auch wenn sie ihnen auf den Leib rückt. Sie haben die Geschichte so lange als Medienereignis – **im Radio erobert die sechste Armee Stalingrad** (405), **das Radio mit der steinigen Insel Kreta** (389) – erlebt, dass die Medienwirklichkeit für sie zur ersten Wirklichkeit geworden ist und sie reale Vorgänge, an denen sie selbst teilhaben, nicht mehr direkt und unvermittelt begreifen können: Als der Lärm des Kampfes um die Polnische Post, an dem Jan doch als Mitkämpfer unmittelbar beteiligt ist, zu den Skatspielern im Verwundetenraum dringt, kann er es nur für eine unerfreuliche Rundfunksendung halten, die er abschalten möchte: **Ich bitte dich, Alfred, stell doch das Radio ab. Man versteht ja sein eigenes Wort nicht.** (311) Dasselbe wiederholt sich, wenn Matzerath mit dem brennenden Danzig vor Augen noch einmal **in die Wohnung findet und das Radio anstellt: aber es kam nichts mehr. Nicht einmal das Feuer des brennenden**

Funkhauses hörte man knistern, geschweige denn eine Sondermeldung (514). Die Wirklichkeit hat längst alle Sendungen eingeholt und Matzerath merkt es nicht: Erst im Tod erfahren diese Kleinbürger, dass sie nicht passive Zuschauer und Opfer einer Geschichte sind, die sie nur vermittelt, aus zweiter Hand, eben im ›Medium‹ erfahren, sondern dass sie selbst die Akteure waren – und begreifen es auch dann noch nicht. Wie andere Verstrickungen der Kleinbürgerwelt (s. S. 139 dieser Arbeit, Anm. 71) teilt Oskar im Leben auch diese: Wenn Lankes sich am Atlantikwall anschickt die Nonnen zu erschießen, schiebt auch Oskar zwischen sich und die Wirklichkeit den Filter des Mediums: **Roswitha, halte dir bitte beide Ohren zu, jetzt wird geschossen, wie in der Wochenschau.** (449) Im Unterschied zu anderen gelingt ihm aber die Bewusstmachung, Nachgestaltung und Vermittlung dieses Vorganges beim Schlagen auf die Blechtrommel und beim Nachschreiben des Vorgetrommelten im Roman *Die Blechtrommel*.

4.2 Die Nachbarn

Das an Matzerath und Bronski exemplarisch vorgeführte Verhältnis der Grass'schen Kleinbürger zu Politik und Geschichte wird von Grass vor allem an zwei weiteren Familien zusätzlich verdeutlicht, an den Schefflers und den Greffs. Weshalb Scheffler Nazi ist, erfahren wir nicht – nur dass er es ist: Er ist es, der zusammen mit dem Trompeter Meyn Sigismund Markus bei Agnes' Beerdigung vom Friedhof weist, bloß weil er Jude ist. Vielleicht liegen die Gründe wie bei Matzerath im privatesten Bereich, in einem erotisch-sexuellen Defizit, das Oskar an Gretchen Scheffler konstatiert: Offenbar leidet sie darunter, wie Oskar in der Berufssprache ihres Gatten mitteilt, dass der Scheffler nie **dann und wann die Finger aus dem Mehl** zieht

> **und die Semmeln der Backstube gegen ein anderes Semmelchen vertauscht. Das Gretchen hätte sich gerne von ihm kneten, walken, einpinseln und backen lassen. Wer weiß, was aus dem Ofen herausgekommen wäre? Am Ende etwa doch noch ein Kindchen. Es wäre dem Gretchen diese Backfreude zu gönnen gewesen. So aber saß sie nach angeregtester Rasputinlektüre mit feurigem Auge und leicht wirrem Haar da, bewegte ihre Gold- und Pferdezähne, hatte aber nichts zu beißen, sagte achgottachgott und meinte den uralten Sauerteig. (116)**

Neben der Flucht in die sündigen Lektürewelten (s. S. 58 dieser Arbeit) bleibt ihr der Rückzug in die kleinbürgerliche Gemütlichkeit; sie nimmt die Kaffeemühle **wie einen Liebhaber**, streut **Stiefmütterchen** (!) über den Tisch und hält sich, in Ermangelung eines Besseren, an **Liebesknochen, Bienenstiche** (!) (116). Die Wohnung ist ein Abbild von so viel unbefriedigten Sehnsüchten, dass für Oskar dahinter der nackte Terror sichtbar wird:

Alles Inventar der Schefflerschen Bäckerwohnung im Kleinhammerweg beleidigte mich. Diese Zierdeckchen, wappenbestickten Kissen, in Sofaecken lauernden Käthe-Kruse-Puppen, Stofftiere, wohin man auch trat, Porzellan, das nach einem Elefanten verlangte, Reiseandenken in jeder Blickrichtung, angefangenes Gehäkeltes, Gestricktes, Besticktes, Geflochtenes, Geknotetes, Geklöppeltes und mit Mausezähnchen Umrandetes. Zu dieser süß-niedlichen, entzückend gemütlichen, erstickend winzigen, im Winter überheizten, im Sommer mit Blumen vergifteten Behausung fällt mir nur eine Erklärung ein: Gretchen Scheffler hatte keine Kinder. (109)

Schefflers genießen am Nationalsozialismus vor allem das Wohltätige und das Wohltuende. Da in ihrer Wohnung beim besten Willen nichts mehr zu besticken und zu behäkeln ist, geht **Gretchen Scheffler [...] ganz im Winterhilfswerk auf. Keiner soll hungern, keiner soll frieren.** (222) Außerdem macht das kinderlose Paar ausgiebig Gebrauch vom aufkommenden Massentourismus der Nazi-Organisation ›Kraft durch Freude‹. Mit der ›Wilhelm Gustloff‹ und der ›Tannenberg‹ machen sie **Jahr für Jahr [...] Reisen und brachten Andenken aus Pillau, Norwegen, von den Azoren, aus Italien unbeschädigt nach Hause in den Kleinhammerweg, wo er Semmeln buk und sie Kissenbezüge mit Mausezähnchen versah** (67). Auch sie sterben, diesmal ohne Oskars Zutun, in konsequenter Fortsetzung ihres besonderen Nazi-Engagements, indem sie, wohl in Anspielung auf die ›Wilhelm-Gustloff‹-Katastrophe, **an Bord eines ehemaligen KdF-Schiffes** gehen[163], auf eine Mine laufen und in die Luft fliegen (508).

Im Gemüsehändler Greff liegt der Sonderfall eines Mannes vor, den gerade sein Außenseitertum zum Mitläufer macht. Greff ist, was er vor seiner Frau und seinen Nachbarn, nicht aber vor Oskar verbergen kann (387), homosexuell: **Seine Liebe zu schmalen, möglichst großäugigen, wenn auch bleichen Knaben** war **so groß, daß er ihr die Uniform des Boy-Scout-Erfinders Baden-Powell gegeben hatte.** (95) Damit ist er in der Nazizeit, in der man Homosexuelle ins KZ steckte und der die Tradition der bündischen Jugend suspekt ist, doppelt gefährdet. Auch nach Auflösung seiner Gruppe und ihrer nahtlosen Überführung in die HJ (381) muss er **vorsichtig sein** (273), meidet den Umgang mit Jan Bronski und wird zum übereifrigen Mitläufer: Er wird Mitglied im NSKK, Luftschutzwart, hält im Auftrag des Gauschulungsleiters Löbsack **während Gebietsschulungskursen in der Gauschulungsburg Jenkau Liederabende** ab und gibt **für den Reichsgau Danzig-Westpreußen ein Jugendliederbuch unter dem Motto ›Sing mit!‹** heraus, was zu einem Brief des Reichsjugendführers und zu einer Einladung **nach Berlin zu einem Singleitertreffen** führt (381). F. Richter[164] hat auf eine Parallele zwischen Greff und Alfred Matzerath hingewiesen: Beide vermögen in ihrer beruflichen Tätigkeit keinen Sinn zu sehen. Bei Oskars

Geburt sagt Matzerath: **Ein Junge. Er wird später einmal das Geschäft übernehmen. Jetzt wissen wir endlich, wofür wir uns so abarbeiten** (52) – als ob eine als sinnlos empfundene Tätigkeit dadurch besser würde, dass sie auch noch in der zweiten Generation ausgeübt wird! Greffs Fremdheit gegenüber seinem Beruf ist noch ausgeprägter und er flüchtet sich in eine ästhetische Überhöhung seines unbefriedigenden Tuns:

> **Greff war Gemüsehändler. Doch lassen Sie sich nicht täuschen. Weder an Kartoffeln glaubte er noch an Wirsingkohl, besaß aber dennoch umfassende Kenntnisse im Gemüseanbau, gab sich gerne als Gärtner, Naturfreund, Vegetarier. Doch gerade weil Greff kein Fleisch aß, war er kein echter Gemüsehändler. Es war ihm unmöglich, von Feldfrüchten wie von Feldfrüchten zu sprechen. ›Betrachten Sie bitte diese außergewöhnliche Kartoffel‹, hörte ich ihn oftmals zu seinen Kunden sagen. ›Dieses schwellende, strotzende, immer wieder neue Formen erdenkende und dennoch so keusche Fruchtfleisch. Ich liebe die Kartoffel, weil sie zu mir spricht!‹ Natürlich darf ein echter Gemüsehändler niemals so sprechen und die Kundschaft in Verlegenheit bringen. (380)**

Vor allem ist es sein ästhetisches Verhältnis zu seinem Arbeitsgerät, das ihn immer wieder in Schwierigkeiten bringt. Der großen Kartoffelwaage baut er

> **ein Glockenspiel ein, das je nach Gewicht der gewogenen Kartoffeln ein Liedchen hören ließ. Bei zwanzig Pfund Kartoffeln bekam die Kundschaft, als Zugabe sozusagen, ›An der Saale hellem Strande‹ zu hören, fünfzig Pfund Kartoffeln lösten ›Üb immer Treu und Redlichkeit‹ aus, ein Zentner Winterkartoffeln entlockte dem Glockenspiel die naiv betörenden Töne des Liedchens ›Ännchen von Tharau‹. (386)**

Dass die Waage fortan falsch wiegt, wenn auch zu Greffs Ungunsten, stört das Eichamt und die Kundschaft.

Alles zusammen treibt ihn schließlich in den Freitod: Die Kundschaft bleibt aus, die Schwierigkeiten mit dem Eichamt mehren sich, die Nachbarn beginnen zu reden, der Musiker Meyn **trompetet** Gerüchte über seinen Umgang mit Knaben **durchs ganze Quartier** (384), seine Pfadfinder, die er einst paramilitärisch erzogen hat (95), sind an allen Fronten, **sein Liebling Horst Donath, einst Pfadfinder, dann Fähnleinführer beim Jungvolk,** fällt **als Leutnant am Donez** (403). Greff erhängt sich in einer seiner musikalischen Waagen, die beim Abnehmen der Leiche trommelnd sein Finale schlägt, umgeben von den Symbolen seines Lebens: Er trägt eine Pfadfinderuniform, an der die obersten Hosenknöpfe offen stehen, am Gerüst hängen die Bilder von Baden-Powell, des Pfadfinderpatrons St. Georg, der David von Michelangelo und **das Foto eines vielleicht sechzehnjährigen, ausdrucksvoll hübschen Knaben. Eine frühe Aufnahme seines Lieblings Horst Donath, der als Leutnant am Donez fiel.** (414) Am Boden aber liegt zerrissen **eine Vorladung vors Gericht, der man den Stempel der Sittenpolizei mehrmals aufgedrückt hatte** (414).

Zwei Gestalten werden von GRASS bewusst paradigmatisch gebraucht: Fritz Truczinski, der typische Feldgraue[165], und der Musiker Meyn, der für die SA steht[166]. Von Meyns Künstlertum war schon die Rede (s. S. 40 dieser Arbeit), er verlässt das schützende Behältnis Kunst, wird zum brutalen Schläger, der mit Hunderten seinesgleichen in Danzig, mit vielen Tausenden seinesgleichen im Reich die ›Kristallnacht‹ erst möglich macht. Ebenso sind es Millionen Fritz Truczinskis, die Hitlers Eroberungskriege durchführen und Europa durchziehen: Der flotte Mädchenheld, der schon vor dem Krieg mit seinen zahlreichen Danziger **Freundinnen alle Hände voll zu tun hatte** (226), bekommt im Krieg Gelegenheit im europäischen Rahmen zu arbeiten. Wie in BRECHTS Ballade **des Soldaten Weib** Geschenke, so bekommt hier des Soldaten Mutter Postkarten: **Als Obergefreiter** schickt er **die ersten Ansichtspostkarten aus Paris** (345), dann aus **›Kopenhagen, Oslo und Brüssel‹ – ›der Kerl war immer auf Dienstreisen‹** (351). Dann muss Fritz, **der es bislang in Paris so unterhaltsam gehabt hatte, [...] in östlicher Richtung eine Reise antreten, die sobald nicht aufhören sollte** (391), und auf einmal kommt die Nachricht, dass **der Unteroffizier Fritz Truczinski [...] für drei Dinge gleichzeitig gefallen** ist, **›für Führer, Volk und Vaterland‹. ›Fritzens Brieftasche mit den Fotos hübscher, zumeist lachender Mädchen aus Heidelberg, Brest, Paris, Bad Kreuznach und Saloniki‹** schließt den Bereich der fernen offiziellen und den der privaten Geschichte miteinander kurz, Fritz' Hauptmann schickt sie **vom Mittelabschnitt direkt nach Langfuhr in den Labesweg** (463). Auch dann vermag seine Mutter das Geschehen immer noch nicht zu ihrer beschränkten kleinbürgerlichen Sicht in Beziehung zu setzen, wie ihre hilflose Frage zeigt, **wo das nun eigentlich liege: ›Mittelabschnitt?‹, ob das weit sei und ob man da mit der Bahn über Sonntag hinfahren könne** (463). Oskar macht deshalb gleichsam stellvertretend für die nichts begreifende Kleinbürgerwelt die Rechnung auf, was die ›Dienstreisen‹ durch ganz Europa sie kosten, wenn er vor seiner Flucht nachts Abschied nimmt: Susi Kater ist **›Blitzmädchen‹, ›Oh Axel Mischke, gegen was hast du deine Peitsche eingetauscht? [...] Klein-Käschen [...] hatte es zum Leutnant gebracht, [...] Schlagers Sohn war tot, Eykes Sohn war tot, Kollins Sohn war tot‹** und auch Meyn wird noch vor Kriegsende sterben (424). Erst im konkreten Leid erfahren die Kleinbürger das als individuell tödlich, was sie als Kollektivgeschehen stets gutgeheißen haben, wie Maria nach Kurts Zeugung (377) und der ganze Labesweg bei Kurts Tauffeier deutlich machen (396 f.). Matzerath äußert erst angesichts des brennenden Danzig **erstmals Zweifel am Endsieg** (514, s. S. 63 dieser Arbeit).

Maria legt dasselbe Verhalten auch gegenüber dem Kollektivverbrechen des Mordes an Geisteskranken an den Tag: Sie ist bereit den eigenen Stiefsohn als **Giftzwerg**, als **übergeschnappten Gnom [...] in die Klappsmühle** zu stecken (378), ja ihn amtlich töten zu lassen, **wenn se sagen, das macht man heut so** (474), lediglich wo es sie ganz unmittelbar anginge, beim eigenen Sohn, würde sie offensichtlich zurückschrecken. Maria kommt für *DIE BLECHTROMMEL* eine besondere Bedeutung dadurch zu, dass sie nicht nur wie Lankes, Bebra und Herzog (s. S. 74 dieser Arbeit) das Ende des Krieges überlebt, sie begegnet auch auf der zweiten Handlungsebene (s. S. 19 f. dieser Arbeit) wieder, als Besucherin Oskars in der Heil- und Pflegeanstalt. So kann Oskar an ihr die bruchlose Kontinuität von ›damals‹ bis ›heute‹, da er in der Anstalt die Vergangenheit vergegenwärtigt, demonstrieren. Wie sie ihn damals den Nazi-Ärzten zum Töten übergeben wollte, täte sie es noch heute (475), wie sie damals am Radio drehte um Sondermeldungen zu hören, so tut sie es noch, **als besäße dich ein wildes Verlangen nach Sondermeldungen** (365). Wie sie damals ein Verhältnis mit ihrem Chef Matzerath hatte, so nach dem Krieg sofort wieder eins mit dem Chef Stenzel[167]: Ihre Liebe geht mit der Ökonomie, Oskars Heiratsantrag an sie wird dementsprechend **endlich [...] durch die Währungsreform beantwortet** (603). Diese Bindung der Liebe an den Laden zeigt sich auch im folgerichtigen Heiratsantrag des neuen Ladenbesitzers Fajngold – **Oskar hatte das kommen sehen**; dass sie ihn ablehnt, liegt an ihrer Erkenntnis: **Das is hier futsch und vorbei.** (548) Ebenso folgerichtig – **Ich hatte mich in Maria nicht getäuscht** (737) – löst sie die Beziehung zu Stenzel, als Oskar ihr einen eigenen Laden anbietet; **denn schließlich bist du, liebe Maria, fürs Geschäft und nicht für einen hergelaufenen Herrn Stenzel geboren** (737). Allein auf dieser ökonomischen Basis kommt es fortan zu einem **freundschaftlichen Bund zwischen Stiefmutter und Stiefsohn** (754). Oskars mutmaßlicher Sohn Kurt gehört voll zu dieser neuen Welt, die zugleich die alte ist; er ist Oskar ebenso fremd, wie es ihm die eigenen Eltern waren.[168] Schon von seinem Horoskop her **mit kaltem strebendem Verstand bedacht** (391) ist er ganz Oskars Gegenbild[169], nicht nur ist er **dä Zweitbeste [...] in seiner Klasse** (370) – Oskar geht er **viel zu gerne zur Schule** (590) –, auch im **Jeschäft hilft er mir, ich kann dir nich sagen, wie** (370). Unterm Pullover, wo der mutmaßliche Vater seine Blechtrommel zu bergen pflegte, trägt er ein Säckchen mit Ware, mit Feuersteinen (569); seine Religion ist die der neuen Waren- und Konsumgesellschaft[170], **an Stelle eines Nachtgebetes** heißt es bei ihm: **Ich habe eine Quelle!** (569)

Marias **futsch und vorbei**, das ihr einen neuen Anfang im Westen ermöglicht, wird vom Maler Lankes fast wörtlich aufgenommen, weil für ihn die Kriegsereignisse **passé** (718) sind. So können beide weiterleben, ohne an die eigenen Fehler und Verbrechen denken zu müssen oder gar aus ihnen zu lernen und sich so zu verändern: Lankes, der im Krieg dienstlich Nonnen erschossen hat, zerstört sie jetzt privat (722). Beide exemplifizieren so die Haltung einer ganzen Gesellschaft, die ihre Vergangenheit einfach ableugnet oder verdrängt. Dem Ableugnen dient das Nicht-wissen-Wollen von den Verbrechen, die **Unwissenheit**, die im Dritten Reich **in Mode kam** und die **noch heute manchem als flottes Hütchen zu Gesicht steht** (320). Dem Verdrängen dient die eifrige Diskussion der ›Kollektivschuld‹ gleich nach dem Krieg, von der sich Oskar schnell abwendet, weil er den Mechanismus durchschaut (s. S. 49 f. dieser Arbeit). Die individuelle Schuld, die jeder als Anstifter, Mittäter, Mitläufer oder bloß als passiver Zuschauer auf sich geladen hat, wird zur Schuld aller, und wo alle schuldig sind, ist es letztlich keiner. Das Kollektiv Volk ist schuldig, macht einige Bußübungen und gibt sich dann die Absolution: **Machen wir es jetzt ab, dann haben wir es hinter uns und brauchen später, wenn es wieder aufwärts geht, kein schlechtes Gewissen mehr zu haben.** (570)

Das Büßen vollzieht sich hier in derselben Weise, in der jeder Einzelne einst schuldig wurde: im Verkennen der individuellen Verantwortung. In der Kollektivschuld perpetuiert sich das kleinbürgerliche Gefühl der individuellen Verantwortungslosigkeit für die Ereignisse, bei denen jeder Einzelne doch durch Handeln oder Unterlassen mitgewirkt hat. Wie einst Matzerath und Bronski die Auswirkungen der eigenen freien Entscheidung selbst zu einer objektiven, von ihnen unabhängigen Macht erklärt und damit hypostasiert haben (s. S. 61 ff. dieser Arbeit), so wird jetzt von ihren überlebenden Gesinnungsgenossen die individuelle Schuld zum Abstraktum Kollektivschuld erklärt, mit dem man schnell fertig wird. Dasselbe gilt für die Kunstakademie, die S. Jendrowiak ein **Reservat der ästhetischen Vergangenheitsauseinandersetzung** genannt hat[171]: Man erklärt Oskar als **zeitlos und dennoch den Wahnsinn unseres Jahrhunderts ausdrückend** (606 f.) und vermarktet in ihm diesen **Wahnsinn** in Bildern, die **noch verkäuflicher, noch erfolgreicher** sind (609).

Man hat immer noch nicht begriffen, dass es **den Wahnsinn unseres Jahrhunderts** nur als Wahnsinn von Millionen Zeitgenossen gibt, dass es ein ›Kollektiv‹, eine ›Bewegung‹ erst dann gibt, wenn hundert, tausend, zehntausend Einzelne sich sammeln, sich bewegen:

> **Und dann die Menge […] Das stand und berührte sich mit Ellenbogen und Sonntagskleidung, das war zu Fuß gekommen oder mit der Straßenbahn, das hatte zum Teil die Frühmesse besucht und war dort nicht zufriedengestellt worden, das war gekommen, um seiner Braut am Arm etwas zu bieten, das wollte mit dabeisein, wenn Geschichte gemacht wird, und wenn auch der Vormittag dabei draufging.** (151)

Nicht Löbsack, der auf der Tribüne redet, macht **Geschichte** – dieses Abstraktum gibt es nicht an sich, es besteht nur in den Tausenden, die dem Schwadronierer gläubig als Religionsersatz zuhören. Der nach dem Buch gedrehte Film SCHLÖNDORFFS macht dies sehr anschaulich bei Hitlers Einzug in Danzig: Vom ›Führer‹ erscheint am Bildrand nur der zum Hitlergruß gereckte Arm, während die jubelnde Gesellschaft aus dem Labesweg voll im Bild ist. Und wir sind es auch, wenn wir auf diese Jubler Matzeraths Satz beziehen: **Das ist ein großer Augenblick in deinem Leben. Mach die Augen schön auf, damit du alles siehst und später davon erzählen kannst!**[172] – was Oskar dann auch in der *BLECHTROMMEL* im richtigen, von Matzerath nie begriffenen Sinn tut.

Bruno Münsterberg, sein erster Zuhörer, hat ihn dagegen verstanden, wenn er Oskars Erzählung von der **Ameisenstraße** umsetzt in ein Knotengebilde **Ameisen machen Geschichte** (553). So wie die Ameisen beim ›Zusammenbruch‹, als Matzerath mit dem Parteiabzeichen im Hals tot über ihre Straße fällt, sich gleich einrichten und ihre Straße zur Zuckerquelle einfach um das Hindernis herumführen (519), so verhalten sich ausnahmslos alle. Die letzten Kriegsjahre gehen bruchlos in die Nachkriegszeit über (s. S. 54 dieser Arbeit) und gerade, indem sich alle so verhalten, als sei nichts geschehen, machen sie Geschichte.

Aus dieser Unfähigkeit Geschichte als von jedem Einzelnen mitbewirkt, mitgemacht, mitverschuldet zu begreifen, ergibt sich wieder zwangsläufig das Fehlverhalten in der Zukunft. Statt ihr bewusst und aktiv zu begegnen, verfällt man immer wieder der Täuschung bloß passiv etwas Vorgegebenes zu erleiden, einer unabhängig vom Menschen ablaufenden Geschichte ausgesetzt zu sein, und handelt entsprechend blind, falsch und unverantwortlich. Für GRASS wie für Oskar liegt darin der Kern des kleinbürgerlichen politischen Versagens, ja des Kleinbürgertums überhaupt, entsprechend häufig wird es in der *BLECHTROMMEL* dargestellt. Oskar exemplifiziert dieses Verhalten an einer eindeutig menschlichen Schöpfung, der Uhr, erweitert es aber sogleich auf jede Form von Aberglauben (80).

Diese Eigentümlichkeit, **gleich nach der Schöpfung Geschöpfe ihrer eigenen epochemachenden Erfindungen** (80) zu werden, wurde für Matzerath und Jan Bronski schon ausführlich gezeigt (s. S. 61 ff. dieser Arbeit). Auch Fräulein Spollenhauer **verkündigt** den Stundenplan, ›**dieses Produkt einer Volksschullehrerkonferenz**‹, ›**wie ein unabänderliches Schicksal**‹ (99). Das immer Gültige dieses Verfahrens verdeutlicht Oskar an der Holzfigur Niobe. Seit ihrer Schöpfung nach dem Bild einer Hexe hat sie Krieg, Unglück, Untergang, Zerstörung gebracht (240–243). Vor unseren Augen treibt sie dieses Spiel weiter (243–251) und selbst noch **versiegelt** (253) im Museumskeller teilt sie aller Welt **Unglück** mit. Das Verhalten Herbert

Truczinskis scheint Niobes dämonische Kraft zu bestätigen. In der dritten Woche seiner Tätigkeit im Museum findet er beim Versuch Niobe zu bespringen den Tod. In Wirklichkeit kehrt jedoch gerade dieser Vorfall in seiner Absurdität die Dämonisierung um: Herbert stirbt nicht an Niobe, sondern daran, dass er an sie als Dämon geglaubt hat und sich von ihr hat faszinieren lassen. ›Geschichte‹ wird ›gemacht‹ – aber nicht von Niobe, sondern von einem Truczinski, der an sie glaubt; nicht vom schwadronierenden Löbsack, sondern von den Tausenden, die ihm gläubig zuhören. Vom Kapitel »Niobe« leitet Oskar direkt zur »Glaube Hoffnung Liebe« überschriebenen Schilderung der ›Reichskristallnacht‹ über, dem Beginn des offenen Terrors gegen die jüdischen Mitbürger. Auch dieses Unheil nimmt bei Niobe seinen Anfang, sickert von ihr in die Gasleitungen, die schon an das konkrete Verfahren des millionenfachen Mordes erinnern: Eben in solchem Glauben an Geschichte als verhängtem Schicksal, der den Einzelnen entmündigt, wurzeln die unfassbaren Verbrechen.[173]

Zugleich bildet die Überleitung aber eine formale Überlegung: Der Pfleger mahnt Oskar, er sei beim »Niobe«-Kapitel zu laut geworden: **Wenn Sie weiterhin so laut trommeln, wird man woanders hören, daß da viel zu laut getrommelt wird** (252) – in einer Gesellschaft, die kollektiv die Verbrechen verdrängt hat, wird Oskars lautstarke Vergegenwärtigung des Vergangenen nicht gern gehört. So beschließt Oskar, **ein leiseres Kapitel meinem Blech zu diktieren, obgleich gerade** das Thema der Judenverfolgung **nach einem brüllenden, ausgehungerten Orchester schreit** (252). So wählt er eine kleine Form, lehnt sich, wie schon PAUL CELAN in seiner berühmten »Todesfuge«, an die überindividuelle, vorsubjektive Fugenform an – Oskars Antwort auf GRASS' *SCHWIERIGKEITEN EINES VATERS, SEINEN KINDERN AUSCHWITZ ZU ERKLÄREN*[174], denen fast das ganze Werk *AUS DEM TAGEBUCH EINER SCHNECKE* gewidmet ist und später noch einmal der Aufsatz *WIE SAGEN WIR ES DEN KINDERN?*[175] Die klarste Analyse der Fugenform hat Irmela Schneider gegeben[176]:

> **Das Kapitel beginnt mit der für Märchen typischen Einleitungsformel ›Es war einmal …‹ und endet mit dem typischen Märchenschluß: ›… und wenn er nicht gestorben ist …‹ Die einleitende Formel wird im Text mehrfach wiederholt, mit gleichen oder verschiedenen Subjekten (Märchengestalten). Durch die Anordnung der verschiedenen Märchen und die Ausführung und Wiederholung wird die interne Struktur des Kapitels mit dem Ordnungsgefüge einer Fuge vergleichbar. Jedes Fugenthema bildet ein Märchen, dessen Ausführung bei Wiederholung variiert. Der Verlauf des Kapitels – als Fuge betrachtet – läßt sich schematisch folgendermaßen skizzieren:**
>
> **A) Es war einmal ein Musiker …**
>
> **A) Es war einmal ein Musiker …**

B) Es war einmal ein SA-Mann ...
B) Es war einmal ein SA-Mann ...
B) Es war einmal ein Mann ...
C) Es war einmal ein Uhrmacher ...
D) Es waren einmal vier Kater ...
A) Es war einmal ein Musiker ...
C) Es war einmal ein Uhrmacher ...
D) Es waren einmal vier Kater ...
C) Es war einmal ein Uhrmacher ...
B) Es war einmal ein SA-Mann ...
E) Es war einmal ein Kolonialwarenhändler ...
F) Es war einmal ein Spielzeughändler ...
G) Es war einmal ein Blechtrommler ...

Die schematische Einteilung ergibt eine Gliederung des Kapitels in zwei Teile: Der erste besteht aus den Themen A bis D, die jeweils wiederholt werden, der zweite aus den Themen E bis G, die jeweils nur einmal auftreten. In der ›Engführung‹[177] der Themen am Ende des Kapitels treten folgende Themen in folgender Reihenfolge auf:
A – F – A – G – A – C – G – F – A.

Mit dieser klaren Stimmführung verbindet Oskar nun sein Kernthema von der Schuld des Einzelnen auch in der Massenbewegung des Pogroms, im nach Zehntausenden ›Angestellten‹ zählenden industriellen Massenbetrieb der ›Endlösung‹:

> Ursächlich ist Auschwitz nicht der Ausdruck üblicher menschlicher Bestialität gewesen, sondern das wiederholbare Ereignis organisierter, nur noch an Sachzwänge gebundener, bis ins Unkenntliche aufgeteilter Verantwortung, die sich als Verantwortungslosigkeit niederschlug. Jeder der am Verbrechen Beteiligten oder Unbeteiligten handelte wissend oder unwissend aus seinem engbemessenen Begriff von Pflicht. Verurteilt worden sind nur die Täter vor Ort – sie mögen Kaduk oder Eichmann heißen –, doch die ihren Schreibtisch pflichtschuldig bedient haben oder all jene, die sich sprachlos gemacht hatten, die nichts dafür, nichts dagegen taten, die es gewußt haben und geschehen ließen, sie fanden kein Urteil, sie hatten sich keinen Finger schmutzig gemacht.[178]

Gleichzeitig macht Oskar so auch die Opfer als Einzelne erfahrbar: Der unfassbare Mord an sechs Millionen Juden wird mit Beginn des offenen Terrors an dem einen Spielzeughändler Markus aufgezeigt, wie bei Kriegsende die Massenvernichtungen an dem einen Juden Fajngold. Ebenso wird die Schuld an diesem Terror konkret an dem einen Musiker Meyn festgemacht, der ihn zusammen mit den vielen, **die alle aussahen** wie der Musiker Meyn (260), verübt, und dem einen Kolonialwarenhändler Matzerath, der **beschäftigt und entflammt seine Finger und seine Gefühle über dem öffentlichen Feuer** wärmt (259) – nicht ›Mächte‹ waren es, die das taten, sondern benennbare Einzelpersonen. Indem dies Kapitel mit dem vorangehenden, »Niobe«, verknüpft ist, verstärken sich beide: Jedes Mal sind es konkrete Einzelne, die handeln und damit etwas bewirken, was wie ›Schicksal‹ und ›Unglück‹ aussieht.

Dieser Aspekt wird dann im Spiel mit ›Glaube Hoffnung Liebe‹ generalisiert. Die faktische Basis bildet das Transparent der religiösen Gruppe (261). Das nackte Nebeneinander von Judenterror und einer schweigenden Christengemeinde entwertet jede christliche Botschaft:

> **Bis heute ist die gewichtige Mitschuld der katholischen und der protestantischen Kirche in Deutschland nicht gewogen worden. Und doch ist die Mitverantwortung beider Kirchen für Auschwitz durch passives Hinnehmen des Verbrechens bewiesen [...] Seit Auschwitz haben (zumindest in Deutschland) die christlichen Institutionen ihren moralischen Anspruch verwirkt [...] Auch in Danzig sahen die Bischöfe beider Kirchen wie unbetroffen zur Seite, als im November 1938 die Synagogen in Langfuhr und Zoppot in Brand gesteckt und die geschrumpfte Synagogengemeinde dem Terror des SA-Sturms 96 ausgeliefert wurde.**[179]

Danach bleiben von der christlichen Lehre nur noch leere Worthülsen übrig, mit denen Oskar **wie ein Jongleur mit Flaschen** (261) umgehen kann. Sprachlich-klanglichen Assoziationen nachgehend reiht er Stichworte aneinander: **Leichtgläubig, Hoffmannstropfen, Liebesperlen, Gutehoffnungshütte, Liebfrauenmilch, Gläubigerversammlung** (261). Diese im Klang- und Assoziationsspiel gewonnenen Begriffe setzen nun zugleich Inhalte frei, die einmal den banalen Verschleiß der Begriffe im Alltagsgebrauch aufweisen, zum andern aber auch Kommentare enthalten, teils direkt (**leichtgläubig**), teils über Assoziationen: ›Kleinbürgers Leid und Freud‹, ›Großindustrie‹, ›Rausch und Religion‹ und endlich ›Konkurs‹. So zerschlägt Oskar das religiöse Klischee und öffnet es für eine vielschichtige Wirklichkeit, in der die Worte einen ganz anderen Sinn haben: Wie die tote Niobe lebt der **Weihnachtsmann**, der zugleich der **Gasmann** ist, vom Glauben an ihn, von der Leichtgläubigkeit eines ganzen Volkes (261), das daraus seine **Staatsreligion** macht.[180] Liebe gibt es in ihr nur noch als Eigenliebe. Aus dem **dritten Ladenhüter des Korintherbriefes** (262) entwickelt Oskar seine bedrohliche Vision von der Wiederholung dieses grauenvollen Geschehens: Die Hoffnung der Leute richtet sich auf den **Schluß**, damit sie einen **hoffnungsvollen Anfang daraus** machen können. Anfang wozu? Zu einem neuen Schlussmachen: **So steht auch geschrieben, solange der Mensch hofft, wird er immer wieder neu anfangen mit dem hoffnungsvollen Schlußmachen.** (263) Wie in seinem Fiebertraum, in dem die Welt zum Karussell wird, auf dem Gott viertausend bei der Flucht vor den Russen umgekommene Kinder immer wieder im Kreis herumjagt (542), wie in seinem Exkurs zur Danziger Geschichte (520–523)[181] beschwört Oskar hier die Vision einer Welt, in der das Verbrecherisch-Wahnsinnige mit dem Gleichmaß der Kreisbewegung sich wiederholt.

Oskar bricht diesen Kreis aber sofort auf zu seiner Gegenwart hin, in der er jetzt trommelt und erzählt: Dieses ewige Weiterlaufen ist ja abhängig vom Glauben und Hoffen, von Leichtgläubigkeit, vom Hoffen auf Schluss um neu anfangen zu können mit dem neuen Schlussmachen. Dem setzt er **das Wissen und das Nichtwissen** (263) entgegen, die Warnungen vor den ersten Anzeichen neuer Leichtgläubigkeit und alter Hoffnungen. So enthält die Märchenformel des letzten Satzes, die zum Einzelnen zurückkehrt – **Es war einmal ein Musiker, der hieß Meyn, und wenn er nicht gestorben ist, lebt er heute noch und bläst wieder wunderschön Trompete** (264) – Resignation und Hoffnung zugleich. Die Resignation steckt in der Überzeitlichkeit der Märchenform, die die Gefahr enthält, dass sie sich jederzeit wieder in einem konkreten Moment realisieren kann, die Hoffnung geht auf den einzelnen Musiker Meyn, der allein sich diesem Kreislauf entziehen kann. Wie es jedes Mal des Einzelnen bedarf um das Verbrechen zu verwirklichen, ist es auch der Einzelne, der allein es verhindern kann.[182] Solange aber jedes Mitglied der Nachkriegsgesellschaft sein Verschulden verdrängt, indem es alles für ›**passé**‹, ›**futsch und vorbei**‹ erklärt, kann es jederzeit wieder aktuell werden, wird niemand die hindern, für die die Vergangenheit ungebrochen weitergeht. Paradigma für diese in Grass‘ Werk häufig beschworene Haltung[183] ist in der *Blechtrommel* der Oberleutnant Herzog, der immer noch die Invasion verhindern will. Ihm ist ›**nichts passé**‹, ›**die Rechnung**‹ ist für ihn **noch nicht aufgegangen** (718). Die politische Gefahr, die darin liegt, verdeutlicht Grass an den deutschen Verbrechen an Polen, die Oskar in den Kapiteln »Schrott« bis »Er liegt auf Saspe« gestaltet. H. Brode hat präzise herausgearbeitet, wie Oskar im Kapitel »Die letzte Straßenbahn« die Ereignisse um die Polnische Post fast reimartig wiederholt.[184] Die Gefährdung Polens durch deutsche Revanchegelüste, die schon einmal zur Katastrophe geführt hat, besteht weiter. Oskar verdeutlicht das am Schicksal Viktor Weluhns, der aus der Polnischen Post entfliehen konnte, während die anderen, unter ihnen Jan Bronski, erschossen wurden, **eine Flucht, die bis zum heutigen Tage anhält; so zäh sind die Verfolger** (316). Für Oskar wird Weluhn damit zur weiterlebenden ständigen Erinnerung an seine eigene Judastat (335) in der Polnischen Post. Er, dem dank seiner Trommel die Vergangenheit präsent bleibt und der deshalb aus ihr lernen kann, macht sein Versagen von damals wieder gut, als die Verfolger Weluhn im Nachkriegsdeutschland endlich stellen. Für sie ist die Vergangenheit noch nicht abgeschlossen; solange es noch keinen Friedensvertrag gibt, gilt der Erschießungsbefehl von 1939 noch; auch wenn die ›**Verfolger**‹

›**genau wie wir Adenauer**‹ (758) wählen, ist es ihre verdammte Pflicht, ihn auch zu vollstrecken. Erst wenn diese offen stehenden Rechnungen beglichen sind, ist für sie **Schluß mit der Vergangenheit** (757). Oskar aber holt auf seiner Trommel, die weißrot wie die Fahne Polens ist, die Vergangenheit wieder herbei, polnische Kavallerie, die einst gegen deutsche Panzer unterging, **längst verweste Reiterheere** (761) retten Viktor Weluhn.

In der Gestalt des Juden Fajngold, der allein von Millionen ermordeten Juden entronnen scheint um deren Schicksal zu repräsentieren und der seine große, in Treblinka ermordete Familie immer unsichtbar mit sich führt, vereinigt GRASS die beiden großen historischen Schuldthemen der *BLECHTROMMEL*: Juden und Polen. Die Problematik der verlorenen Ostgebiete wird konkretisiert am Matzerath'schen Laden in Danzig, den der aus Ostpolen vertriebene Jude Fajngold übernimmt: Ihm, der gleichsam den Wechsel mit der deutschen Schuld an beiden Völkern präsentiert, könnte den Laden zugunsten von Kurt Matzerath nur der streitig machen, der immer noch nicht gelernt hat, der die Verbrechen an Juden wie an Polen verdrängt, verleugnet, vergisst. Eben dem setzt Oskar sein Vergangenheit unverdrängbar lebendig haltendes Trommeln entgegen:

> **Während man hierzulande das Land der Polen mit der Seele sucht – halb mit Chopin, halb mit Revanche im Herzen –, während sie hier die erste bis zur vierten Teilung verwerfen und die fünfte Teilung Polens schon planen, während sie mit Air France nach Warschau fliegen und an jener Stelle bedauernd ein Kränzchen hinterlegen, wo einst das Getto stand, während man von hier aus das Land der Polen mit Raketen suchen wird, suche ich Polen auf meiner Trommel und trommle: Verloren, noch nicht verloren, schon wieder verloren, an wen verloren, bald verloren, bereits verloren, Polen verloren, alles verloren, noch ist Polen nicht verloren. (135)**

Die Zwiebelkeller-Episode wird zum bildlichen Ausdruck für die deutsche ›Unfähigkeit zu trauern‹ – acht Jahre, bevor das Buch von Alexander und Margarete Mitscherlich diesen Begriff populär machte[185], konkretisiert GRASS ihn in der Nachkriegsgesellschaft, die über allem **Leid dieser Welt** (693) dennoch die Tränen verloren hat und sich deshalb dieses **Naturereignis für zwölf Mark achtzig** (693) kaufen muss und nur noch so künstlich und falsch **die wahre Tragik menschlicher Existenz vom Dienstag bis Sonnabend – am Sonntag blieb der Zwiebelkeller geschlossen** (695), Montag ist es billiger – fühlen kann. Oskar braucht das nicht dank seiner Trommel – **nur weniger, ganz bestimmter Takte bedurfte es, und Oskar fand Tränen** (699) über seine jetzige verfehlte Wirklichkeit und seine gelebte schuldvolle Vergangenheit. Diese Trommel, deren Macht als **Gewissen** er selbst erfahren hat (335), die auf seinen Tourneen als Mittel gegen **Gedächtnisschwund** (735), wie er für die Nachkriegsgesellschaft typisch ist, gepriesen wird, stellt Oskar ganz in den Dienst der Beschwörung der Vergangenheit und vergegenwärtigt sie in der Kunst des Zurücktrommelns, damit sie nicht Historie wird, damit damaliges Versagen und aktuelle Gefahren auch bewusst und gegenwärtig bleiben und vielleicht eine andere Zukunft ermöglichen.

5 Dinge, Bilder, ›objektive Korrelate‹ in der »Blechtrommel«

5.1 Grass' Bildgebrauch

Bei der Beschreibung von GRASS' künstlerisch-dichterischem Werdegang wurde bereits darauf hingewiesen, dass GRASS' Bildgebrauch entscheidend von seiner Verwurzelung in der bildenden Kunst geprägt ist (s. S. 13 f. dieser Arbeit). Seine Sprachbilder entstehen gleichzeitig als wirkliche ›Bilder‹, als Zeichnungen von Gegenständen. **Das, was um mich herum gruppiert ist, womit ich täglich Umgang habe**, versucht er gleichzeitig im Bild wie im Wort festzuhalten, es erfährt so **in geschriebenen wie in gezeichneten Metaphern sein Eigenleben.** Er nennt Schuh, Fischkopf, Kerze, Schweinskopf, Schnecke – man könnte für den Umkreis der *BLECHTROMMEL* hinzufügen: Trommelstöcke, weite Röcke, Patronen, Spielkarten, Aale, Kokosläufer – als **Dinge, die bei verengtem Begriff von Realität absurd erscheinen mögen. Für mich aber, so ins Bild gebracht, verhelfen sie unserer Realität, die wir so vielschichtig erleben, zum Ausdruck.**[186] GRASS' sprachlich erfasste Gegenstände teilen mit den von ihm bildlich gestalteten eine Eigenschaft, die bei ihnen ungewohnt ist: Sie bedeuten zunächst nur sich selbst, deuten nicht auf einen außerhalb ihrer selbst liegenden ›geistigen‹ Sinn hin. Das gemalte oder gezeichnete Bild eines Gegenstands zeigt diesen Gegenstand und verweist zunächst nicht auf etwas sekundär damit ›Gemeintes‹; nicht durch einen dahinter liegenden ›Sinn‹ wird es bedeutsam, sondern durch die Art, wie es gemalt, gezeichnet ist, den Farbauftrag, die Strichlagen, die Farbgebung, sodann durch den Beitrag des Einzelgegenstandes zum Aufbau der höheren Einheit Bild, zu deren Komposition, deren Ausbalancierung.

Genauso ist der sprachlich erfasste Gegenstand bei GRASS zunächst nur dieser Gegenstand, nicht Symbol für etwas: **Symbols are nonsense – when I write about potatoes, I mean potatoes,** hat GRASS einmal zu einem amerikanischen Kritiker gesagt, der ihn nach symbolischen Bedeutungen fragte.[187]

Wie bestimmte Gegenstände bei GRASS dennoch mit bestimmten Bedeutungen verbunden werden können, kann wiederum am besten mithilfe des entsprechenden Verfahrens in der bildenden Kunst beschrieben werden: Dort kann zur primären Bedeutung des Gegenstands als Gegenstand eine sekundäre – ikonografische – hinzutreten, die mit ihm durch Setzung der Tradition oder auch aufgrund historischer oder legendärer Umstände verbunden wird. GRASS erwähnt in *ÖRTLICH BETÄUBT* die heilige Apollonia, die überall **mit Zange und Molar** abgebildet ist.[188] Zange und Molar kennzeichnen mithin diese Heilige, machen eine Frauenfigur als Apollonia kenntlich – aber eben nicht aufgrund einer symbolischen oder allegorischen Beziehung zwischen Person und Gegenstand, sondern aufgrund der Tatsache, dass die Gegenstände historisch bei ihrem Martyrium eine entscheidende Rolle spielten.

Dem lässt sich durchaus das Verfahren vergleichen, das GRASS benutzt, um die Einzeldinge als Trümmer der ›zerschlagenen Wirklichkeit‹[189] wieder mit Bedeutung zu versehen. Wagenbach hat geradezu von **motivischem Schutt** gesprochen, auf den der Autor **häufig unvermutet** zurückgreife.[190] K.L. Tank hat denselben Sachverhalt für GRASS' frühe Theaterstücke knapp skizziert, wenn er sagt: **Der Inhalt, gerinnend im Gegenstand, im Requisit der Bühne, ist für Grass weder Allegorie noch Symbol im alten Sinne. Dennoch ist der Gegenstand Bedeutungs- oder Formträger, genauer gesagt: er wird es im Verlauf des Stückes.**[191] Auch in der Lyrik zeigt sich, dass die zunächst für sich bleibenden Gegenstände ›sprechend‹ werden dadurch, dass ihr Wiederauftauchen in späteren Gedichten oder in Romanen ihnen nach und nach auch für den Leser die Bedeutung zuwachsen lässt, die zunächst nur GRASS privat mit ihnen verband. GRASS' entsprechendes Vorgehen auf epischem Gebiet ist vor allem von G. Just, G. Cepl-Kaufmann und F. Richter gründlich analysiert worden. G. Just nennt, unter Aufnahme und Abänderung eines Begriffs bei T.S. Eliot, die bei GRASS zu beobachtende allmähliche Aufladung eines Dings mit einer festen Bedeutung **objektives Korrealat,** um den missverständlichen Symbolbegriff zu vermeiden.[192] Er analysiert am Beispiel der Aale in »Karfreitagskost«, des Brausepulvers und des Kokosläufers, wie diese Dinge sich so unlösbar mit einem psychischen Erlebnis verknüpfen, dass das Ding schließlich direkt für den gemeinten seelischen Vorgang eintreten kann, wenn Oskar z.B. davon spricht, dass **die Aale nach Mama verlangten und meine arme Mama nach den Aalen** (778). **Der Unterschied zwischen realem und mentalem Geschehen ist aufgehoben**, Just spricht von der **für Grass typischen Materialisation des Psychischen.**[193] Ein besonders deutliches Beispiel: Maria stopft Oskar einmal, als er in höchstem Zorn und tiefster Demütigung Glas zerschreien will, ein Frottierhandtuch in den Mund, **das, wenn man hineinbiß, zäher als Rindfleisch war.** Seit der Zeit ist ihm das Frottiertuch ›objektives Korrelat‹ für ›Hass‹, sodass er Hass heute noch, **sobald Maria mein Zimmer betritt, wie jenes Frottiertuch zwischen den Zähnen spürt** (379). Ähnliches gilt für die Zigaretten in der *BLECHTROMMEL*. Nachdem Lankes und Bebra von ihnen gesagt haben, Beton **ist unsterblich** [...] **nur wir und unsere Zigaretten** [...] **Ich weiß, ich weiß, mit dem Rauch verflüchtigen wir uns** (449), werden sie zum Zeugen menschlicher Vergänglichkeit, was die enge Montage von Sargtischlern und Beerdigen mit Zigarettenrauchen bei Danzigs Untergang bestätigt (509, 511, 524, 527 f.). Auch außerhalb der *Blechtrommel* stellt Grass diesen Bezug her. Im Gedicht »Saturn« lauten die letzten beiden Strophen:

> **Waagerecht lag ich, / rauchte die Zigarette / und war im Dunkeln gewiß, / daß jemand die Hand aufhielt, / als ich meiner Zigarette / die Asche abklopfte. // Nachts kommt Saturn / und hält seine Hand auf. / Mit meiner Asche / putzt seine Zähne Saturn. / In seinen Rachen / werden wir steigen.**[194]

Alle Gegenstände können so, durch die bloße Präsenz bei einem bestimmten Vorgang, zu ›Zeugen‹ für diesen Vorgang werden und ihn jedes Mal, wenn sie wiederkehren, beschwören, für die Gestalten wie für die Leser/innen. Oskar formuliert diesen Vorgang grundsätzlich:

> **Heute weiß ich, daß alles zuguckt, daß nichts unbesehen bleibt, daß selbst Tapeten ein besseres Gedächtnis als die Menschen haben. Es ist nicht etwa der liebe Gott, der alles sieht! Ein Küchenstuhl, Kleiderbügel, halbvoller Aschenbecher oder das hölzerne Abbild einer Frau, genannt Niobe, reichen aus, um jeder Tat den unvergeßlichen Zeugen liefern zu können.** (247)

Niobe zum Beispiel wird zum **unvergänglichen Zeugen** dafür, dass Verhängnis entsteht, indem der Mensch glaubt, es sei etwas über ihn ›verhängt‹. Solcher Zeugenschaft der Dinge eignet aber zugleich bei Grass immer **a dynamic quality**.[195] Indem diese Dinge Zeugen verschiedener Handlungen werden, zusammen mit anderen ähnlichen Zeugen auftreten, entwickeln, differenzieren, nuancieren und verschieben sie sich im Lauf der Handlung und erlauben so immer weniger eine direkte Gleichsetzung zwischen ›Ding‹ und ›Sinn‹, eine eindeutige Übersetzung eines Gegenstandes in das ›damit Gemeinte‹.

Dieses für Grass' Bildgebrauch allgemein geltende Verfahren verbindet er nun bewusst mit der von ihm ausschließlich gewählten epischen Form der Ich-Erzählung: Seine Erzähler, die sich selbst von innen und alle anderen von außen sehen (s. S. 23 f. dieser Arbeit), benutzen nun diese ›objektiven Korrelate‹ um mit ihrer Hilfe seelische Vorgänge zu verdinglichen, im Ding das Psychische erscheinen zu lassen, eben zu jener **Materialisation des Psychischen**, wie Just dieses Verfahren genannt hat, die allein es erlaubt, Vorgänge im Innern der Gestalten anzudeuten ohne psychologisch zu spekulieren.

Die Blechtrommel ist – wie auch die anderen Werke Grass' – durchzogen von ganzen Reihen solcher ›objektiven Korrelate‹, mit deren Hilfe Oskar die Episoden verknüpft und die bunte Fülle der Handlung strukturiert.[196] Im Folgenden seien deshalb die wichtigsten dieser Gegenstände zusammengestellt, wobei ihrer Vielschichtigkeit, ihrer **dynamic quality** die besondere Aufmerksamkeit gilt.

5.2 Spielkarten

In seiner vorgegebenen, unausweichlichen Dreierkonstellation entspricht das Skatspiel dem *ménage à trois* bei Matzerath-Bronskis, es ist für die drei **nicht nur das angemessenste Spiel; es war ihre Zuflucht, ihr Hafen** (67). Nur im Spiel löst sich diese Beziehung konfliktfrei auf, es wird daher stets benutzt, wenn es Probleme zu überdecken gilt, seien es die **kleinen Orgien** (83) der Kleinbürgerwelt, sei es der Blick auf den Pferdekopf (s. S. 60 f. dieser Arbeit) am Karfreitag (203). **Alles Außergewöhnliche** bietet **Grund zum Familienskat** (145). ›**Herzhand**‹ ist ein Spiel, das Agnes Matzerath nie verliert (203, 209, 216), während ihr in der Wirklichkeit dieses risikoreiche Reizen aufs Gefühl und auf gut Glück schließlich doch über den Kopf wächst. Dieselbe Funktion der Wirklichkeitsflucht, des Ausweichens vor Problemen hat das Skatspiel, wenn Matzerath nach einer Auseinandersetzung mit Maria **seinen Skat dreschen** geht (376), und auch zunächst, wenn Skat sich als das einzig wirksame Mittel erweist, Jans Todesangst in der Polnischen Post zu begegnen (310). Dort wird es aber zugleich mehr: Es wird zum Spiel, das der Wirklichkeit überlegen ist (312 f.), wie es auch das andere Kinderspielzeug, die Trommel, ist. Dieser Zug konkretisiert sich am Ende in Jans Kartenhaus, das Oskar **als einzig menschenwürdige Behausung** (319) empfindet und dem Beton der Nazis (316) direkt entgegensetzt. Die Nazis gehören zur Gegensphäre, sie sind es ja auch, die mit Markus **alles Spielzeug aus dieser Welt** fortnehmen (264). Das Kartenhaus ist in Grass' Essay *Die Ballerina* eines der Attribute einer reinen Kunst ohne Wirklichkeitsbezug – wie Oskars **Tempelchen** und wie die Ballerina selbst (s. S. 35 dieser Arbeit) –, Grass' Bilderwelt hängt über Büchergrenzen hinweg innerlich zusammen. Jan ist bei seiner Verhaftung ohne Angst, er ist längst im **ewigen Reich der Kartenhäuser** (319) und bei seiner Agnes – er winkt beim Abschied Oskar mit der **Herz Dame** zu (317), Agnes' ureigenster Karte (66). Das Kartenhaus hatte er mit Herzdame und Herzkönig geschlossen (316), aber sein Fundament waren **Kreuzdame** und **Pique Sieben**, und auf dem Erschießungsplatz findet sich als einzige Spur von Jan eben diese Pik Sieben (332). Dies ist nicht nur ein Todessymbol – die ›Schüppe‹ des Kartenblattes –, sondern auch ein Kennzeichen dieses Helden: Herz-König nur bei seiner Herz-Dame Agnes, die in Wirklichkeit das Schicksal der Unglücks-Kreuz-Dame hat, im Leben aber, volkstümlich ausgedrückt, eine Pik Sieben.[197]

5.3 Der weite Rock

Der weite Rock der Anna Bronski, unter dem Joseph Koljaiczek Zuflucht vor seinen Verfolgern findet und Agnes zeugt, gewinnt schon in dieser Begebenheit seinen Sexual- wie seinen Asylcharakter, den Oskar zusätzlich im Wort vom **grenzenlosen Bedürfnis nach Unterschlupf** für Koljaiczeks Zeugen (21) zusammenfasst. Zugleich überhöht er dieses Asyl noch ins Mythische: **Still war es wie am ersten Tag oder am letzten.** (18) Oskars schon bei der Geburt vorhandener **Wunsch nach Rückkehr in seine embryonale Kopflage** (55) konkretisiert sich – außer beim Begräbnis der Mutter, wo er zu ihr zurück will (212) – stets in den Röcken der Großmutter. Dort zu sein, dort bleiben zu dürfen ist die einzige Hoffnung, die einzige Utopie in Oskars Leben. Die eigene Existenz durch Rückkehr dorthin, wo alles begann, zu annullieren, wäre das Ende der Zeit, Aufhebung aller Gegensätze, Anfang einer paradiesischen Ewigkeit:

> **Noch heute wünsche ich mir, als solch backwarmer Ziegelstein unter den Röcken meiner Großmutter, immer wieder gegen mich selbst ausgetauscht, liegen zu dürfen [...] Afrika suchte ich unter den Röcken, womöglich Neapel [...] Da flossen die Ströme zusammen, da war die Wasserscheide, da wehten besondere Winde, da konnte es aber auch windstill sein, da rauschte der Regen, aber man saß im Trocknen, da machten die Schiffe fest oder die Anker wurden gelichtet, da saß neben Oskar der liebe Gott, der es schon immer gerne warm gehabt hat, da putzte der Teufel sein Fernrohr, da spielten Engelchen Blindekuh; unter den Röcken meiner Großmutter war immer Sommer, auch wenn der Weihnachtsbaum brannte, auch wenn ich Ostereier suchte oder Allerheiligen feierte. (159 f.)**

Windstill steht in der *BLECHTROMMEL* – und auch sonst bei GRASS[198] – für die Flucht vor der Wirklichkeit in ein geschütztes Reservat – wie Jan in den **fensterlosen Raum** (306) in der Polnischen Post flieht. Dort flackern die Kerzen nur, wenn kurzfristig von draußen die Wirklichkeit des Krieges eindringen will (306, 309, 310); sonst ist es **windstill und sonntäglich** (314) und man kann ins **ewige Reich der Kartenhäuser** (319) fliehen, bis die Wirklichkeit **Luft, Wind** macht und **das Kartenhaus zusammenfallen** lässt (316).

Immer wenn von der Rückkehr unter diese Röcke gesprochen wird, ist diese Welt- und Wirklichkeitsflucht mit gemeint als Wunsch nie geboren zu sein, ein gestaltloses Leben im immerwährenden Dunkel des Ungeborenseins zu führen. Die verhängten Tische, unter die Oskar kriecht, die Betten, unter denen er liegt, die Kleiderschränke, in denen er hockt, die fensterlosen Kammern und Zimmer, die er bevorzugt, der abgeschlossene, allen Kampflärm dämpfende Raum in der Polnischen Post, der Eiffelturm, zu dem er am Ende flüchtet, ja das Klinikbett, in dem wir ihn kennen lernen – sie sind alle Surrogate der großmütterlichen Röcke und bei jeder solchen Nennung klingt deshalb jedes Mal das Grundmotiv an, der Wunsch vor dem Leben zurückzufliehen in die Stille des Ungeborenseins. Wenn Oskar sich erinnert, wie die Großmutter ihn nach Agnes' Beerdigung unter ihre Röcke genommen hat, spielt er in wehmütiger Rückschau auf diese verlorene Möglichkeit an: **Wer nimmt mich heut' unter die Röcke? Wer stellt mir das Tageslicht und das Lampenlicht ab?** (216) – eben **das Licht dieser Welt**, das Oskar **in Gestalt zweier Sechzig-Watt-Glühbirnen** erblickt hat (52). Beim selben Anlass gehen aber zugleich zum ersten Mal Todesvorstellungen in dieses Motiv ein, wenn es anschließend von denselben Röcken heißt: **Ich [...] hatte es ähnlich still, wenn auch nicht so atemlos, wie sie in ihrem zum Fußende hin verjüngten Kasten.** (216) Dies wird überdeutlich in der **ausführlichsten Deutung des Rockmotivs**[199] auf den Seiten 457–460. E. Pflanz spricht von einem **paradiesischen Treffen [...], das deutlich unterweltliche Züge trägt.**[200]

5.4 Trommelstöcke und ihre Entsprechungen, Aale, Särge, Dreieck, Krankenschwestern

Auf den Seiten 228 f. der *Blechtrommel* erläutert Oskar selbst eine Reihe ›objektiver Korrelate‹, die das ganze Buch durchziehen. Die Reihe beginnt bei den Narben auf Herbert Truczinskis Rücken:

> **Schon als Embryo [...] verhieß mir das Spiel mit meiner Nabelschnur nacheinander die Trommelstöcke, Herberts Narben, die gelegentlich aufbrechenden Krater jüngerer und älterer Frauen, schließlich den Ringfinger und immer wieder [...] mein eigenes Geschlecht [...] Heute bin ich wieder bei den Trommelstöcken angelangt [...] Sie werden es erraten haben, Oskars Ziel ist die Rückkehr zur Nabelschnur [...]**

Hier wird neben der statischen, entwicklungslosen, von Beginn an vorgegebenen Prägung Oskars (s. S. 27 f. dieser Arbeit) deutlich, dass für ihn, wie schon an Koljaiczeks **grenzenlosem Bedürfnis nach Unterschlupf** (21) deutlich wurde, auch im Liebesakt immer die Rückkehr in den Mutterleib gemeint ist. Auch diese Reihe hat dadurch, dass sie mit einem Totenfinger endet, was hier vom Erzähler als Vorgriff mitgeteilt wird, Todeskonnotationen, die sich später durch Hinzunahme der Patrone, die Jan Bronski tötete, noch verstärken (z. B. 751).

Noch deutlicher wird es bei den Aalen, die – Oskar weist fast überflüssigerweise noch zusätzlich darauf hin (195) – etablierte Phallussymbole sind. Indem sie in der Pferdekopfepisode eindeutig mit dem Tod in Verbindung gebracht werden, verknüpfen sie fortan Sexualität und Tod. Wenn Oskar sich vom aalglatten Lackgürtel im großmütterlichen Schrank der Schwester Dorothea zum Onanieren anregen lässt (649–653), drückt sich darin wie in seinem steten Verlangen nach Aalen (652) Todessehnsucht als Sehnsucht nach Eingang in den weiblichen Schoß aus. Dies Ineinander von beiden ist auch wiederum der Grund, warum Särge eine **Verjüngung zum Fußende** hin haben sollen, wie Oskar immer wieder fordert und wie er sie auch seinem Bett geben möchte (211): Sie vollziehen so beim Eintauchen in die Erde in umgekehrter Richtung die **von Müttern, Embryonen und Hebammen gleichviel geschätzte Kopflage** (52) nach.

Wie das Grab Züge des Schoßes, hat der weibliche Schoß Züge des Grabes. Oskar entdeckt das an **Marias behaartem Dreieck**, dessen **Erdgeruch** ihm **den modernden Jan Bronski auf die Stirn nagelte und** [ihn] **für alle Zeiten mit dem Geschmack der Vergänglichkeit verseuchte** (349). Diese Verbindung von Dreieck und Tod, Sexualität und Vernichtung verstärkt sich mit der Gestalt der Luzie Rennwand, deren Hauptkennzeichen eben das **dreieckige** Gesicht (500) oder, direkt den Schoß ansprechend, das **unverletzte Dreieck** ist (506), mit dem sie Oskar in den Tod locken will und die **Stäuber** vernichtet.

Dieselbe Verbindung von Tod und Sexualität konkretisiert sich in den Krankenschwestern – durch den Beruf der Mutter (47, 62, deutlich 84) entsteht dabei zugleich eine Querverbindung zu den anderen mit der ›Rückkehr in den Mutterleib‹ verbundenen Korrelaten. Schon Schwester Inge bei Doktor Hollatz, deren Gesicht ihn, wie später das Dorotheas, nicht interessiert (200), fasziniert ihn in ihrer weißen Tracht und ihrer Rotkreuzbrosche vor allem durch den Geruch nach **müdemachenden Medikamenten**, der zu **leichtem, aus dem Faltenwurf weißer Stoffe geborenem Schlaf, karbolverhülltem Schlaf, Schlaf ohne Träume** führt (200) – der Todesanklang ist überdeutlich und ist später stets mit Oskars Liebe zu Krankenschwestern implizit oder explizit verbunden: **Die Krankenschwester** [...] **verführt den Patienten zur Genesung oder zum Tode, den sie leicht erotisiert und schmackhaft macht.** (634) In dieselbe Richtung weist es, dass der Totenfinger, der die phallische Korrelatreihe abschließt, der einer Krankenschwester ist. Die Krankenschwester gerät damit in die Nähe der Niobe, die ja ebenfalls jungfräulich und todbringend ist, eine Verbindung, die Oskar gleich zweimal (245, 636) assoziativ herstellt. Die Nonnen in der *Blechtrommel* erscheinen als Variante dieses Typs; nicht nur ist die Nonne Agneta mit Oskars Mutter, der früheren Krankenschwester Agnes, namentlich verbunden, sie werden auch assoziativ mit Schwester Dorothea verknüpft (719). R. Leroy weist darauf hin, dass Agnetes Fischessen an Agnes' Aale erinnert und auch sie in den Tod führt.[201]

Der Zeugungsakt geht so in den Tod über, der Mutterschoß in das Grab, die Nabelschnur in die tötende Patrone, alles Leben ist Schattenwurf des Todeskampfs (s. S. 33 f. dieser Arbeit). Die Frage aus dem Gedicht »Blechmusik« beantwortet *Die Blechtrommel* eindeutig: Es ist der **Stempel des Todes**, der uns ins Leben **ausstößt.**

Deutlichster Ausdruck dieser Todesverschlungenheit allen Lebens ist die bereits analysierte Szene der »Karfreitagskost« (s. S. 60 f. dieser Arbeit). Für

Oskar gewinnt die Szene zusätzliche Bedeutung dadurch, dass er sie über das Weiß der den Rappenkopf verdeckenden schreienden Möwen mit der Tracht der Krankenschwestern verbindet, sodass ihm konkret Schwester Inge zur Möwe wird (203 f.), die beim Kopf des toten Rappen eindeutig die Rolle eines Todesvogels spielt.

5.5 Die ›Schwarze Köchin‹

Oskar hat an diesem Freitag zum ersten Mal die Vision, die in Zukunft sein Leben beherrscht, die der **Schwarzen Köchin** (200). Es ist vor allem die Vision ihrer Farbe und sie entwickelt sich aus der Vorstellung der weißen Schwesternkleidung und der Rotkreuzbrosche: Weiß wird zu Rot, Rot wird zu Schwarz, zum Schwarz der Köchin, und dies Schwarz versteckt sich nacheinander in Blau, Gelb und Grün, bleibt aber Schwarz. Diese sehr frühe Stelle entzieht allen Versuchen, in der *Blechtrommel* eine einheitliche Farbsymbolik nachzuweisen, den Boden. Dass die Trommel die Farbe Polens – aber auch Danzigs – hat, stiftet Verbindungen zwischen Polen und der Trommel, die auch direkt angesprochen werden (158). Eine über solche einzelne Parallelsetzungen hinausgehende generelle Farbsymbolik aber scheitert daran, dass im Lauf der Erzählung alle Farben zu Todesfarben, zum Schwarz der Köchin werden – so wie später in den *Hundejahren* Schwarz zu allen Farben wird und wie alle ›objektiven Korrelate‹ im Erzählprozess zu Zeichen des Todes und des Todesverlangens werden. Auf Oskars Trommel ist sogar von vornherein ein Todesschatten gefallen: Sein erster **Meister**, von dem er das Trommeln lernt, ist ein Falter, der gegen eine Glühbirne trommelt, um von ihr **die Art von Absolution** zu erhalten, **die Glühbirnen austeilen** (53) – nämlich die durch den Tod.

Oskars Erzählung von seinem Leben außerhalb der Anstalt endet mit einer Rolltreppenfahrt in die Arme der Polizei. Er wünscht sich, dass sie als **Auffahrt** (776), als *ascensio*, direkt in seine Großmutter führen möge als **das Gegenteil der schrecklichen Schwarzen Köchin** (776) – die Rückkehr in den Mutterleib als Ende des Lebens, der Tod als rückwärts laufender Film der Geburt. Das bleibt unerfüllbarer Wunschtraum, stattdessen sieht er in der Menge **das schrecklich ruhige Antlitz der Schwarzen Köchin** (777). Jetzt, am Ende seines Erzählens (s. S. 20 f. dieser Arbeit), sieht er nur noch die Schwarze Köchin vor sich. Auf der Zeitebene, von der er erzählt, ging sein Weg vom **Weiten Rock** am Anfang zur Verhaftung im Zeichen der Schwarzen Köchin am Ende, die Zeit, in der er erzählt, führte ihn von der Beschwörung des Asyl bietenden Bettes am Anfang zur Vision der Schwarzen Köchin am Ende. Grass selbst hat von ihr gesagt, dass sie ›**parallel mit dem, was in der Zeit geschieht**‹, ›**wächst**‹.[202] In der Tat erweist sie sich in den sehr präzisen Assoziationen (778 f.) als die letzte Essenz von

Oskars Leben und Erleben. Jede dieser von Schuld, Leid, Qual, Schrecken, Verrat, Mord, Zerstörung, Erschießungen, Krieg, Selbstmord, Tod, Tod und immer wieder von Tod handelnden Episoden lässt ihr kennzeichnendes, unsere Erinnerung weckendes Stichwort in diese Schlussvision einfließen, lässt sie zu einem Bild voll suggestiver Kraft werden, ohne dass man dieses Bild in eine knappe Formel übersetzen könnte: **Fragt Oskar nicht, wer sie ist! Er hat keine Worte mehr.** (779)

6 Mythologische und literarische Anspielungen

Oskar liebt es, seinem Leben und Erzählen zusätzliche Dignität zu geben, indem er es durch Anspielungen auf Größeres überhöht. Er tut das gern in der Form: **Nein, nein, Oskar war kein Prophet** (155), **Kurt** [...] **war also mitnichten ein Telemachus** (454), damit der Leser, erst recht der Philologe, darüber nachdenkt. E. Diller zeichnet tatsächlich Oskars Reise mit Bebra als Odyssee nach und nennt die Prügel, die Oskar von Kurt bezieht, **a kind of burlesque of the Odysseus-Telemaque reunion.**[203] Wenn wir diese Szene genauer betrachten (461), so wird darin auch der Vergleich zu Kain und Abel gezogen, und das Schicksal Amsels aus den *Hundejahren* klingt hier schon an. Wenn aber in derselben Szene zwei reale Figuren in drei verschiedene mythologische oder literarische Bezugsrahmen gebracht werden können, entwerten diese sich gegenseitig und werden eher zu Aufmerksamkeitssignalen, die der Autor setzt um zum Nachdenken anzuregen. Ähnlich vergleicht sich Oskar mit Hamlet und Yorick (601 ff.), mit Goethe und Dante (771 f.), Jan und Agnes werden mit Romeo und Julia verglichen und den zwei Königskindern, die nicht zusammenkommen konnten (208). Mit Parzival wird einmal Jan Bronski verglichen (168 f.) und einmal Oskar selbst (623). Er evoziert beide Male Parzivals Erlebnis mit dem Blutstropfen im Schnee, im Falle Bronskis ohne offenkundigen Bezug, in seinem Falle aber um seine Buße, seine eigene Umkehr zu signalisieren: die **Rückkehr zur Trommel**, zur **Kunst des Zurücktrommelns** (623). Neue Bezüge tun sich in der Akademie auf: wieder Odysseus (657), aber auch Europas Stier (641), Vulkan, Pluto (657) – wie es in *Aus dem Tagebuch einer Schnecke* heißt: **Bezüge freihaus.**[204]

Eine befriedigende Deutung dieser mythologischen Parallelen scheint, wenn sie überhaupt möglich ist, noch nicht gefunden zu sein. Zwei Anspielungsreihen fallen dadurch auf, dass sie eine große Dichte erreichen: Das eine ist die Goethe-Rasputin-Vergleichsreihe, das andere sind die Jesus-Parallelen. Goethe und Rasputin[205] verkörpern die beiden Bildungsmächte aus Gretchen Schefflers Bücherschrank. Goethe der **Alleswisser**, der Olympier – Rasputin der Dämonische, der **Düstere**, der Gesundbeter; Geist und Trieb – unter dieser schlichten Zweiteilung lernt Oskar die Welt begreifen (112). Sie sind ihm zum einen Weltprinzipien, zum anderen aber auch Oskar-Prinzipien – die **zwei Seelen** in seiner Brust (118). Entsprechend besitzt er als Kind ein Zarewitsch- und ein Biedermeierkostüm (117 f.), sodass **er mit einer einzigen Trommel in Petersburg und Weimar**

gleichzeitig zu den Müttern hinabsteigen, mit Damen Orgien feiern kann (118). In diesem Zitat erscheint dieser Dualismus schon aufgehoben – in der Kunst seiner **einzigen Trommel.** GOETHE und Rasputin als entgegengesetzte Weltprinzipien verlieren ihren Wert nach Oskars Karussellvision, in der Gott einmal als Rasputin, einmal als GOETHE das Schreckenskarussell der viertausend toten Kinder in Gang hält. Trieb wie Geist, **Wahnsinn** wie **Vernunft, Extremisten** wie **Kräfte der Ordnung**[206] tragen gleichermaßen zu dem Horror bei, den man Geschichte nennt (542). Deshalb ist es nur konsequent, wenn ihm am Ende GOETHE ›**nicht mehr licht und klassisch, sondern die Finsternis eines Rasputin überbietend**‹ ›**als Köchin**‹ erscheint (769). Auch dieser Gegensatz hat sich zum Schwarz, zum Tod, zum Chaos hin aufgelöst.

Oskars Welt ist, wie die von GRASS überhaupt, nicht dualistisch: Gott und Teufel sind Kompagnons, nicht Widersacher. Wo in der *BLECHTROMMEL* Gott genannt wird, ist der Teufel nie fern und umgekehrt: Der **himmlische Feuerwehrmann** und der **höllische Brandstifter** fallen nicht nur in Oskars Großvater zusammen (35). Tante Kauers Kinderzügel sind **hellblau** und **verteufelt rot** (90 f.) und **weiß Gott** und **weiß der Teufel** ruft Oskar in einem Atem (100), wie auch Schwester Dorothea **Oh Gott, der Teufel** ebenso stöhnt wie im Duett mit Oskar ›**Satan [...] oh Gott**‹, ›**ach Gott [...] Satan**‹ (678 ff.). ›**Himmelstor und Höllenpforte**‹, ›**Himmel und Hölle**‹ (169 zweimal) fallen im selben Loch in der Fensterscheibe zusammen und Gott und Teufel sitzen beide unter den Röcken der Großmutter (160). In den *HUNDEJAHREN* sind ›**der liebe Gott und der Teufel**‹ ›**Teufel und Gott**‹ geradezu Blutsbrüder und der Chiasmus zeigt ihre Austauschbarkeit[207], beiden zusammen ist es eingefallen, **die Welt zu erschaffen**[208]. Außerhalb des epischen Werks hat GRASS es geradezu in Anlehnung an das Johannesevangelium als den Anfang seines Evangeliums formuliert: **Selbst meine Großmutter, die in sich ruhte, hatte einen Sprung von Anbeginn; und der Anbeginn hatte auch einen Sprung; am Anfang war der Sprung.**[209] **Das Göttliche, aber auch das ganz gewiß Teuflische** von Oskars Genie (221) gestaltet im Trommeln gerade diese ordentlich-chaotische, himmlisch-höllische, göttlich-teuflische Welt: Hier machen ihn seine Lehrmeister GOETHE und Rasputin zum Schüler von Apoll und Dionysos[210] gleichzeitig und so wird Oskar im Trommeln und Erzählen **ein kleiner, das Chaos harmonisierender, die Vernunft in Rauschzustände versetzender Halbgott** (423). Indem sein dem Trommeln nacherzähltes Buch gleichzeitig die Ordnung auflöst und das Chaos gestaltet, leugnet und verdrängt es das Böse nicht, sondern hebt es auf in der Form, indem Oskar es in ›**seiner Spielart des Bösen**‹ ›**rhythmisch auflöst**‹ (748, **auflösen** auch 653, 724).

Hierin liegt auch der Schlüssel zu Oskars vielfältigen Identifikationen mit Jesus, die das ganze Buch durchziehen: Oskar der Trommler, dessen Trommeln ja gerade in seinem Endstadium des Zurücktrommelns **messianische Größe** (71) gewinnt, ist der Messias einer heillosen Welt, der eben dieser Welt entsprechend Teufel und Messias zugleich ist.[211] Oskars Familie erscheint als ›heilige Familie‹ fast überbesetzt: Die Großmutter heißt korrekt Anna, der Großvater aber Joseph, die Mutter sieht wie Maria aus (179), der erwachsene Jesus gleicht in **penetranter Vollkommenheit** dem **Taufpaten, Onkel und mutmaßlichen Vater Jan Bronski** (177), der Jesusknabe sieht aus wie der eineiige **Zwillingsbruder** (180) von Oskar, die spätere Stiefmutter **hieß nicht nur Maria, sie war auch eine** (338), es besteht Verwechslungsgefahr mit der Jungfrau Maria (467). Oskar stellt sich immer wieder als Jesus vor, zuletzt bei seiner Verhaftung, den Prozess gegen die Stäuberbande nennt er den zweiten Prozess Jesu, den Ringfingerprozess, der zu seiner Einweisung in die Anstalt führt, den dritten. Auch andere sehen Jesus in ihm: Nicht nur die Stäuber, die ihn in der Messe verehren, auch Professor Kuchen ruft in der Akademie seinen Schülern zu: **Zeichnet ihn nicht, den Krüppel, schlachtet ihn, kreuzigt ihn, nagelt ihn mit Kohle aufs Papier!** (607) Der Maler Raskolnikoff setzt ihn schließlich **als trommelnden Jesus** (621) einem nackten Modell auf den Schoß und F. Richter weist darauf hin, dass dies genau der neugotischen Gruppe entspricht, in die Oskar einst in der Herz-Jesu-Kirche von den Stäubern an Jesu Stelle eingefügt wurde.[212] Bei seinen Tourneen wird Oskar geradezu als der **Messias** angekündigt (733).

Gerade die Trommel, die die fehlerhafte und unerlöste Welt als fehlerhaft und unerlöst gestaltet und verkündigt, ist seine Predigt, sein Sakrament, sie hebt er **hoch, wie Hochwürden Wiehnke während der Messe die Hostie hob, hätte auch sagen können: das ist mein Fleisch und Blut** (278). In der Messe, die die Stäuberbande für ihn feiert, wird er zusammen mit dem Kelch **beräuchert** und an die Stelle des Wortes Gottes tritt das Wort der Trommel, **anstelle der Epistel aus der Tagesmesse eine längere Trommeleinlage** (499). **Die Jungfrau wies mit dem Finger auf Oskar, den Trommler. Die Nachfolge Christi trat ich an.** (499) Zu dieser **Nachfolge Christi** aber hat ihn Jesus berufen, weil er bekannt hat: **Ich hasse dich, Bürschchen, dich und deinen ganzen Klimbim!** (470). Deshalb sagt Jesus: **Du bist Oskar, der Fels, und auf diesen Fels will ich meine Kirche bauen. Folge mir nach!** (470) Nur der kann der neue Messias sein, der allen **Klimbim** hasst, der allen Erlösungslehren, woher auch immer sie kommen, dem Christentum wie dem Marxismus, dem Nationalsozialismus wie dem polnischen Nationalismus, der Wohlstandsreligion wie allem Sektierertum das Besserwissen seiner Trommel entgegensetzt (s. S. 35 f. dieser Arbeit).

Darin liegen Anknüpfungspunkt und Differenz zu Jesus zugleich: Oskar stimmt mit Jesus überein in dem radikalen Nein, das Jesus in seiner Zeit zur Welt mit all ihren Einrichtungen und etablierten Ideologien gesprochen hat, indem er sich kreuzigen ließ. In der Tat entsprechen sich Kreuz und Trommel, wenn Jesus trommelt und Oskar ruft: **Sofort gibst du mir meine Trommel wieder. Du hast dein Kreuz, das sollte dir reichen,** worauf Jesus die Trommelstöcke sorgfältig **kreuzt** (469). So bekennt Oskar auch in neutestamentlicher Ausdrucksweise: **Auf alle Schätze dieser Welt verzichtend, richtete sich mein Sinnen nur und unverrückbar auf eine Trommel aus weißrot gelacktem Blech.** (298 f.)

Wenn Oskar, Jesus-Nachfolger und Jesus gleichzeitig, die Stäuber als Jünger um sich sammelt, denen als ersten **die von [ihm] verkündete frohe Botschaft** gilt (482), sind es genau zwölf Namen, die als engster Jüngerkreis genannt werden (478 f.). Auch in der Stäuber-Ideologie findet sich das Moment der radikalen Weltverneinung; sie kämpfen einfach **gegen alles** (483), vor allem genau wie Oskar gegen die Rollenzwänge und Existenzkarikaturen der Erwachsenenwelt (s. S. 34 dieser Arbeit): **Wir haben überhaupt nichts mit Parteien zu tun, wir kämpfen gegen unsere Eltern und alle übrigen Erwachsenen; ganz gleich wofür und wogegen die sind.** (491) Wie Jesus lehnt Oskar Gewalt in diesem Kampf ab: **Waffen und Benzin im Garten vergraben. Schlagbolzen an Jesus abliefern. Unsere Waffen sind anderer Art** (488).[213]

Während im radikalen Nein zu einer gefallenen Schöpfung und im waffenlosen Kampf gegen sie die Übereinstimmung mit Jesus liegt, besteht der Gegensatz zu ihm im Verständnis der Erlösung: Nach christlicher Botschaft ist im Nein der Welt, das in Jesu Kreuzigung liegt, zugleich Gottes Ja zu einer neuen Schöpfung verborgen, wie Jesu Auferstehung sie anzeigt und vorwegnimmt. Für Oskar, der schon bei der Taufe die Erlösung ablehnt und in dem Satan sie unbeschadet übersteht (179), gibt es keinerlei Erlösung, er kennt nur **jene Art von Absolution**, wie sie der Tod erteilt (53). Michelsen nennt den **von Aalen wimmelnden Pferdekopf, den der Stauer am Karfreitag – am Tage der Kreuzigung Christi – aus dem Meer zieht [...] ein vorweltliches Opfer, dessen Anblick tötet [...] Es ist, als werde das Opfer des Neuen Bundes zurückgenommen.**[214]

Grass hat 1969 den Wunsch notiert: **eine Graue Messe schreiben. Zweifel zum Hosianna erheben. Eine Messe ohne Credo**[215], und hat im *Meissner Tedeum*[216] desselben Jahres einen Hymnus zu dieser Messe als eine solche Zurücknahme – im Sinne Michelsens – eines alten Tedeums gestaltet, in dem das neue Ich dem alten kollektiven Gotteslob Zeile für Zeile seine zweifelnden Fragen, seine Lästerungen und endlich sein Lob des Zweifels entgegenstellt:

Kein Dank. Kein Lob.
Alleine mit den Taten,
klein und beschränkt im Vakuum,
nicht zu verstoßen, zu erlösen,
nur irdisch mündig will ich sein.
DICH, Zweifel, will ich kettenrauchend rühmen,
DICH, eingekellert und verlacht,
DICH, ohne Paß, des Thomas standhaft Finger,
und DICH, Vernunft in deiner Ecke,
die Eckensteherin Vernunft
will ich laut rühmen –
NEMA! – gegen Wind,
will – NEMA! – ich laut
rühmen gegen Wind,
will ich laut rühmen gegen Wind. –
Nema![217]

In der *Blechtrommel*, auf die dieser Hymnus in der Versuchung Jesu-Oskars – **wer hüpft vom Turm / Gott Vater zu beweisen**[218] (vgl. *Blechtrommel* 502–506) – direkt anspielt, hat Grass in Oskar zehn Jahre zuvor den Messias einer solchen Religion des Zweifelns gestaltet, für den auch eine **Graue Messe** gefeiert wird. Nur in einem entscheidenden Punkt bleibt der Oskar von 1959 hinter der Position, die sein Schöpfer 1969 einnimmt, zurück: Auf seine künstlerische Gestaltung und Verkündigung der ewigen Unerlöstheit der Welt folgt kein **Ite, missa est**, keine Entlassung in die Welt zum Handeln.[219] Wie Oskar sich nach seiner Entlassung aus der Heil- und Pflegeanstalt nach dem dreißigsten Geburtstag im Schatten der Schwarzen Köchin verhalten wird, ist völlig offen (s. S. 21 und S. 84 f. dieser Arbeit). Man kann gerade an der Schwarzen Köchin den Unterschied zwischen dem Grass der *Blechtrommel* und dem späteren Grass deutlich machen: F. Gaede hat sie zur Gestalt der Melancholia in *Aus dem Tagebuch einer Schnecke* in Beziehung gesetzt, **denn melan heißt schwarz oder finster.**[220] Während der Grass des *Tagebuchs* es als seine Aufgabe ansieht, in der Auseinandersetzung mit der Wirklichkeit der Melancholia **Bleigewicht auf[zu]heben und den saturnisch lastenden Wackersteinen jenen Funken ab[zu]schlagen, der uns utopische Lichter setzt**[221], beschränkt sich Oskar darauf, der Schwarzen Köchin zum Trotz zu trommeln und sein Buch zu schreiben. Bis zum letzten Moment verharrt er in seiner Verweigerung einer aktiven Teilnahme an der Welt (s. S. 24 ff. dieser Arbeit), will er nicht **irdisch mündig** sein wie das Ich im *Meissner Tedeum*.

Dies ist die Schuld, die Oskar auf sich lädt und die er mit seinen spielerischen Schuldbekenntnissen am Tod der Väter, der Mutter, Roswithas verdeckt: Gerade diese Mordgeständnisse haben entscheidend zu seinem schlechten Ruf beigetragen. Bei näherem Hinsehen kann jedoch von einem Schuldanteil Oskars am Tod der **armen Mama** oder der Roswitha Raguna überhaupt nicht gesprochen werden. Bronski und Matzerath aber sterben in einem solchen Maße ihren ureigensten Tod[222], dass Oskars faktisch unklares, im Grunde nur behauptetes Mitverschulden nicht in Betracht kommt. Oskar hat zwei Gründe, dennoch dieses Verschulden so auffällig zu beteuern: Einmal ist es Ausdruck seines Daseinshasses, Konkretisierung des Topos, dass es das Beste ist, nie geboren zu sein. In seiner Erzählung setzt er deshalb seinen doppeldeutigen Ausruf beim Betrachten des Fotos seiner drei Eltern, **Schluß mit den Drein jetzt, die mich in die Welt setzten, obgleich es ihnen an nichts fehlte** (67), in fiktive Taten um.

Zugleich soll solches Spielen mit fiktiver Schuld Oskars wahre Schuld verdecken. GRASS hat immer wieder darauf hingewiesen, dass die gesamte Danzig-Trilogie mit **Schuldmotiven in der Erzählposition** geschrieben ist.[223] Die Schuld, die Oskar zum Erzählen treibt, ist die Schuld, als Erkennender, Wissender und Durchschauender sich dennoch dem Handeln entzogen zu haben, die Weigerung, sich mit einer Wirklichkeit einzulassen, die man als schmutzig erkannt hat.[224] Es ist die Schuld des Säulenheiligen, der sich in seiner Person retten will, wo ringsum eine Welt zugrunde geht. In seiner Rede zum Büchner-Preis *ÜBER DAS SELBSTVERSTÄNDLICHE* spricht GRASS mit demselben Bild geradezu von den **marmornen Sockeln** derer, die **keine Kompromisse** kennen, sich nicht **mit dem Mittelmaß** einlassen, **nie zum Volk herab[steigen]**.[225] Dies ist Oskars Haltung, an der er noch im Asyl festhält und von der er bis zuletzt nicht lassen kann. Indem er *DIE BLECHTROMMEL* schreibt, gestaltet er die von ihm erkannte Wirklichkeit, mit der er die reale Auseinandersetzung scheut, mit seiner Erkenntniskraft und seinem künstlerischen Vermögen nach und sühnt so als Künstler sein eines großes Vergehen, sein Versagen als Bürger, das er im Leben nicht zu korrigieren bereit ist: nicht mitzumachen, für sich zu bleiben, nicht teilzunehmen.

Indem er aber seine Erkenntnisse trommelt und niederschreibt, zertrommelt und zerschlägt er seinen Hörern und Lesern den Blick auf alle die Wirklichkeit verstellenden Heilslehren, wirkt aufklärend im Sinne seines Autors[226], indem er die ideologischen Nebel zerteilt, werden sein Trommelstock und sein Füllfederhalter zu **des Thomas standhaft Finger.** Sein Autor ist auf dieser Stufe nicht stehen geblieben; noch die anderen Bände der *DANZIGER TRILOGIE* führen darüber hinaus: Mahlke, der Held von *KATZ UND MAUS* (1961), nimmt den Kampf mit dem Leben auf und endet erst nach dessen Scheitern dort, wo Oskar zeitlebens geblieben ist, taucht in einer fensterlosen Funkerkabine unter Wasser. Aber schon Amsel und Matern, die Hauptpersonen der *HUNDEJAHRE* (1963), tauchen am Ende aus der Unterwelt des Bergwerks wieder auf und wenden sich neu der Wirklichkeit zu. GRASS selbst hat solche Hinwendung zur Realität, die der Schluss der *HUNDEJAHRE* nur andeutet, danach selbst mit Anschauung gefüllt und sich ohne ideologische Hoffnungen auf zukünftige Paradiese **irdisch mündig** in den Wahlkämpfen von 1965 bis 1972 auf die Kleinigkeiten der Alltagspolitik eingelassen: Sein Bild für sich, der der Sinnlosigkeit allen Handelns in der Welt zum Trotz handelt und einer heillosen Welt kleinste Verbesserungen abringen will, ist der mythische Sisyphus, zu dem er sich noch in den *KOPFGEBURTEN* bekennt:

> Und als mir dann später der Begriff des Absurden zur Person wurde, als ich (angeekelt vom christlich-marxistischen Hoffnungsquark) den heiteren Steinwälzer als jemanden verstand, der zum vergeblichen Steinewälzen, zum Spott auf Fluch und Strafe einlud, suchte ich meinen Stein und wurde glücklich mit ihm. Der gibt mir Sinn. Der ist was er ist. Kein Gott, keine Götter nehmen mir den; [...] Er enttäuscht mich nie. Er will von mir nicht, ich will von ihm nicht erlöst werden. Menschlich ist er, mir angemessen und auch mein Gott, der ohne mich nichts ist. Kein himmlisch Jerusalem kann sein Tauschwert sein, kein irdisches Paradies ihn unnütz machen. Deshalb verlache ich jede Idee, die mir die letzte Ankunft, die endliche Ruhe des Steins auf dem Gipfel verspricht.[227]

Wenn das Ich im *MEISSNER TEDEUM* schließt:

> DICH, Vernunft in deiner Ecke,
> die Eckensteherin Vernunft
> will ich laut rühmen –
> NEMA! – gegen Wind,
> will – NEMA! – ich laut
> rühmen gegen Wind,
> will ich laut rühmen gegen Wind. –
> Nema!

so hat genau das Oskar schon getan, wenn er aller offenkundigen Sinnlosigkeit und Unvernunft der Welt zum Trotz **gegen den Wind** (715) seine kunstvolle Beschwörung der Wirklichkeit trommelt. In solcher **Sisyphustapferkeit**[228] verwirklicht der Trommler und Schriftsteller Oskar das, was im *TREFFEN IN TELGTE* 1979, zwanzig Jahre nach der *BLECHTROMMEL*, Simon Dach als Spiritus Rector und der Musiker Johann Heinrich Schütz als geheimer Mittelpunkt des Treffens den dort versammelten Dichtern als Aufgaben der Literatur nennen: Sie benennt **allen Jammer dieser Welt**[229] und tut dies zugleich **der geschriebenen Worte wegen, welche nach Maßen der Kunst zu setzen einzig die Dichter begnadet seien. Auch um der Ohnmacht – er kenne sie wohl – ein leises ›dennoch‹ abzunötigen**[230].

Wenn Oskar in der *RÄTTIN* (1986; Handlungszeit 1984) wieder auftritt, erfindet GRASS für ihn in den dreißig Jahren, in denen wir nichts von ihm gehört haben, eine parallele Entwicklung, die ihn zum Produzenten aufklärender Videos werden lässt. Oskar selbst schildert dies rückblickend so:

> **Sehen Sie [...], ich bin von Kindheit an medienbestimmt gewesen. Einem blechernen Ding sprach ich mehr Kraft zu, als ihm gegeben war – und scheiterte jämmerlich. Man hat meiner Stimme, die allerdings schneidend war, mehr Gewalttaten nachgesagt, als ich verbürgen möchte; doch ich verlor mein schützendes Medium in böser Zeit. Als es dann wieder aufwärts ging und die falschen Fuffziger Hoffnung auf mehr und mehr machten, habe ich, weil der Stimmverlust endgültig war, auf das Blech meiner Kindheit zurückgreifen müssen. Indem ich ein überholtes Instrument abermals belebte und auf ihm Vergangenheit beschwor, gelang es mir, so lange Konzertsäle zu füllen, bis jedermann das Vergangene satt hatte. So lebte ich schlecht und recht von Zinsen und Erinnerungen, wollte schon aufgeben und der allzeit gewärtigen Schwärze das letzte Wort lassen, da wurden mir neue Medien gefällig. Besonders liegt mir die intime Videokassette.**[231]

Seine Videopläne in der *RÄTTIN* sind das letzte ›dennoch‹, das den von der Titelheldin dominierten Visionen der untergegangenen Menschheit und der posthumanen Zeit entgegengesetzt werden kann: Während es für die Rättin **fünf nach 12**[232] ist, erhebt Oskar seine Stimme zur letzten Warnung **fünf Minuten vor zwölf**[233].

7 Die Sprache in der »Blechtrommel«

Grass hat sich immer wieder zu seiner **Sucht zum Gegenstand** bekannt, die die Grundlage seiner **Materialisation des Psychischen** bildet, von der Just spricht (s. S. 78 dieser Arbeit). Als **ehemaliger Bildhauer** sei er **auf Oberfläche angewiesen** und gehe **vom Betastbaren, Fühlbaren, Riechbaren** aus.[234] **Allem, was ich nicht anfassen kann, was ich nicht sehen kann, was ich nicht schmecke, allem, was mit Idee behangen ist,** stehe er **von vornherein mißtrauisch gegenüber,** hat er in diesem Sinne geäußert.[235] Dieses seinen Symbolgebrauch prägende Verfahren (s. S. 77 dieser Arbeit) bestimmt auch die Sprache seines epischen Erstlings *Die Blechtrommel* wie die seiner späteren Werke. Wie für seine Geschichtsdarstellung (s. S. 52 dieser Arbeit) beruft er sich auch hierfür auf seinen **Lehrer Döblin** und zitiert dessen Maxime, dass **überhaupt an allen Stellen die höchste Exaktheit in suggestiven Wendungen zu erreichen gesucht werden muß. Das Ganze darf nicht erscheinen wie gesprochen, sondern wie vorhanden.**[236] Döblin hat ihm dabei gleichzeitig die Verfahren Arno Holz' vermittelt, **die Wirklichkeit gleichsam in der Sprache einzuholen,** worauf M. Durzak hingewiesen hat: Für Grass werden vor allem Holz' **immense Adjektivketten** wichtig.[237] In ihnen kann das Vorbild für Grass' Vorliebe liegen aus Adjektiven, aber auch aus anderen Wortarten neue Komposita zu bilden, um das Ding, die Sache möglichst genau einzufangen, sie **wie vorhanden** wirken zu lassen: **Hausputzbackwaschundbügelsonnabend** (14), **schwerschwarz** (50 = schwer und schwarz), **schwarzgekrallt** (= schwarz und krallenförmig, 50), **feuerzündgockelrot** (344), **Tauschtauschtauschtauschspielchen** (für komplizierte Ringtauschgeschäfte, 545), **Vaterundsohngeschichten, Mutterundtochtertragödien** (696).

Döblins Rat, **höchste Exaktheit in suggestiven Wendungen zu erreichen,** verbindet sich mit Grass' grundsätzlichem Bestreben durch ›**Reduzieren […] der Sprache auf Dinglichkeit hin**‹ ›**die deutsche Sprache**‹, die für Grass zur Umständlichkeit und Weitschweifigkeit neigt, **etwas zu verkürzen.**[238] Dies führt zu zwei Phänomenen, den Verbmetaphern und den Kontaminationen zweier Vorgänge: Die Verbmetaphern, wie sie G. Just und H. Büscher beschrieben haben[239], entstehen dadurch, dass in einem Vergleich unter Auslassung einer vergleichenden Partikel, z. B. ›wie‹ oder ›als ob‹, Satz und Bildhälfte zusammenfallen und das Bild in den Vorgang selbst hineingenommen wird: Es sieht durch die im Wind sich blähenden Röcke nicht so aus, ›als ob‹ die Großmutter davonwehe, **sie […] wehte […]**

davon (22). Aus ›Er klappte bei der Verbeugung zusammen wie ein Klappmesser‹ wird: Er **klappmesserte eine Verbeugung** (134). Der doppelte Vergleich: ›Wie man eine Schnur in ein Nadelöhr einfädelt, so werden ins Ohr des Priesters durch das Beichtgitter Sünden geflüstert, die sich aneinander reihen wie billige Perlen auf einer solchen Schnur‹ wird verkürzt zu: **Die Gemeinde versuchte, durch die Drahtmaschen hindurch jene Sündenschnur dem Priesterohr einzufädeln, an welcher sich Perle um Perle sündhaft billiger Schmuck reihte.** (175) Einmal liefert Oskar selbst die Auflösung nach: **Oktober, Friedhofsalleen, der Welt fallen die Haare und Zähne aus, ich meine, immerzu schaukeln gelbe Blätter von oben nach unten.** (584) In **auf braunem Pferd reitend** (255) fällt Meyns **auf die Nazis setzen** zusammen mit seinem konkreten Eintritt in die Reiter-SA. Ein Gewitter klingt nicht ›wie‹ fernes Möbelrücken, sondern es heißt: **Von fernher schob ein spätsommerliches Gewitter, Kisten und Schränke verrückend, durch die Nacht.** (54, ähnlich 740) Der Großvater wird direkt zum Krug, der zu lange zum Wasser geht (35); der Nachmittag ist nicht ›wie‹ aus Glas geblasen, sondern besteht aus **nachsommerlicher Glasbläserei**, ist **fein gesponnen** (72 f.), gerollte Teppiche, die an Leichen erinnern, sind **Teppichleichen** (120), Markus' Artigkeiten sind nicht ›wie‹ seine Ladenartikel aussortiert, sondern sind **aussortierte Artigkeiten** (124). Dasselbe gilt für **Höfe [...] von einem Wurf** (120), für **die Sirene kippte, fiel über Bord und ersoff** (599) oder für die üppige Frau Greff, die ›**sich und ihren ganzen, mir wohlbekannten doppelten Vorrat in den Kasten auf die Eisblumen**‹ ›**goß**‹ (408). Gelegentlich wird auch ein Vergleich etabliert – **Papierhand, wie [...] bei Perlhühnern** – und dann von der Bildhälfte her aufgenommen: ›**Mit knisternder Hand**‹ ›**flatterte auf**‹ (89 f.). Nachdem Gretchen Scheffler vor allem durch ihr Stricken gekennzeichnet ist, kann sie dann ganz in Stricktermini beschrieben werden (110 f.) wie ihr Bäckergatte in Ausdrücken der Bäckersprache (116).

Das andere von Grass geübte Verknappungsverfahren ist die Kontamination zweier Vorgänge: Statt ›ich ging hoch und treppab und trommelte dabei‹ heißt es **trommelte ich mich hoch und wieder treppab** (75, ähnlich 127, 147), Straßenbahnen **klingeln sich** zu ihren Zielen (128, 277, 280). ›**Sütterlinschrift**‹ ›**kreidet**‹ eine **Inschrift** (= die Inschrift war mit Kreide und in Sütterlinschrift geschrieben, 103). Glocken **bronzierten wie immer gegen acht Uhr den Himmel** (281).

Klaus Wagenbach hat beschrieben, wie sich **Sucht zum Gegenstand** in der Syntax verwirklicht:

> Der Stil vermeidet die besitzanzeigenden und hinweisenden Pronomina und den bestimmten Artikel, mit denen auf Gegenstände als bestimmten, toten Besitz hingewiesen wird [...] Selbst Abstrakta können zu Figuren mit

Handlungsvollmacht werden [...] Die Objekte werden mit immer neuen Verben quasi durch ein Objekt regiert. Dadurch entfällt jede Diskriminierung des Objekts durch ein Subjekt; die Dinge bleiben unter sich.[240]

G. Just hat diese Beobachtung noch präzisiert und drei Möglichkeiten unterschieden: a) Der Mensch wirkt auf die Dinge wie auf Subjekte ein, b) Die Dinge wirken auf den Menschen ein, c) Die Dinge bleiben unter sich.[241] Das verbindet sich wiederum mit Grass' erweitertem Dingbegriff: Auch Abstrakta verhalten sich in dieser Weise wie Dinge und beide wiederum agieren wie Lebewesen, verbinden sich mit **Verben, die ein – semantisch gesehen – belebtes Subjekt verlangen.**[242]

1 a) Der Mensch wirkt auf die Dinge wie auf Subjekte ein: **als hätte alles, was da steif auf vier Füßen oder Beinen an den Wänden stand, erst das Geschrei und danach das hohe Wimmern der Lina Greff nötig gehabt, um zu neuem, erschreckend kaltem Glanz zu kommen** (410); **da Oskar die Bücherei [...] in sein Zimmer lockt** (112); **ein Scherenfernrohr [...], mit dem er die Landschaft und die vordringende Flut belästigte** (718).

1 b) Die Dinge wirken auf den Menschen ein: **Aufgescheucht warf sich Leos bleicher Handschuhstoff hoch, flog davon und zog Leo mit sich über Gräber hinweg** (254); **jenes Zimmer, welches sachlich genug eingerichtet war, dem Dückerhoff einen knappen, nur Tatsachen nennenden Bericht abzunötigen** (33); **Ich begriff, was die Falltür [...] von mir verlangte** (73); **ließen [...] sich von den Fontänen in geöffnete Münder fingern** (93); **das entsetzliche, immer eine Riesenwelle abverlangende Reck** (94); **Ich, und das lag an der zu schnell ermüdenden Wendeltreppe, hatte auf einer Galerie haltmachen müssen** (129); **Stufen, Türdrücker und Schaufenster verführten Oskar zu jener Zeit** (180); **Der Sessel spie ihn aus** (631); **käme es mir darauf an, der Versuchung einen neuen Namen zu geben, würde ich das Wort Türdrücker empfehlen, weil jener griffige Auswuchs versucht werden will** (642); **der uns entgegenströmende Kokosläufer** (676).

1 c) Die Dinge bleiben unter sich: **Ein spitzer Ast spießte dann die angekohlte und krustig geplatzte Knolle** (15); **Telegrafenstangen zählten sich lautlos** (18); **mit einem geteerten, oben Stacheldraht treibenden Bretterzaun** (120); **die ständig mit diesen oder jenen Kirchenglocken lärmende Altstadt** (124); **die Treppe hatte es vorzeitig aufgegeben** (129); **weil es den Gerüchen, gleich mir, in den Zweizimmerwohnungen zu eng wurde** (223); **Unterhosen bevorzugende [...] Männerbeine** (274); **das Brausepulver lag [...] längere Zeit, ohne sich zu rühren** (353); **ein früher, reinlicher Oktobermorgen, wie ihn nur der Nordostwind frei vors Haus liefert** (406); **Vieh, das [...] unserem gepanzerten Fahrzeug mit einer Gleichmut begegnete, daß die Panzerplatten schamrot geworden wären** (435); **vielleicht freuten sich die Likörgläser** (674).

2 a) Der Mensch wirkt auf Abstrakta ein wie auf Dinge/Lebewesen: **War seine Liebe zu [...] Knaben doch so groß, daß er ihr die Uniform des Boy-Scout-Erfinders Baden-Powell gegeben hatte** (95); **leichten Neid kauend** (109).

2 b) Abstrakta wirken wie Dinge/Lebewesen auf den Menschen ein: **[...] füllte in Hochwürden Wiehnkes Ohr all ihre Kolonialwarenhändlerinsünden ab** (425); **begann mich schon Langeweile wie eine Schwarte zu nagen** (468).

2 c) Abstrakta wirken auf Dinge ein oder bleiben unter sich: **meine zwischen weißen Metallstäben geflochtene Stille** (10); **was da als Wortfetzen in der Friedhofsbepflanzung hängenblieb** (254); **Gedanken,** die **in der Tischlergasse weilten, dort an numerierten Zimmertüren schabten, oder [...] gleich dem armen Lazarus unter dem Marmortischchen hockten** (126); **Wurzel jenes Baumes [...], an dessen Zweigen zu jeder Jahreszeit Frau Greffs dreckige Wäsche blühte** (382).

Ein extremes Beispiel für diese durchgehende Verdinglichung in GRASS' Sprache ist der Besuch in der Konzertagentur West:

> **Die Schreibmaschine eines grünen Pullovermädchens schwieg, als ich eintrat, holte dann alles nach, was sie meines Eintritts wegen versäumt hatte. Dösch meldete mich beim Chef an. Oskar nahm Platz auf dem vorderen linken Sechstel eines englischrot gepolsterten Sessels. Dann tat sich eine Flügeltür auf, die Schreibmaschine hielt die Luft an, ein Sog nahm mich vom Polster, die Türen schlossen hinter mir, ein Teppich floß durch einen lichten Saal, der Teppich nahm mich mit, bis ein Stahlmöbel mir sagte: Jetzt steht Oskar vorm Schreibtisch des Chefs, wieviel Zentner mag er wiegen? (729 f.)**

Oskars beliebteste rhetorische Figur ist der Parallelismus, den er wiederum am häufigsten durch anaphorisch wiederholtes ›Da‹ verstärkt. Man kann dabei grundsätzlich zwei gegenläufige Intentionen unterscheiden, die Verknappung und die Erweiterung im Sinne der rhetorischen Amplifikation. Im einen Fall werden ein auf verschiedenen Ebenen gleichzeitig ablaufender Vorgang oder mehrere parallele Vorgänge in einen Sprachkomplex integriert, im anderen Fall wird ein einzelner Vorgang in verschiedene Bedeutungsschichten entfaltet. Deutliches Beispiel für die Montage paralleler Vorgänge mithilfe des Parallelismus sind Oskars Überlegungen zur verwirrenden Parallelität der historischen Vorgänge (504 f., s. S. 49 dieser Arbeit), aber auch die Schilderung von der Flucht des Großvaters parallel zum Stapellauf des Schiffes (36 f.) oder die verschiedenen Impressionen beim Blättern im Fotoalbum (56).

Werden hier parallele Vorgänge mithilfe des anaphorischen Parallelismus der ›Da‹-Sätze sprachlich nachgestaltet, werden im anderen Fall verschiedene Aspekte desselben Vorgangs auseinandergefaltet – der sprachliche Parallelismus gestaltet ihre Koexistenz. Dies ist zum Beispiel bei der großen Aufhebung aller Gegensätze unter den Röcken der Großmutter der Fall (160 f., s. S. 81 dieser Arbeit), bei den verschiedenen Aspekten, die Oskars Porträt als Dreijähriger aufweist (70 f.), bei den Assoziationen der Matzerath-Ehe (65), bei den einzelnen Wirkungen des Granateinschlags (301), bei den vielfältigen Echophänomenen des Hustens in einer neugotischen Kirche (472 f.) oder beim vielfältigen Weinen im Zwiebelkeller (693).

Beides, die Integration heterogener Vorgänge – wie sie ja auch im ›Fugenstil‹ des Kapitels »Glaube Hoffnung Liebe« angestrebt wird – wie die Zerlegung eines Einzelvorgangs in seine verschiedenen Konnotationen, ist auch die Funktion anderer, nicht durch die ›Da‹-Anapher ausgezeichneter Parallelismen: Das Durcheinander von Hochwürden, Vikar, Küster, Mama und Oskar wird so gestaltet (184 f.) wie das Ungeheuerliche des Spollenhauer-Schlages auf die Trommel (101), die Erwartungen Oskars an Jesu Trommeln (182 f.) und das Ordinäre der Zwiebeln Schmuhls (692) entfaltet. Der Verdeutlichung der verschiedenen Aspekte derselben Sache dienen auch die Variationen über Kreuz (178 f.), die ähnlich ideologiekritisch zu verstehen sind wie Oskars Spiel mit ›Glaube Hoffnung Liebe‹ (s. S. 73 dieser Arbeit) und **Glück** (579).

Beim Versuch, Gleichzeitigkeit und Nebeneinander trotz dem sprachlichen Gesetz des Nacheinanders zu gestalten, hatte Grass in die parallele Montage von Stapellauf und Koljaiczeks Flucht Hymnenfetzen unverbunden eingelegt, wie sie der Menge, dem Fliehenden und seinen Verfolgern ins Ohr dringen. Dies Verfahren verwendet Oskar ebenfalls um die Gleichzeitigkeit von Gretchen Schefflers Singen und Arbeiten (116), von Oskars Gebet und Tat (182), von Promenade und Kurkonzert (152 f.), Oskars Innenleben und äußerer Weihnachtsfeier (336 f.) sprachlich Gestalt werden zu lassen.

Eine Steigerung dieser Montage gleichzeitiger Vorgänge liegt vor, wenn Oskar in besonders kunstvoller Form seine Sorge um Polen trommelt (134 f.). Oskar integriert hier Variationen über zwei Themen: Das eine ist die alte polnische Hymne »Noch ist Polen nicht verloren« aus der Zeit der staatlichen Nichtexistenz Polens, das andere der abgewandelte Goethe-Vers aus Iphigenies Eingangsmonolog »Das Land der Griechen mit der Seele suchend«.

All diese Verfahren lenken in ihrer bewussten Rhetorik den Leser ab von dem dargestellten Vorgang auf den Darstellungsvorgang, rufen ihm in Erinnerung, dass er einen Roman liest, den ein Trommler trommelt und als Erzähler für ihn nachschreibt (s. S. 46 f. dieser Arbeit), betonen das Künstliche, aber auch das Kunstvolle **der geschriebenen Wörter** [...], **welche nach**

Maßen der Kunst zu setzen einzig die Dichter begnadet seien.[243] Ganz bewusst verwendet sie Grass in diesem Sinne als Ablenkung vom Stoff und Hinlenkung auf die Form, in der er vermittelt ist. Sie zwingen nach seinen eigenen Worten

> den Leser zu stutzen, innezuhalten, eine Sekunde lang nochmal zu überfliegen [...] Das ist also dieses Unterhalten, den Leser unterhalten, aber ihn dabei gleichzeitig aktiv halten, damit er sich nicht von der Prosa wegtragen läßt und die Seite frißt als handlungsfördernden Stoff, sondern damit er wach bleibt, oder wenn er ermüdet wird, innehalten und einen neuen Anlauf nehmen muß.[244]

Eine besondere Bedeutung kommt auch den Sondersprachen in der *Blechtrommel* zu, in denen Bereiche in ihrer eigenen Sprachlichkeit heraufbeschworen werden: die enge Welt des Matzerath'schen Krämerladens in seinen Werbesprüchen (173), das Skatspiel in seinem Jargon (311 f.) und endlich die ganze Kriegs- und NS-Zeit mit ihren uns heute zum Teil unverständlichen Ausdrücken: BDM (= Bund Deutscher Mädel, 149), HJ (= Hitlerjugend, 149), NSKK (= Nationalsozialistisches Kraftfahrerkorps, 381), OT (= Organisation Todt, nach ihrem ersten Leiter benannte Organisation, die für die Infrastruktur des Krieges sorgte, 417), RAD-Spaten (= beim Reichsarbeitsdienst, den jeder Jugendliche vor der Einziehung zur Wehrmacht abzuleisten hatte, verwendeter Spaten, 600).

David Bennent als Oskar Matzerath in der Romanverfilmung von 1979
(© pwe-Verlag, Hamburg)

8 »Die Blechtrommel« und ihre Verfilmung

8.1 Die Entstehung des Films

Die Filmversion eines literarischen Werkes ist in erster Linie Gegenstand der Filmwissenschaft. Für den Literaturwissenschaftler ist sie im Grunde nur insofern von Interesse, als sie ein wesentliches Dokument der Rezeptionsgeschichte darstellt, eine gewichtige Interpretation mit anderen als mit sprachlichen Mitteln.

Anders liegt es im Fall des *Blechtrommel*-Films. Auch er ist natürlich zunächst Kunstwerk *sui generis*, Umsetzung einer literarischen Vorlage in ein anderes Medium, in das Werk einer anderen Gattung. Zugleich aber ist dieses filmische Werk von Grass ausdrücklich autorisiert. Ungefähr alle zwei Jahre hat seit Erscheinen der *Blechtrommel* ein Produzent bei Grass angefragt, ob er nicht den Roman verfilmen dürfe[245], was Grass jedes Mal nach kurzem Kontakt ablehnte. Die Vergabe an den Produzenten Franz Seitz entschied Grass erst nach der Vorlage eines 50 Seiten starken Treatments[246], vom Drehbuch ließ er sich mehrere Fassungen zeigen, beriet bei Umarbeitungen und überarbeitete und ergänzte die Dialoge.[247] Gerade der Umsetzung ins andere, für ihn fremde Medium widmete er bei diesen Vorarbeiten besondere Aufmerksamkeit: **Erst als ich merkte, daß der [Regisseur] Schlöndorff in der Lage ist, die Syntax des Schriftstellers, den Periodenbau des Schriftstellers in die Optik der Kamera zu übersetzen, da war die Sache für mich geklärt.**[248] Bei den Dreharbeiten war Grass zum Teil zugegen, sprach mit den Schauspielern ihre Rollen durch und gab nach Drehschluss noch die Szenen der Endfassung an, die seines Erachtens entbehrlich waren und die dann auch zum Teil noch geschnitten wurden, z. B. der Tod der Nonnen.

Wir haben es beim *Blechtrommel*-Film also nicht nur mit einer autorisierten Fassung in dem Sinn zu tun, wie es bei der Verfilmung eines lebenden Autors sozusagen selbstverständlich ist, sondern geradezu mit einem ›Autor-Film‹, bei dem der Dichter der literarischen Vorlage selbst von Anfang an mitgewirkt hat und dem er am Ende bescheinigt, in ihm sei die Syntax und der Periodenbau des Schriftstellers in die Optik der Kamera übersetzt. Damit wird der *Blechtrommel*-Film aber auch für die literaturwissenschaftliche Arbeit am Werk von Günter Grass zu einem unentbehrlichen, ja einzigartigen Dokument. Wir wissen, dass Grass es stets abgelehnt hat, sich zu ihm vorgelegten Interpretationen seiner Werke zu äußern oder gar einzelne Werke selbst zu erläutern oder zu interpretieren.

Sei es in Briefen an Bestätigung heischende Doktoranden, sei es in Interviews, sei es im Essay *Rückblick auf die Blechtrommel* nach 15 Jahren, stets geriert sich Grass bewusst als **fragwürdiger Zeuge**, wie es im Untertitel zu seinem eigenen *Blechtrommel*-Essay heißt, als der Autor, der mit dem Schreiben das Seinige getan hat und danach **eigentlich der letzte ist,** der zum fertigen Buch etwas sagen kann, wie er noch anlässlich des *Butt* ausführte. Diese Sperre, von der Grass gern spricht, die sich zwischen den Autor und seinen abgelegten Stoff schiebe, wurde nun erstmalig von Schlöndorff anlässlich der *Blechtrommel*-Verfilmung durch Fragen überwunden; Schlöndorff zwang Grass sich mit der *Blechtrommel* noch einmal grundsätzlich auseinander zu setzen und in diesem Prozess der ständigen Auseinandersetzung seine Filmfassung zu autorisieren und zu authentizieren.[249] Der Film kann also in diesem speziellen Fall zur Ergänzung, zur Bestätigung und zur Berichtigung von Interpretationen im selben Umfang herangezogen werden, wie es bei andern Selbstzeugnissen von Dichtern über ihre Dichtungen auch sonst üblich und möglich ist.

Erste Schwierigkeiten ergaben sich aus der autobiografischen Erzählweise. Sie hatte einen Vorteil darin, dass Oskar, wie es auch reale Biografen tun, wenig Dialoge mitteilte, sodass der sehr viel kürzere Film dennoch fast alle Dialoge des Romans übernehmen konnte und sogar noch welche hinzugeschrieben oder aus den *Hundejahren* übernommen werden mussten.[250] Auf die für das Buch so wichtige Ausfaltung des Erzählvorgangs musste hingegen verzichtet werden: Seitz und Schlöndorff hatten anfangs daran gedacht, die Erzählerposition des Romans zu übernehmen und den Film als Rückblick des 30-jährigen zu gestalten – so wie es ihnen übrigens bei der Verfilmung von *Katz und Maus* vorgemacht worden war. Sie gaben diesen Plan jedoch in Übereinstimmung mit Grass bald auf: **Es hätte sonst eine ständige Rückblende gegeben, umständlich und dreimal um die Ecke; was man mit einem Semikolon beim Schreiben machen kann, wird im Film umständlich.**[251] Stattdessen wurde der Film in stetiger ungebrochener chronologischer Folge von der Zeugung der Mutter 1899 bis zur Flucht in den Westen 1945 angeordnet, das dritte Buch, die Geschehnisse der Nachkriegszeit, bleibt unberücksichtigt und einem denkbaren späteren Film vorbehalten. Nur so kommt es zum eklatantesten Unterschied zwischen Roman und Film, der in der fast optimistischen Offenheit des Films im Gegensatz zur pessimistischen Geschlossenheit des Romans besteht: Während die auf dem Kartoffelacker hockende Kaschubin als Wiederaufnahme des Eingangsbildes das Ende mit dem Anfang zu einem Kreis zusammenschließt, fährt der Zug mit dem jetzt zum Weiterwachsen entschlossenen Oskar aus diesem Kreis hinaus in die Zukunft. Die Information, dass das Wachstum nur zu einem Buckel führt und die Reise letztendlich im Irrenhaus endet, hat nur der Leser des Buchs; der Filmbesucher könnte sie erst in einem eventuell späteren Film SCHLÖNDORFFS erhalten.

Es war aber unerlässlich, mit filmischen Mitteln zu verdeutlichen, dass Oskar dennoch der Erzähler des Ganzen ist, dass er den einzigen Zugang des Betrachters zur dargestellten ›Wirklichkeit‹ bildet. Es musste gezeigt werden, dass der Zuschauer Oskar ebenso hilflos ausgeliefert ist wie der Leser seiner Autobiografie, dass Oskar für beide die Bedingung möglicher Erfahrung darstellt, den Spiegel zur Wirklichkeit, hinter den man auch dann nicht greifen kann, wenn man ihn für trübe hält. SCHLÖNDORFF schreibt: **Was Oskar sieht, müssen wir filmen. Er ist unser Standpunkt, keine objektive Geschichtserzählung.**[252] Überlegungen, deshalb den ganzen Film ›subjektiv‹ zu filmen, also die Kamera gleichsam als Oskars Auge einzusetzen oder den ganzen Film aus der Kamerahöhe von 90 cm, was Oskars Augenhöhe wäre, aufzunehmen, ließ man schnell fallen. Stattdessen wurde der Tatsache Rechnung getragen, dass auch in der Ich-Erzählung gerade aus der Rückschau das erlebende Ich dem erzählenden Ich durchaus zum Objekt wird: Oskar zeigt das durch den für sein Erzählen typischen Wechsel zwischen der ersten und dritten Person, zwischen **Ich** und **Oskar** (s. S. 19 dieser Arbeit). SCHLÖNDORFF hat genau in diesem Phänomen die Rechtfertigung für den Wechsel zwischen subjektiver Kamera = Oskars Blick und objektivem Kamerablick auf Oskar gesehen:

> **An die rein erzählerischen Sequenzen können wir uns nur herantasten. Wo ist Oskars Blick? Wo ist der Blick auf Oskar? Dieser Wechsel zwischen subjektiver und objektiver Darstellung macht die ganze Spannung aus. So wie Oskar mal in der ersten und in der dritten Person spricht, müssen wir mal aus seiner Perspektive filmen, mal ihn beobachten wie ein fremdes Tier.**[253]

Die Subjektivität der Darstellung wird dabei gerade in den Eingangsszenen dem Betrachter so stark suggeriert, dass sie ihm für den Rest des Films bewusst bleibt. Ich möchte das an drei Beispielen deutlich machen:

Die Familienszenen vor Oskars Geburt könnten durchaus als objektiv *wahr*, nicht von Oskar vermittelt erscheinen, etwa die Verfolgung oder der Tod des Großvaters, die Musterung Jans, die Begegnungen zwischen Agnes, Jan und Matzerath usw. Eine Szene macht dies jedoch fraglich: Zwischen all die *objektiv* nachvollziehbaren Vorgänge ist die kurze Vision zwischengeschaltet, in der Oskar sich das Fortleben des ertrunkenen Großvaters als Millionär in Chicago vorstellt. Indem diese Vorstellung Oskars im Film genauso dargestellt wird wie alle anderen Vorgänge, wird deutlich, dass alle anderen Vorgänge eben auch vom selben Wirklichkeitsgrad und Wahrheitsgehalt sind wie diese Vision: Sie haben die Realität der Vorstellungen und Erinnerungen Oskars. Dieselbe Subjektivität des scheinbar Objektiven wird ein zweites Mal vermittelt, wenn Oskar als Embryo im Mutterleib ge-

zeigt wird und somit *objektiv* etwas präsentiert wird, was nur er erlebt haben kann. Der anschließende Kopfstand des gesamten Filmbildes macht dann direkt deutlich, dass wir hier mit den Augen des soeben an den Füßen hochgehobenen Neugeborenen sehen und dass wir auch fortan mit diesen Augen und nur mit ihnen sehen werden, selbst wenn die Szene objektiv scheint und Oskar im Bild zu sehen ist: Es ist, wie Schlöndorff gesagt hat, **eine geistige Perspektive, nicht eine optische.**[254]
So wird es den Zuschauer später nicht verwundern, dass die von Oskar nicht beobachtete, sondern nur imaginierte Beischlafszene zwischen seiner **armen Mama** und Jan Bronski in der Pension Flora mit demselben Realismus gefilmt wird wie die Szenen, bei denen Oskar unzweifelhaft anwesend ist. Ebenso wird die berühmte Kundgebung auf der Maiwiese, die sich Oskar, ausgelöst durch die Übertragung im Volksempfänger, anfangs nur **in Bildern wie aus der Deutschen Wochenschau** vorstellt und die deshalb auch **zunächst in diesen Einstellungen** gefilmt wurde[255], nach und nach in eine realistische Darstellung übergeführt, wobei es wie im Roman offen bleiben muss, ob Oskar die Szene imaginiert oder ob sie ›wirklich‹ so stattgefunden hat. Beim Drehen des Films wiederholt Schlöndorff die Erfahrung, die auch andere Interpreten der *Blechtrommel* vor ihm gemacht haben: die durch die Ich-Erzählung bedingte grundsätzliche Ununterscheidbarkeit von Realität und Vision (s. S. 21 dieser Arbeit). Er schreibt in seinem Tagebuch:

> **Es kommt mir alles so unwirklich vor, was ich da inszeniere und filme. Bilder ja, unzweifelbar – aber was drücken sie aus? Was wird denn da dargestellt? Gibt es Oskar? Hetze ich nicht von Schwierigkeit zu Schwierigkeit [...] weil alles nur Schein ist? Make-believe, in dem ich mich nicht wiederfinde? Die Erzählung kontrolliere ich mit handwerklicher Gründlichkeit, vom Erzählen weiß ich nichts. Was ist denn Oskars Ausflug in die Normandie? Wie wirklich ist sein Verhältnis zu Roswitha?**[256]

Gerade diese Mischung von **Visionär** und **Realist** in Oskar, von **Traumhaftem** und von **fester Verankerung in der Wirklichkeit**[257], macht den besonderen Reiz des Romans wie des Films aus, nur so wird der Film Grass' Forderung gerecht, die der Autor schon ans Drehbuch stellte: **mehr harten Realismus einerseits, mehr Mut zum Irrealen andererseits** zu zeigen, **Phantasie als Wirklichkeit, Oskars Wirklichkeit.**[258] Schlöndorff notiert erstaunt: **Das meiste, was sich im Buch wie frei fabuliert liest, ist für [Grass] erlebte Wirklichkeit.**[259]

Bei der Synchronisation werden diese für Grass' gesamtes Schaffen bestimmenden Züge deshalb noch auf zwei Weisen verstärkt. Indem Oskar im Off seine Handlungen kommentiert, wird er zugleich **präsenter als die Hauptperson, die alles erzählt,** wird **diese Erzählerposition noch deutli-**

cher.[260] Dieselbe Funktion wird der nun in Auftrag gegebenen Filmmusik zugedacht:

> **Sie soll das Traumhafte unterstreichen, den ganzen Film in Oskars Kopf als seine Vision situieren [...] Wirklichkeit und Vorstellung, seine Wünsche und Ängste mischen sich in seiner Erinnerung. Die Musik kann viel dazu beitragen, diesen plötzlichen Wechsel zwischen Fiktion und Phantasie herzustellen, beim Zuschauer das Wirkliche unwirklich und umgekehrt erscheinen zu lassen.**[261]

So veranschaulicht der Film mit seinen Mitteln, was GRASS mit seinem gesamten Prosawerk angestrebt hat: die Erweiterung der Wirklichkeit um die Dimension des Fantastischen.

8.2 Oskar als Gestalt

Zugleich eröffnet der Film durch die Beschränkung auf Oskars erste 21 Lebensjahre ein völlig neues Bild vom Helden, von der Gestalt Oskar, das im Bewusstsein vieler Leser und auch vieler Interpreten verstellt war durch das Bild vom buckligen Zwerg in der Heil- und Pflegeanstalt. Kaum eine andere Gestalt der Weltliteratur ist mit so vielen Verbalinjurien überschüttet worden wie Oskar (s. dazu S. 43 dieser Arbeit). Gleich beim Erscheinen des Buchs sprach z.B. Günter Blöcker vom ›**trommelschlagenden Kretin**‹, ›**quäkenden Gnom**‹ mit dem ›**Froschleib**‹, ›**gräßlichen Brüller**‹, ›**fanatischen Säugling und Wechselbalg**‹ und nannte ihn **eine allegorische Figur von schwer zu überbietender Scheußlichkeit**[262]. Hans Mayer konstatierte später lapidar **Menschliches ist nicht an ihm**[263], Peter Michelsen überschrieb seinen *BLECHTROMMEL*-Aufsatz schlicht *OSKAR ODER DAS MONSTRUM*[264] und Georg Justs Gesamtinterpretation der *BLECHTROMMEL*, der die Forschung viele wichtige Einsichten verdankt, hat zur grundlegenden Prämisse, dass Oskar zur Identifikation völlig untauglich sei, vielmehr eine reine ›Negation des Negativen‹ darstelle.[265] Alle diese Ansichten sind durch den Film hinfällig geworden. SCHLÖNDORFF ging gerade *nicht* von einem Ansatz aus, der letztlich **mit vielen ineinander verschachtelten Rückblenden und Off-Texten [...] zur schwer nachvollziehbaren Biographie eines gewissen Oskar Matzerath** wurde, **die so niemanden interessiert**[266], sondern vom Kind, das so erschrocken über die Welt der Erwachsenen ist, dass es in sie hineinzuwachsen ablehnt. Gerade das unterschied SCHLÖNDORFF von allen Vorgängern, wie GRASS selbst betont: **Sie gingen immer davon aus – das ist auch durch einen Teil der Literaturkritik mitverursacht – sie sprachen immer von einem häßlichen Zwerg, von einem Gnom. Dabei macht das Buch deutlich: Es ist ein Kind, das sein Wachstum eingestellt hat.**[267]

Der Film zeigt nun, dass Oskars Behauptung **Ich war ein schönes Kind** (68) nicht Ausfluss einer monomanischen Ich-Besessenheit und Renommiersucht ist, sondern genauso stimmt wie seine stolze Feststellung, er sei allen **Erwachsenen [...] überlegen** (71, s.S. 128f. dieser Arbeit). Wenn Oskar im Film an seinem dritten Geburtstag hinter dem Sofa auftaucht und als der Kleinste überlegen von oben ernst auf die entfesselten großen Kleinbürger in Matzeraths guter Stube hinabblickt, wird die Richtigkeit dieser im Roman aufgestellten Behauptung unmittelbar evident.[268] Der Film holt hier in der vom Typ wie vom Spiel her idealen Besetzung mit David Bennent das heraus, was GRASS nicht nur im Text des Romans, sondern auch schon mit den erschrocken aufgerissenen blauen Augen Oskars auf der Umschlagzeichnung zum *BLECHTROMMEL*-Buch signalisiert hatte: Das Buch lebt von Oskars Augen – nicht nur, wenn wir mit ihnen auf eine Szene blicken, sondern auch, wenn wir sehen, wie sie sich angesichts einer Szene schreckhaft weiten und damit den ganz alltäglichen Horror unserer Welt denunzieren, für den wir selbst so stumpf geworden sind, dass wir ihn durch Oskar neu sehen lernen müssen (s. Abb. S. 8 u. S. 100).

Durch die Straffung des Films auf die unentbehrlichen Episoden, an der GRASS mitgewirkt hat[269], ist Oskars Entschluss, durch Wachstumsabbruch das Mitmachen zu verweigern, den Kritik und Literaturwissenschaft oft als private Absonderlichkeit oder als nur allegorisch verständlich erklärt haben, für jeden nachvollziehbar geworden. Während im Buch Oskars Entschluss von Geburt an – gleichsam a priori – feststeht und im Nachhinein lediglich immer wieder in seiner Richtigkeit bestätigt wird, artikuliert ihn Oskar im Film nicht wie im Buch *vor*, sondern *nach* den Geburtstagsereignissen, die zudem die des dritten und des vierten Geburtstags im Roman zusammenfassen. Greffs Ankündigung nach der Messung am Türpfosten, eines Tages werde Oskar so groß sein wie er, die im Roman fehlt, stellt im Kontext dieser Kleinbürgerhölle eine unverhohlene Drohung dar. Nichts ist plausibler, als dass Oskar sich solcher Perspektive durch Wachstumsverweigerung entzieht.

SCHLÖNDORFF war bei den Dreharbeiten überrascht von dem, was er geradezu **die Universalität der Figur** Oskar nennt:

> **Es ist überhaupt verblüffend, wie leicht alle, die jetzt eintreffen, die bayerischen Beleuchter und Techniker, die italienischen Maskenbildner und das jugoslawische Team, sich auf Oskars Geschichte einstellen können. Jeder weiß sofort Beispiele aus der eigenen Kindheit zu berichten; um Oskar kristallisieren sich schnell Erinnerungen.**[270]

SCHLÖNDORFF betont zu Recht, dass die **zwei zeittypischen Eigenschaften** Oskars **uns heute sogar näher sind als vor 15 Jahren bei Erscheinen des Buches: Er verweigert sich der Welt so sehr, daß er nicht einmal mehr wächst, Wachstum null. Er protestiert so lautstark, daß seine Stimme Glas zerbricht.**[271] Der Beginn der wissenschaftlichen Auseinandersetzung mit der

Blechtrommel vollzog sich in einer Zeit des allgemeinen politischen Aufbruchs, in der Engagement zur ersten Bürgerpflicht wurde. Vor diesem Hintergrund erschienen Oskars totaler Protest und seine radikale Verweigerung als schlechthin absurd, als nicht nachvollziehbar. Die zitierten Entmenschlichungen oder gar Verteufelungen Oskars haben ihren Grund zum Teil in der von ihm artikulierten bedingungslosen Hoffnungslosigkeit, die man in einer Zeit, da allerorten die Hoffnung ausbrach und das Grün aus allen Zweigen drang, nicht ernst nehmen wollte und konnte. Man half sich, indem man Oskars Sicht der Dinge eben als die eines abnormen Zwerges, eines Insassen einer Heil- und Pflegeanstalt denunzierte und säuberlich von der seines Autors zu trennen suchte. Dass man methodisch zwischen dem Autor einer Ich-Erzählung und dem Erzähler selbst scheiden muss, ist klar – die Kritik der sechziger und frühen siebziger Jahre nutzte dies jedoch, um Oskar gelegentlich fast zu einem Antipoden Grass' zu machen, der ungefähr in allem das Gegenteil von dem sage, was sein Autor meine. Die weitere Entwicklung des Autors bis hin zum *Butt* und zum *Treffen in Telgte* hat nun klar gemacht, dass Grass Oskars Grundposition weitgehend teilt und dass er diese Haltung auch in der Zeit seines direkten politischen Engagements nie grundsätzlich infrage gestellt hat. Diese Haltung war nun nach dem Zusammenbruch so vieler Hoffnung plötzlich wieder aktuell geworden und so konnte Oskar von Schlöndorff und seinem Team und von den vielen Besuchern des Films als *das* wiederentdeckt werden, was er für seinen Autor immer gewesen war: ein Identifikationsangebot.

In der lange behaupteten Unmöglichkeit, sich mit Oskars Verweigerung und mit seinem radikalen Protest zu identifizieren, hat auch das häufig anzutreffende Verfahren seine Wurzeln, das Oskar als allegorische Gestalt begreift, und zwar als Allegorie des Nationalsozialismus und als Karikatur Hitlers (s. S. 44 f. dieser Arbeit). Auch diese Auffassung, die letztlich nur die Monstrosität Oskars politisch benennt und bestimmt, wird vom Film desavouiert: Die Szene, in der der trommelnde Oskar mit seinem Kinderkreuzzug dem klirrenden Spielmannszug der SA *quer* in den Weg tritt[272], macht deutlich, dass er eben *quer* und nicht *parallel* zur SA zu sehen ist. Zum anderen wird im Film Oskars Solidarität mit den Gedemütigten und Verfolgten, den Narren und den Krüppeln (s. S. 45 dieser Arbeit) nicht nur eindeutig beibehalten, sondern noch verstärkt um eine der eindrucksvollsten Gesten menschlicher Verbundenheit über den Tod hinaus: Oskar drückt dem toten Juden Sigismund Markus die Augen zu.

8.3 Grass' Erzählen von den Dingen her

An dieser Szene ist zugleich deutlich zu zeigen, wie die scheinbar anekdotisch wuchernde Dinglichkeit der *Blechtrommel* nie Selbstzweck, sondern in jedem Einzelzug transparent ist für einen übergreifenden Sinn. Im Roman wird ausführlich erzählt, wie die SA Markus' Spielzeugladen zerstört: **Einer hatte seinen Dolch gezogen. Puppen schlitzte er auf und schien jedesmal enttäuscht zu sein, wenn nur Sägespäne aus den prallen Rümpfen und Gliedern quollen.** (260) Wenn nun im Film neben dem toten Markus ein Berg nackter Puppen und Puppenglieder zu sehen ist, wird die im Roman eher verborgene Anspielung auf die Leichenberge von Auschwitz oder Bergen-Belsen schlagartig erhellt. Indem SCHLÖNDORFF zusätzlich die Nebenrolle des Sigismund Markus mit dem Weltstar Charles Aznavour besetzt, sorgt er dafür, dass diese Gestalt wie auch im Roman eindrucksvoll genug ist um an ihr die Judenvernichtung zu veranschaulichen. Gleichzeitig wird sie durch das Motiv vom zerstörten Spielzeug mit dem Überfall auf Polen verknüpft und wir begreifen allein von den Bildern her, warum Jan Bronski und Oskar gerade im Kinderzimmer der Polnischen Post landen mussten. Es sind samt und sonders im Roman bereits vorhandene Details, die der Film so ins Bewusstsein hebt. Wohl kaum jemand wird sich bisher Gedanken gemacht haben, was Agnes an Oskars Geburtstag singt und welche Noten Jan umblättert, wenn es heißt: **aus dem Zigeunerbaron.** Der Film holt nun heraus, was GRASS hier verborgen hat: Wenn die beiden **Wer uns getraut?** [...] **Der Dompfaff** [...] im Duett singen, wird mit einem Schlag deutlich, wie ihr Ausbruch aus der Enge der Ehe in seiner falschen Operettenhaftigkeit zugleich wieder fest in diese Kleinbürgerwelt integriert ist (s. S. 59 dieser Arbeit).

In solchen Zügen erweist sich GRASS' Roman immer wieder als ideale Filmvorlage. Der Kameramann Igor Luther schreibt anlässlich der Verfilmung, schon 1967 habe das Erscheinen der *BLECHTROMMEL* auf Tschechisch **für uns junge Filmemacher eine Entdeckung der Sprache** bedeutet, **die wir für den Film gesucht hatten.**[273] GRASS' oft beschriebenes Verfahren von den Dingen her zu erzählen, seine **Sucht zum Gegenstand** erweisen sich als unmittelbar filmgerecht. Wie er nach seinen eigenen Worten als **ehemaliger Bildhauer** auf **Oberfläche angewiesen** ist, wenn er etwas beschreiben will, so der Filmemacher, wenn er es verfilmen will. Wie GRASS muss auch er **allem, was er nicht anfassen kann, was er nicht riechen kann, was er nicht schmecken kann, allem, was mit Idee behangen ist, von vornherein mißtrauisch gegenüberstehen** (s. S. 23 dieser Arbeit). Auch bei ihm muss, wie bei GRASS, das Ding, die Geste für das Gefühl stehen. GRASS' Devise, die er für seine schriftstellerische Arbeit von ALFRED DÖBLIN übernommen hat, ist geradezu die Devise für das Verfertigen von Filmvorlagen: **Das Ganze darf nicht erscheinen wie gesprochen, sondern wie vorhanden.** Diesen Zug stellt nun gerade die Verfilmung besonders heraus, indem sie die Anschaulichkeit der Sprache nun wirklich in An-Schauung, in Sichtbares überführt. So betont SCHLÖNDORFF, dass GRASS im Roman **den größten Teil der Schauspielerführung [...] schon gemacht** hat. **Jeder findet viele Seiten und Kapitel über seine Rolle im Roman; all die Beschreibungen und Erklärungen, die man sich sonst erst erarbeiten muß, sind vorgegeben.**[274] Die Schauspieler müssen nicht Seelenzustände in Bewegungen umsetzen, der Regisseur nicht Personenbeziehungen in Requisiten: Beides liegt in GRASS' Roman schon fertig vor.

Im Kapitel »Karfreitagskost« der *BLECHTROMMEL* macht uns GRASS allein durch die Aale deutlich, warum Agnes aus Ekel über ihr Leben in den Tod geht; ohne dass eine psychologisierende Bemerkung fällt, blicken wir mit ihr in den Abgrund, in dem Sexualität und Tod untrennbar ineinanderfließen (s. S. 60 f. dieser Arbeit). Der Film kann dies fertig übernehmen: Wenn Agnes, Jan Bronski und Alfred Matzerath zu Beginn über den Markt schlendern, kommen Aale ins Bild, wenn Oskar sich Jan und Agnes im Bett der Pension Flora vorstellt, läuft er einen Radfahrer um, der Dutzende von Aalen transportiert. Im Kopf des toten Pferdes und bei der Erzählung des Fischers von den fetten Aalen nach der Skagerrakschlacht verbindet sich mit der sexuellen die Todessymbolik und die Großmutter braucht dann nur die schwangere Agnes im Gespräch an das Ertrinken ihres Vaters zu erinnern, um den makabren Reigen von Geburt und Tod, von Liebes- und Todesbildern sich schließen lassen.

Die für GRASS typische **Materialisation des Psychischen**, die schon G. Just in seinem *BLECHTROMMEL*-Buch beschrieben hat (s. S. 78 dieser Arbeit), verbindet sich hier untrennbar mit der Filmsprache zu einem Ganzen, in dem die Umsetzung in Bild und Ton bislang Übersehenes in den Blick bringt, ein Ganzes, das von solcher Dichte ist, dass auch das Filmbild sich oft der direkten Entschlüsselung entzieht. Auch in dieser Beziehung entsprechen Roman und Film einander, wie schon SCHLÖNDORFF betont hat: **Der Fülle der Personen und Ereignisse des Romans entspricht im Film nicht ein Hintereinander, sondern ein Nebeneinander**[275] und indem der Film es unternimmt, ›**simultane Handlungsabläufe und Kombinationen vieler Einzelheiten in einem Augenblick zu schaffen**‹, ›**gewinnt er an Dichte, auch wenn eine Szene nicht gleich beim ersten Ansehen zu dechiffrieren ist**‹.[276]

Unterrichtshilfen

von Thomas Angenendt

1 Didaktische Aspekte

Die Wahl der *Blechtrommel* als Unterrichtsgegenstand in einem Grund- oder Leistungskurs der Sekundarstufe II rechtfertigt sich aufgrund folgender Überlegungen:

Die im ganzen Buch zu beobachtende sorgfältige Ausgestaltung des Erzählprozesses und seine ständige Reflexion in Leseranreden lassen *Die Blechtrommel* als besonders geeignet erscheinen um in Fragen der Erzähltechnik einzuführen. Sie liefert zu nahezu allen erzähltheoretischen Werken der letzten Jahrzehnte ausgezeichnetes Anschauungsmaterial.

Oskar ist bereits zum Mythos geworden. Für die Schüler/innen muss neben der literaturwissenschaftlichen und ästhetischen Bedeutung der Aspekt des Zeitromans im Vordergrund stehen. Die geschichtlichen Hintergründe von 1900 bis 1954, vom Kaiserreich über die Weimarer Republik bzw. die Zeit des Danziger Freistaats, den Nationalsozialismus und den Zweiten Weltkrieg, die Nachkriegszeit und die frühe Adenauer-Ära sollten angemessen erarbeitet werden.

Die Blechtrommel bietet sich geradezu an, in einem fächerübergreifenden Projekt (Deutsch, Geschichte, Sozialkunde) historische Erklärungen des Nationalsozialismus und die in der Romanfiktion dargestellte Alltagswelt des Kleinbürgers zu vergleichen.

Diese historischen Informationen ›aus erster Hand‹ tragen zum besonderen Rang des Buches bei, da sie nicht als illustrierendes Beiwerk erscheinen, sondern von Grass bewusst als Aufklärung über Fehler der Vergangenheit eingesetzt werden, deren Erkenntnis zur Bewältigung von Gegenwart und Zukunft gemäß seinem Konzept der **Vergegenkunft** unbedingt vonnöten ist.

Die Blechtrommel kann in besonderer Weise die Schüler/innen der Jahrgangsstufen 12 und 13 zum Diskurs herausfordern. So wird Oskars aufklärerisches Trommeln gegen die Nazis und sein Protest gegen die Falschheit der kleinbürgerlichen Welt Sympathie hervorrufen, ohne dass er aber zur Identifikationsfigur taugt. Seine Zwiespältigkeit hält konkret die Diskussion über die deutsche Geschichte in Gang und führt allgemein zur Reflexion über die Frage der Verantwortung des Einzelnen innerhalb einer Gesellschaft. Oskars Provokationen und die Rezeption der *Blechtrommel* in den fünfziger und sechziger Jahren führen darüber hinaus zu Überlegungen über die Bedingungen gesellschaftlicher Tabus.

Die Blechtrommel ist in diesem Sinne ein eminent politisches Buch, das im Unterschied zu anderen Formen politischer Dichtung nichts von einer Änderung der Strukturen oder Verhältnisse erwartet, sondern – Grass' säkularisiertem christlichem Erbe gemäß – eine geringe Hoffnung allein auf die *Umkehr* des Einzelnen setzt, auf seine ›Buße‹ (metanoeite! = tut Buße, denkt um!).

In diesem Betrachtungszusammenhang kann Grass – wie auch Hochhuth mit seinem *Stellvertreter* – als extremer Gegenpol zu Brecht, Weiss oder Fried herausgearbeitet werden.

2 Unterrichtsreihen

Trotz ihres großen Umfangs und ihrer Komplexität kann *Die Blechtrommel* Schülerinnen und Schülern der Jahrgangsstufen 12 und 13 durchaus als Lektüre zugemutet werden, hat sie doch weltweit Triumphe als ›Lesebuch‹, nicht als fachspezifische Lektüre aus literarhistorischem Interesse gefeiert und aus eben diesen Gründen Volker Schlöndorff zu einem Spielfilm inspiriert, der international sehr erfolgreich wurde.

Dennoch ist nicht zu verkennen, dass die dargestellte Epoche für die Schüler/innen inzwischen ferne Vergangenheit, die Zeit ihrer Großeltern ist. Es wird deshalb erforderlich sein, Oskars historische Informationen und subjektive Impressionen durch Sachreferate im Schüler- oder Lehrervortrag zu ergänzen. Zur Vorbereitung dazu sollte auf jeden Fall der *Blechtrommel*-Band der Grass-Werkausgabe von 1987 mit seinem ausführlichen Sachkommentar herangezogen werden (s. S. 146 dieser Arbeit).

Die Blechtrommel könnte beispielsweise Gegenstand folgender Unterrichtsreihen bzw. Unterrichtsvorhaben sein:

1. Für Grund- und Leistungskurs

a. Darstellung historischer Ereignisse in geschichtlichen Quellen und fiktionalen Texten (fachübergreifend)
– Darstellung von Nationalsozialismus und Nachkriegszeit
• Kurzgeschichten von Borchert, Böll, Schnurre
• Heinrich Böll: *Und sagte kein einziges Wort*
• G. Grass: *Die Blechtrommel*
– Literarische Darstellung von historischen Umbrüchen – 1945 und 1989
• G. Grass: *Die Blechtrommel*
• Thomas Brussig: *Helden wie wir*

b. Probleme der literarischen Wertung:
• Einschätzung der *Blechtrommel* als umstrittener Roman
• Vergleich mit einem anderen umstrittenen Werk des 19. oder 20. Jahrhunderts
alternativ:
Günter Grass – ein umstrittener Intellektueller
Lektüre von *Katz und Maus*, *örtlich betäubt* oder *Ein weites Feld*
• Texte zur Theorie der literarischen Wertung

2. Für Leistungskurs
Bildungsromane des 20. Jahrhunderts
• Thomas Mann: *Dr. Faustus*
• G. Grass: *Die Blechtrommel*

3 Unterrichtssequenz

Der folgende Vorschlag einer Unterrichtssequenz ist sowohl in einem Grund- wie in einem Leistungskurs zu realisieren, weshalb zusätzliche Stunden zur Verbreiterung oder Vertiefung einzelner Themen konzipiert wurden. Die Reihe folgt grundsätzlich der im Hauptteil dieses Bandes vorgelegten Analyse.

Vorausgesetzt wird die abgeschlossene Lektüre des Romans zu Beginn der Unterrichtsreihe.

Folgende Referate sollten vor der ersten Stunde vergeben werden:

- Grass' Vita 1927–1959 (Material hierzu im Anhang zu Band X der Grass-Werkausgabe von 1987 und in: Die *Danziger Trilogie* von Günter Grass. Texte, Daten, Bilder, hrsg. von V. Neuhaus und D. Hermes)
- NS-Judenpolitik im Reich bis zur so genannten Reichskristallnacht
- Die Wannseekonferenz und die Folgen bis Kriegsende
- Das Schicksal der Danziger Juden (Grundlage: *Aus dem Tagebuch einer Schnecke*, am besten in der kommentierten Ausgabe, Band IV der Werkausgabe von 1987, zu benutzen)
- Hauptentwicklungen an deutschen Fronten des Zweiten Weltkriegs
- Geschichte Danzigs 1919–1945 (Material hierzu im Anhang von Band V der genannten Werkausgabe und in *Die Danziger Trilogie* von Günter Grass. Texte, Daten, Bilder, hrsg. von V. Neuhaus und D. Hermes)
- Die Politik der Bundesregierung hinsichtlich der ehemaligen deutschen Ostgebiete und die Rolle der Vertriebenenverbände 1949–1963
- Grass' politisches Engagement 1959–1972 (Grundlage: die Vita in Band X

Stunden	Thema	Didaktische Aspekte (Inhalte/Ziele)
1.	Einführung in die Unterrichtsreihe	Annäherung an den Roman und die Figur Oskar Matzerath Erste Bewertung Oskars Formulieren von Leseeindrücken (A) Alternativer Einstieg

und eine Auswahl aus Band IX der genannten Werkausgabe, vor allem S. 577–593: Der Schriftsteller als Bürger – eine Siebenjahresbilanz)

Diese Liste ist ein Maximalkatalog. Einzelne Aspekte könnten – vor allem im Grundkurs – auch im Lehrervortrag oder durch Heranziehung des Sachkommentars der Werkausgabe von 1987 abgedeckt werden.

Dieser Kommentar weist zugleich Parallelen im lyrischen, essayistischen und im übrigen Prosawerk von Grass nach, die ebenfalls bei Bedarf in unterschiedlichsten Zusammenhängen herangezogen werden können, vor allem wenn es – etwa im Leistungskurs – um eine vertiefte Einführung in Grass' Gesamtwerk geht.

Ein Schwerpunkt bei der Auseinandersetzung mit dem Roman wird auf die Entwicklung der Urteilsfähigkeit der Schüler/innen gelegt. Die Textanalyse wird dabei häufig ergänzt durch produktionsorientierte Aufgabenstellungen. Denkbar erscheint allerdings auch, dass die projektartigen Ansätze der Unterrichtsreihe erweitert werden. So könnte auch insbesondere mithilfe moderner Medien die nationale und internationale Rezeption zum Ausgangspunkt der Untersuchung werden. Ebenso könnte die Filmanalyse einen breiteren Raum einnehmen.

Verwendete Abkürzungen:

A	= Alternative	PA	= Partnerarbeit
GA	= Gruppenarbeit	PRO	= Produktionsorientierte Aufgabenstellung
GK	= Grundkurs	SV	= Schülervortrag
LK	= Leistungskurs	TA	= Tafelanschrieb
LV	= Lehrervortrag	UG	= Unterrichtsgespräch

Methodische Realisierung/ Verlauf	**Hausaufgabe**
1. PRO: Inszenieren Sie ein Gespräch über Oskar zwischen Bruno und der Anstaltsleitung! (GA) (A) Verfassen Sie eine Tagebucheintragung, in der sich Bruno zu Oskar äußert! 2. Präsentation der Ergebnisse 3. Erste Bewertungen der Figur Oskars (UG) Formulierung von Leseeindrücken	
1. Gestaltung von ›Standbildern‹ nach Wahl der Schüler/innen (GA): z.B. – Oskars 4. Geburtstag (81 f.) – Karfreitagskost (187 ff.) – Matzeraths Ende (518 f.) 2. Präsentation der Ergebnisse 3. Auswertung: Begründung der Auswahl Reflexion der Darstellungen	

Stunden	Thema	Didaktische Aspekte (Inhalte/Ziele)
2.	Oskar als Erzähler	Analyse des Romananfangs: 1. Die Heil- und Pflegeanstalt als Fluchtraum 2. Oskar als unzuverlässiger Erzähler 3. Oskar als Schriftsteller
3.	Analyse der Erzählsituation	1. Situierung von Oskars Erzählen auf dem Stanzel'schen Kreisbogen im Grenzbereich von Ich-Erzählung und auktorialem Erzählen 2. Unterscheidung der drei Erzählebenen: – Geschehen in der Heilanstalt – Ereignisse 1899–1952 – Erzählen des Erzählens

<table>
<tr><th>Methodische Realisierung/
Verlauf</th><th>Hausaufgabe</th></tr>
<tr><td>Vortragen des Textes (SV): Zugegeben […] zu nahe tritt. (9 f.)
Sammeln spontaner Stellungnahmen
Analyse des Textes (UG):
1. Impuls: Zugegeben: […] nicht durchschauen kann;
[…] mein Bett ist das endlich erreichte Ziel […]
2. Impuls: […] denn sobald ich ihm etwas vorgelogen habe […]
Oskar erschüttert das Vertrauen des Lesers in die Zuverlässigkeit des Ich-Erzählers
3. Impuls: Wie fange ich an? […] – keine namen- und heldenlose Masse. (11 f.)
Oskars Lebensgeschichte als Roman/Kunstwerk
Fiktion und Wirklichkeit</td><td>(vorbereitend)
Woher bezieht Oskar als Ich-Erzähler sein Wissen?</td></tr>
<tr><td>1. Vortrag der Hausaufgabe:
Oskars Quellen für seine Ich-Erzählung: Trommel, Fotoalbum, Erlebnisse (SV)
Überleitungsfrage: Wo verlässt Oskar die Ich-Perspektive?
Vortrag und Analyse der Textstelle: Greff schlug Löcher […] Fragen Sie mich bitte nicht, woher ich das weiß. Oskar wußte damals so ziemlich alles. (382 f.)
Erläutern Sie die Erzählsituation mithilfe der Terminologie Stanzels! (UG)
Tragen Sie Oskars Erzählen auf dem Stanzel'schen Typenkreis ein!

Tafelbild:
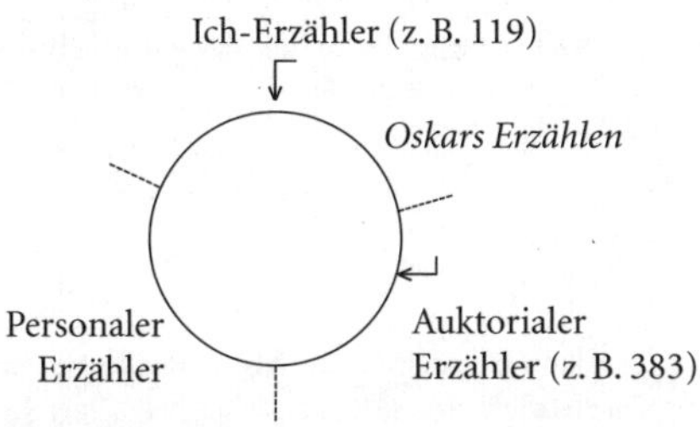

2. Zusammenstellung und Erläuterung im Unterrichtsgespräch
Impulsfrage: Wovon erzählt Oskar?
TA: ›Erzählebenen in der Blechtrommel‹
– Geschehen in der Heilanstalt (z. B. 9, 536)
– Ereignisse 1899–1952 (12, 119)
– Erzählen des Erzählens (11 f., 72, 777 f.)
– A: Unterscheidung durch Analyse ausgewählter Textstellen in arbeitsteiliger GA</td><td></td></tr>
</table>

Stunden	Thema	Didaktische Aspekte (Inhalte/Ziele)
4.	Oskars Biografie/ Grass' Leben	1. Chronologische Erfassung von Oskars Leben in seinen wichtigsten Stationen
		2. Verarbeitung von Motiven aus Grass' Leben in Oskars Biografie (kleinbürgerliches Milieu) Trennung von Autor und Erzähler
5.	Oskars Perspektive (Tribüne)	1. Visualisierung der realen NS-Kundgebungen
		2. Oskars Perspektive als Mittel der Entlarvung des NS-Spektakels
		3. Oskars unpolitische Haltung Der Protest gegen die Nazis aus ästhetischen Gründen
		4. Problematisierung der privaten/ästhetischen Haltung

<table>
<tr><th>Methodische Realisierung/
Verlauf</th><th>Hausaufgabe</th></tr>
<tr><td>1.Erstellung eines Tafelbildes
<table>
<tr><th>Oskars Lebenslauf (UG)
(1924–1952)</th><th>Grass (SV)</th></tr>
<tr><td>Geburt 1924</td><td>Geburt 1927</td></tr>
<tr><td>3. Geburtstag/Sturz</td><td></td></tr>
<tr><td>Verweigerung des
Wachstums</td><td>Jugend in Danzig
Kleinbürgerliche</td></tr>
<tr><td>1. Trommlerphase</td><td>Herkunft</td></tr>
<tr><td>Tod der Mutter</td><td></td></tr>
<tr><td>21. Geburtstag</td><td>Eintritt in die HJ</td></tr>
<tr><td>Tod Matzeraths 1945</td><td></td></tr>
<tr><td>Wachstum</td><td></td></tr>
<tr><td>Oskar in Düsseldorf</td><td>1948 Kunststudium</td></tr>
<tr><td>Leben in der Heilanstalt</td><td>in Düsseldorf
1956 Beginn der Arbeit
an der Blechtrommel</td></tr>
</table>
2. SV: Grass' Biografie
Erläuterung der Parallelitäten und Unterschiede
Trennung von Autor und Erzähler (UG)
LK Additum (ggf. als SV):
1. Vergleichen Sie die Beziehung zwischen Autor und Erzähler in der Blechtrommel mit anderen Werken (Goethe/ Werther; Thomas Mann/Gustav von Aschenbach)!
2. SV: Die ›entlastende‹ Funktion des Schreibens</td>
<td>Erläutern Sie einen Textauszug aus Hundejahre (Mat. 1, s. S. 128 dieser Arbeit)</td></tr>
<tr><td>1. Stundeneinstieg
Tageslichtprojektion: Foto von einer NS-Kundgebung (Mat. 2, s. S. 129 dieser Arbeit). Anmerkungen zur Symmetrie, Massenspektakel (LV)
Vortragen des Textes (SV): Haben Sie [...] umsonst gefallen. (150 ff.)
Sammlung spontaner Beobachtungen
2. Möglicher Überleitungsimpuls: Unter dem Rednerpult hockte ich. (151)
– Oskars Position außerhalb der Gesellschaft
– Darstellung der Hinteransicht
– Beschreibung des Publikums (UG)
3. Analyse der Sinneswahrnehmungen Oskars
Untersuchen Sie Oskars Wahrnehmungsweise! (UG)
(›Anblick‹, ›akustischer Reiz‹, ›Ich roch sie‹ [151])
A: Impuls: Armer SA-Mann Brand. [...] ihr seid umsonst gefallen. (152)
Erläuterung der Ironie (PA)
4. Problemfrage: Walzer und Jazz – Aufklärung oder Verharmlosung des Nazitums in diesem Kapitel?</td>
<td>(vorbereitend) Zusammenstellung aller Informationen zu Oskars Trommeln, nach Kapiteln auf die Schüler/innen verteilt; Formulierung von Stichwörtern</td></tr>
</table>

Stunden	Thema	Didaktische Aspekte (Inhalte/Ziele)
Additum LK		
	Die Blechtrommel im Verhältnis zur Romantradition	1. Die Figur des Pikaro 2. Erfassen der pikaresken Züge in der *Blechtrommel* a. Oskars Verweigerung der Teilhabe an dieser Welt b. Oskars Perspektive von unten
6.	Die Funktionen von Oskars Trommeln	Begreifen der Trommel als Fluchtraum Oskars Trommeln als Kunst (und Beruf) Trommeln als Protest und Aufklärung Trommeln als Mittel der Erinnerung
Additum LK		
	Roswitha Raguna als fragwürdige Künstlerexistenz	1. Roswitha als Repräsentantin eines zeitlosen, klassischen Kunstideals 2. Die Kunst des Fronttheaters als unterhaltsame Ablenkung von der Wirklichkeit

Methodische Realisierung/ Verlauf	Hausaufgabe
A: a. Präsentation der Verfilmung dieser Szene b. PRO: Verfassen Sie eine Filmkritik zu dieser Szene! c. Vortrag der Ergebnisse und Auswertung: Welche unterschiedlichen Wirkungen auf die Zuschauer sind denkbar (Zeitzeugen, Nachkriegsgenerationen)? Alternativer Verlauf b. PRO: Verfassen Sie einen Pressebericht über die Ereignisse vom Kundgebungssonntag (150–156)! Präsentation der Ergebnisse (SV; UG) c. Vergleich mit Oskars Darstellungen: Was beschreibt der ›Journalist‹? Wie nimmt Oskar wahr?	
1. SV: Die Figur des Pikaro 2. Herausarbeiten pikaresker Züge in der *Blechtrommel* a. Analyse der Einschulung Oskars (93–102) (arbeitsgleiche GA) Wie verhält sich Oskar? Welche Erwartungen richtet Schule an Kinder? (Sozialisation, Qualifikation) Welche Folgen hat Oskars Verweigerung? Auswertung und Vertiefung der Ergebnisse (UG) b. Analyse: **Mich hatte man vergessen. Unter dem Tisch saß Oskar** [...] (82) Wie sieht Oskar? Was sieht Oskar? Vergleichen Sie den dreijährigen Oskar mit dem müden Stephan'schen (S. 83)!	
1. Entwicklung eines Tafelbildes: Funktionen des Trommelns Schüler/innen schreiben ihre Stichwörter auf (TA) 2. Erläuterung und Strukturierung Das Trommeln als – Fluchtraum (54 f., 75, 271 f., 581) – Kunst (und Beruf) (86 f., 120 f., 727) – Protest und Aufklärung (152–158) – Mittel der Erinnerung (23)	(vorbereitend) Aufteilung der wichtigen Figuren auf Gruppen (Matzerath, Agnes, Jan, Greff, Meyn): Sammlung charakterisierender Textstellen (4–252)
1. Analyse des Textes (UG): **Roswitha Raguna [...] nur sich selbst nicht.** (220) Wie wird Roswithas Kunst charakterisiert? Mögliche Impulse: **blutjunge uralte Hand; Mittelmeer; große Somnambule, die alle durchschaut, nur sich selbst nicht.** 2. Das Verhalten der Künstler bei der Ermordung der Nonnen Analyse der Szene (Bebras Fronttheater): **Herzog: [...] Schlafen Sie [...] Lankes erscheint im Bunkereingang.** (448 f.)	Interpretieren Sie den Dialog zwischen Oskar und Bebra: **Wissen Sie [...] niemals vor der Tribüne zu stehen!** (144) Ggf.: Künstler-

Stunden	Thema	Didaktische Aspekte (Inhalte/Ziele)
		3. Roswithas Ende als Scheitern dieser Kunst 4. Aufgaben der Kunst Verantwortung des Künstlers
7./8.	Die Gesellschaft im Labesweg	1. Politische Verhaltensweisen aus privaten Motiven 2. Herausarbeiten von Grass' Auffassung vom Kleinbürgertum als tragende Schicht des NS-Regimes 3. Problematisierung und Übertragbarkeit auf aktuelle politische Verhaltensweisen

Methodische Realisierung/ Verlauf	Hausaufgabe
Die Künstler entziehen sich der Wirklichkeit: – Grammophon übertönt die Schüsse – Roswitha hält sich die Ohren zu – Felix macht einen Kopfstand 3. Analyse des Schlusses: **Was soll ich Ihnen viel […]** (452) Roswithas Unvermögen, ihre Kunst für ihr eigenes Leben/zur Selbsterkenntnis zu nutzen 4. Mögliche Diskursfragen: Welche Aufgaben soll Kunst haben? Müssen/Sollen Künstler gesellschaftliche Verantwortung übernehmen?	existenzen in Diktaturen: G. Gründgens, Christa Wolf, Gottfried Benn …)
1. Auswertung der Hausaufgabe: Leitfragen: Welche Merkmale weisen die Figuren auf? Was tun sie? Warum handeln sie so? (arbeitsteilige GA) Formulierung charakterisierender Thesen; Stichwörter 2. Präsentation und Erläuterung der Ergebnisse (TA) Matzerath: Reichsdeutscher (47); unromantischer Ehemann; duldet das Verhältnis zwischen Agnes und Jan; flieht in die Politik; Mitläufer (145 f., 195) Agnes: Kaschubin, mit **Sinn für zerbrechliche Schönheit** (28); leidet unter ihrer unromantischen Ehe und der kleinbürgerlichen Enge (111) Jan: Agnes' Liebhaber; mutmaßlicher Vater Oskars; votiert aus privaten Gründen für Polen (48); wird von Oskar gezwungen, zur Verteidigung der Polnischen Post zurückzukehren Meyn: Musiker; verfällt der Ideologie, wenn er den Fluchtraum Kunst verlässt; früher Mitglied bei den Roten Falken (255); Eintritt in die Reiter-SA (106) Greff: wird gerade aufgrund seines Außenseitertums zum übereifrigen Mitläufer (273, 380 ff.) 3. Die Kleinbürger als tragende Schicht des NS-Regimes? (UG) Sind die Erklärungen für das politische Verhalten plausibel? A: Analyse eines Ausschnitts der Schlöndorff-Verfilmung *Die Blechtrommel*: Vom Einzug Hitlers in Danzig ist nur der ausgestreckte Arm zu sehen. Voll im Bild ist die jubelnde Gesellschaft aus dem Labesweg. Beobachtung und Auswertung: Beschreiben Sie die von Schlöndorff gewählte Perspektive! Wie wirkt sie auf die Zuschauer? Wer ist Akteur der Geschichte?	

Stunden	Thema	Didaktische Aspekte (Inhalte/Ziele)
9.	Die Darstellung der Judenverfolgung im Kapitel »Glaube Hoffnung Liebe«	1. Skizzierung der Judenverfolgung, Reichspogromnacht 9. November 1938 2. Herausarbeiten des aktiven und passiven Verhaltens der Danziger Bürger am 9. November 1938 3. Kollektives Geschehen als Summe individuellen Verhaltens 4. Problematisierung und Aktualisierung
Additum LK		
	Sprachlich-formale Analyse des Kapitels	1. Die überzeitliche Märchenform als Warnung vor einer Wiederkehr 2. Oskars Sprachassoziationen als Zerstörung religiöser Klischees

<table>
<tr><th>Methodische Realisierung/
Verlauf</th><th>Hausaufgabe</th></tr>
<tr><td>1. SV: Die NS-Judenpolitik bis zur so genannten ›Reichskristallnacht‹
2. Analyse des Kapitels »Glaube Hoffnung Liebe«
GA (arbeitsteilig):
Aufteilung der einzelnen Figuren: Jede Gruppe erhält ein ausgeschnittenes Segment eines Kreises; die einzelnen Segmente sollen an der Tafel zusammengeklebt werden, sodass der Kreis ein Kollektivgeschehen aus der Summe der Individualhandlungen sichtbar werden lässt.
Arbeitsauftrag:
Beschreiben Sie das Verhalten dieser Figuren am 9. November 1938 und tragen Sie die Stichwörter in das vorbereitete Segment ein!
Fügen Sie Ihr Segment mit denen der anderen Gruppen zusammen!
Ergebnisse:
– SA-Mann Meyn tat sich besonders hervor (258 f.)
– Matzerath wärmte seine Finger und seine Gefühle (259)
– Oskar als Plünderer (261)
– Laubschad, der Meyn beim Katzenmord anklagte, ist beim Terror gegen die Juden abwesend (258)
– religiöse Frauen (Kirche) bleiben stumm und passiv (261)
3. Vergleich der einzelnen Verhaltensweisen (UG)
Der Kreis als Sinnbild eines Gesamtgeschehens
4. Problematisierung und Aktualisierung: Zivilcourage, Gleichgültigkeit, Passivität in der Gegenwart</td><td>Interpretation der Figur Faijngold</td></tr>
<tr><td>1. PRO:
a. Berichten Sie von den Ereignissen dieses Kapitels in einer Pressemeldung!
b. Vergleich mit der Darstellungsweise Oskars
c. Analyse der Märchenform: Impuls: Es war einmal ein Musiker, der hieß Meyn, und wenn er nicht gestorben ist, lebt er heute noch und bläst wieder wunderschön Trompete. (264)
Diskursfrage: Was leistet diese Form? Ist sie angemessen?
2. Analyse des Sprachspiels (PA): Leichtgläubig […] (261)
a. Worterklärung

Impuls (TA) | Denotat | Konnotationen
›Glaube‹
›Hoffnung‹
›Liebe‹

b. Beschreiben Sie die semantischen Veränderungen in Oskars Sprache!
c. Erläutern Sie das Wortbildungs- und Assoziationsverfahren!</td><td>Analysieren Sie die Weihnachtsmann-Gasmann-Allegorie!</td></tr>
</table>

Stunden	Thema	Didaktische Aspekte (Inhalte/Ziele)
10.	Die Darstellung der Zeitgeschichte im ersten Buch	1. Skizzierung der Zeitgeschichte von 1900 bis 1945 2. Oskars Darstellung der Geschichte als Hintergrundhandlung 3. Die kleinbürgerliche Erlebnisweise
Additum LK		
	Grass'/Oskars Sprache in der *Blechtrommel*	1. Beschreibung der wichtigsten sprachlichen Mittel 2. Herausarbeiten der erzählerischen Funktion
11.	Die Stellung der Nachkriegsdeutschen zu den Verbrechen des Dritten Reichs (»Im Zwiebelkeller«)	Die Unfähigkeit zu trauern Die Verbannung der Trauer Die Ritualisierung der Trauer

Methodische Realisierung/ Verlauf	Hausaufgabe
1. SV: Die Geschichte Danzigs von 1919 bis 1945 SV: Die Hauptentwicklungen an den deutschen Fronten 2. PA: a. Wie stellt Oskar die historischen Ereignisse dar? b. Analyse einzelner Sätze (z. B. 23, 392, 405, 416) c. Erläuterung der Ergebnisse (UG): **Im heißen Monat August – ich glaube, es wurde gerade wieder einmal der erfolgreiche Abschluß einer Kesselschlacht, jener von Smolensk gemeldet – da wurde mein Sohn Kurt getauft.** (392) Tafelbild: Hauptsatz: Darstellung privater Ereignisse Parenthese: Kriegsgeschehen 3. Welche Funktion hat diese Darstellungsweise? Welcher Eindruck entsteht beim Leser?	
1. PRO: a. Vorlage einer aktuellen Pressemeldung b. Erzählen Sie dieses Ereignis im Stil Oskars! c. Vortragen der Ergebnisse d. Reflexion: Was kennzeichnet diese Sprechweise? Welche Sprachphänomene sind besonders auffällig? (UG) e. Zusammenstellung und stilistische Beschreibung (TA) Analyse wichtiger Sprachphänomene (arbeitsteilige GA/PA): Oskars Metaphorik (Verbmetaphern), Personifizierungen, sprachspielerische Verwendung von Redensarten, Ironie, (anaphorischer) Parallelismus 2. Welche Bedeutung hat Oskars Sprache für den Roman? Wie wirken die sprachlichen Mittel auf den Leser/die Leserin? – Entlarvung von Sprach- und Denkgewohnheiten – Verknappung der Sprache – Zwang zu einer aufmerksamen Rezeptionshaltung	
Vortragen des Textes: [...] **doch in Schmuhs Keller** [...] **wie man Mäntel wendet.** (692 f.) 1. Vortragen des Textes (SV) 2. Analyse (UG) Untersuchungsaspekte: – Der Keller als symbolischer Ort der verborgenen Trauerarbeit – Trauer als Geschäft: Impuls: **Am Montag war es billiger** [...] (695) – Die Unaufrichtigkeit einer ritualisierten Trauer	Analyse des Verhaltens einer Figur in der Nachkriegszeit

Stunden	Thema	Didaktische Aspekte (Inhalte/Ziele)
12.	Die Bewertung Oskars	Verführer und Aufklärer Egoismus und Mitgefühl Protest und L'art pour l'art
13./ 14.	Schlöndorffs *Blechtrommel*-Verfilmung	
Additum LK		
	Die Rezeption der *Blechtrommel*	1. Oskar als ›Mythos‹? Die gegenwärtige Bekanntheit und Bewertung der *Blechtrommel* 2. Die literaturwissenschaftliche und feuilletonistische Rezeption der *Blechtrommel*

Methodische Realisierung/ Verlauf	Hausaufgabe
1. Besprechung der Hausaufgabe 2. Impuls: LV: **(Bebra): Ihr Genie, junger Freund, das Göttliche, aber auch das ganz gewiß Teuflische Ihres Genies** [...] (221) Wer ist Oskar? 3. Sammlung von Eigenschaften (TA) 4. Strukturierung Gesamtbewertung der in der Unterrichtsreihe bedachten Eigenschaften und Verhaltensweisen Oskars Ggf. neue Aspekte: Oskars Nachruf auf seine Mutter; Abschied von seiner Großmutter Alternativer Verlauf: 2. PRO: Entwickeln Sie eine Handlungsskizze, die Oskar in der Gegenwart beschreibt (z. B. als Minister, Lehrer, Künstler)! (GA) 3. Vorstellung der Ergebnisse (SV; UG) 4. Reflexion: Welche Entwürfe sind denkbar? Wie sind sie aus dem Roman begründbar? 5. Oskars Weiterleben in *Die Rättin* (SV)	
Gemeinsames Anschauen von Schlöndorffs *Blechtrommel*-Verfilmung	Begründen Sie ausführlich, warum und zu welcher Sendezeit (Wochentag, Uhrzeit; Rahmenprogramm) Sie als Verantwortliche/r einer Fernsehredaktion die *Blechtrommel*-Verfilmung senden würden!
1. Durchführung einer Umfrage im Bekanntenkreis; Entwicklung eines Fragebogens; denkbare Fragen: – Kennen Sie die Figur Oskar Matzerath? – Kennen Sie *Die Blechtrommel*? – Kennen Sie die Figur Oskar aus dem Film, Roman, vom Hörensagen? – Wer ist der Autor? – Besitzen Sie das Buch? – Ggf.: Wie lange haben Sie für die Lektüre benötigt? – Wie beurteilen Sie das Buch? – Was hat Ihnen gefallen, was nicht? Auswertung der Umfrage 2. Herausarbeiten der Hauptthesen und deren Begründung in den Rezensionen Enzensbergers, Blöckers, Reich-Ranickis (vgl. Mat. 3 bis 6, s. S. 129–137 dieser Arbeit)	

4 Klausurvorschläge

Grundkurs:

1. Aufgabe: Textanalyse, Textstelle S. 158 unten bis 160 oben; 457 unten bis 460 Mitte
   a) Darstellung und Bedeutung der Großmutterfigur
   b) Erzählhaltung und Sprachgestaltung: Worin liegen strukturelle Entsprechungen zur Aussage der konkreten Textstelle?
   Inwiefern sind die aufgezeigten Stilzüge typisch für den Roman?
2. Aufgabe: Textanalyse, Textstelle S. 174 oben bis 177 Mitte
   a) Wie erlebt Oskar seine Taufe?
   b) Oskars zwiespältige Einstellung zum Katholizismus (besonders S. 176 f.)
   c) Biblische Sprache und satirische Stilelemente
3. Aufgabe: Textanalyse, Textstelle S. 296–303
   a) Wie verhalten sich die drei Personen während der Kampfszene?
   b) Aus welcher Perspektive und mit welchen sprachlichen Mitteln wird die Absurdität des Kriegsgeschehens deutlich gemacht?

Leistungskurs:

1. Text und Aufgaben a) und b) wie beim Grundkurs 1.
   c) Stellen Sie die Großmutterfigur in eine Reihe vergleichbarer Leitmotive und zeigen Sie deren Erzählfunktion im Rahmen des ganzen Textes auf.
2. Text und Aufgaben a) bis c) wie beim Grundkurs 2.
   d) Ausblick auf den gesamten Roman:
   Wie entwickelt sich Oskars religiöse Vorstellungswelt weiter?
3. Text und Aufgaben a) und b) wie beim Grundkurs 3.
   c) Welche Intention lässt die Darstellung von Krieg und Militär innerhalb des gesamten Romans erkennen?
4. Erörterung des Textes von G. Blöcker (Mat. 4, S. 132 f. dieser Arbeit)
   a) Geben Sie thesenartig die Auffassungen des Verfassers wieder.
   b) Erläutern Sie die Argumentationsweise und legen Sie Blöckers inhaltliches Vorverständnis offen.
   c) Diskutieren Sie die Auffassungen Blöckers auf der Grundlage Ihres Romanverständnisses.

5 Materialien

Material 1

Günter Grass, Über Danzig

Es war einmal eine Stadt,
die hatte neben den Vororten Ohra, Schidlitz, Oliva, Emaus, Praust, Sankt Albrecht, Schellmühl und dem Hafenvorort Neufahrwasser einen Vorort, der hieß Langfuhr. Langfuhr war so groß und so klein, daß alles, was sich auf dieser Welt ereignet oder ereignen könnte, sich auch in Langfuhr ereignete oder hätte ereignen können.

(aus: Günter Grass, Hundejahre; zitiert nach WA III, 519)

Reichsparteitag der NSDAP 1936

Material 2

Aufmarsch auf dem Parteitagsgelände in Nürnberg. Im Vordergrund SS-Einheiten, in Blickrichtung die Ehrentribüne mit dem Rednerpult Hitlers

Hans Magnus Enzensberger, Wilhelm Meister auf der Blechtrommel

Material 3

Wenn es noch Kritiker in Deutschland gibt, wird die »Blechtrommel«, der erste Roman eines Mannes namens Günter Grass, Schreie der Freude und der Empörung hervorrufen. Grass, ein Mann von zweiunddreißig Jahren, geboren in Danzig, wohnhaft in Paris, Vater von Zwillingen, Zeichner, Bildhauer, Bühnenbildner, Dramatiker und Gedichteschreiber, war bisher nur den Lesern literarischer Revuen und den Besuchern von Studiobühnen bekannt. Mit einer gewissen Ratlosigkeit und Unruhe, die seine Produkte unweigerlich hervorriefen, konnte man fertigwerden, indem man Grass einen »jungen Autor« nannte und sich darauf einigte, ihn unter der unverbindlichen Rubrik ›vielversprechendes Talent‹ abzuheften. Damit ist es nun vorbei. Mit seinem drei Bücher, sechsundvierzig Kapitel und 750 Seiten schweren Roman hat sich Grass einen Anspruch darauf erworben, entweder als satanisches Ärgernis verschrien oder aber als Prosaschriftsteller ersten Ranges gerühmt zu werden.

[...]

»Es gibt Dinge auf dieser Welt, die man – so heilig sie sein mögen – nicht auf sich beruhen lassen darf«, bemerkt der Held dieser Lebensgeschichte an einer Stelle. Profan oder heilig – Oskar läßt in der Tat nichts unerzählt, auf sich beruhen. Seinen Erlebnissen wird kein Resümee gerecht. »Die Blechtrommel« kennt keine Tabus. Gewalttätig wirkt dieser Roman, weil er alles berührt, als wäre es antastbar. Eine seiner beklemmendsten Situationen schildert ein von Aalen wimmelndes Pferdeaas, das auf der Hafenmole von Neufahrwasser aus dem Meer gefischt wird. Immer wieder tritt die Erzählung in jene verbotene Sphäre ein, wo sich Ekel und Sexualität, Tod und Blasphemie begegnen. Was Grass in dieser Hinsicht einerseits von aller Pornographie trennt, andererseits von dem sogenannten »schonungslosen Realismus« der amerikanischen Schule unterscheidet, was seine brüsken Eingriffe legitimiert, ja zu künstlerischen Ruhmestaten macht, das ist die vollkommene Unbefangenheit, mit der er sie vornimmt. Grass sucht nicht, wie Henry Miller, hinter dem Tabu her: er ist blind dagegen. Zu Unrecht wird man ihn der Provokation verdächtigen. Er ist dem Skandal weder aus dem Weg gegangen, noch hat er ihn gesucht; aber gerade das wird ihn hervorrufen, daß Grass kein schlechtes Gewissen hat, daß für ihn das Schockierende zugleich das Selbstverständliche ist. Dieser Autor greift nichts an, beweist nichts, demonstriert nichts, er hat keine andere Absicht, als seine Geschichte mit der größten Genauigkeit zu erzählen. Diese Absicht setzt er freilich um jeden Preis und ohne die geringste Rücksicht durch. Der Skandal, der darin liegt, ist letzten Endes an keinen Stoff gebunden: er ist der Skandal der realististischen Erzählweise überhaupt.

Günter Grass ist ein Realist. Was sich als Amoklauf einer aberwitzigen Imagination ausnimmt, wenn man den Inhalt seines Romans an den Fingern herzählt, das wird in seinem Mund nicht nur glaubwürdig: es leuchtet derart ein, daß sich kein Zweifel mehr regt. Dieser Autor verbeißt sich, wie sein Held, in die »verdammten Flecken« der Wirklichkeit, dergestalt, daß seine fantastische Fiktion den Geist des Ungefähren aufgibt, daß noch die Obsession zur unwiderlegbaren Evidenz wird. Was ein so beschaffener Realismus leistet, mag ein Beispiel zeigen. Ich kenne keine epische Darstellung des Hitlerregimes, die sich an Prägnanz und Triftigkeit mit der vergleichen ließe, welche Grass, gleichsam nebenbei und ohne das mindeste antifaschistische Aufheben zu machen, in der »Blechtrommel« liefert. Grass ist kein Moralist. Fast unparteiisch schlitzt er die »welthistorischen« Jahre zwischen 1933 und 1945 auf und zeigt ihr Unterfutter in seiner ganzen Schäbigkeit. Seine Blindheit gegen alles Ideologische feit ihn vor einer Versuchung, der so viele Schriftsteller erliegen, der nämlich, die Nazis zu dämonisieren. Grass stellt sie in ihrer wahren Aura dar, die nichts Luziferisches hat: in der Aura des Miefs. Nichts bleibt hier von dem fatalen Glanz übrig, den gewisse Filme, angeblich geschaffen, um unserer Vergangenheit »mutig zu Leibe zu rücken«, über die SS-Uniform werfen. WHW, BdM, KdF, aller höllischen Größe bar, erscheinen als das, was sie waren: Inkarnationen des Muffigen, des Mickrigen und des Schofeln. Wenn Alfred Matzerath, einer von Oskars mutmaßlichen Vätern, beim Einmarsch der Russen und aus Angst vor ihnen sein Parteiabzeichen verschluckt und daran erstickt, so stirbt mit ihm noch einmal das Dritte Reich, so wie es gelebt hat. Bösartiger und vernichtender kann keiner darüber schreiben als Grass, der gar nicht ausgezogen ist, es zu vernichten, der nur kalt und genau erzählt, wie es war, weil das zu seiner Geschichte gehört. In der Tat ist »Die Blechtrommel« unter anderem auch ein historischer Roman aus dem zwanzigsten Jahrhundert, eine Saga der untergegangenen Freien Stadt Danzig, eine poetische Rettung jener kleinen Welt, in der Deutsche und Polen, Juden und Kaschuben zusammenlebten, vor dem Vergessenwerden. […]

»Die Blechtrommel« ist ein historischer Roman aus dem zweiten Viertel unseres Jahrhunderts. Die einzigen schwachen Partien des Buches sind die, wo seine Handlung in die Gegenwart ragt. Ihr ist mit der bösartigen Neutralität des Epikers nicht beizukommen, sie verlangt Parteinahme und erzwingt die Satire. […]

»Die Blechtrommel« ist ein Entwicklungs- und Bildungsroman. Strukturell zehrt

das Buch von den besten Traditionen deutscher Erzählprosa. Es ist mit einer Sorgfalt und Übersichtlichkeit komponiert, wie man sie von den Klassikern her kennt. Herkömmlich ist auch die hochgradige Verknüpfung der Handlung und der Motive. Der Autor zeigt eine Beherrschung seines Metiers, die nachgerade altmodisch erscheint, wenn er seinen Text soweit integriert, daß kaum ein Faden fallengelassen, kaum ein Leitmotiv ungenutzt bleibt. Vor den Forderungen des Handwerks beweist Grass, was man ihm sonst nicht nachsagen kann: Respekt. Dazu gehört, daß er über das, wovon er schreibt, genauestens Bescheid weiß. [...] Da ist kein Detail, auf das es dem Erzähler nicht ankäme, er weiß, wovon er redet, und mehr, als er sagt.
Grass bedient sich also eines traditionellen Romanmusters und übt einige traditionelle Tugenden des Romanciers. Wieder einmal sind die Theorien von der Krise des Romans, vom Ende der Fabel, von der Auflösung der Figuren Lügen gestraft. Grass kann ohne sonderliche Mühe auf die neuesten literarischen Konventikel, die Schule des nouveau roman, die beat generation und ihre erzählerischen Schnittmusterbogen verzichten. Auch die Tradition benutzt er ja, indem er sie gleichzeitig verwirft. Seine Sprache richtet sich dieser Autor selber zu. Und da herrscht kein Asthma und keine Unterernährung, es wird aus dem Vollen geschöpft und nicht gespart. Diese Sprache greift heftig zu, hat Leerstellen, Selbstschüsse, Stolperdrähte, ist zuweilen salopp, ungeschliffen, ist weit entfernt von ziselierter Kalligraphie, von feinsinniger Schönschrift, aber noch weiter vom unbekümmerten Drauflos des Reporters. Sie ist im Gegenteil von einer Formkraft, einer Plastik, einer überwältigenden Fülle, einer innern Spannung, einem rhythmischen Furor, für die ich in der deutschen Literatur des Augenblicks kein Beispiel sehe. Dieser rasende Artist macht immer neue formale Erfindungen, komponiert im ersten Kapitel ein syntaktisches Ballett, im sechzehnten ein ergreifendes Fugato, nimmt hier die Form der Litanei auf, verklammert dort den Bau der Erzählung mit rondoartigen Reprisen, bedient sich virtuos des Ganoventons, der den Wechsel zwischen der ersten und dritten Person erlaubt, und beutet Sprachschichten und Tonfälle vom Papierdeutsch bis zum Rotwelsch, vom Gemurmel des Dialektes bis zum Rosenkranz der Ortsnamen, vom Argot der Skatbrüder bis zur Sachlichkeit der Krankengeschichte aus. Grass macht seine artistischen Funde und Erfindungen nicht um ihrer selbst willen, sondern um der ungeheuerlichen Fülle seiner Einfälle Herr zu werden, um, was er zu erzählen hat, gut, deutlich, so deutlich zu sagen, daß es das Gedächtnis besetzt. Wie man von gewissen Stoffen behaupten kann, sie seien blutbildend, in eben demselben Sinn kann man von dem Roman »Die Blechtrommel« sagen, er sei weltbildend. Er verändert die Sehweise des Lesers. [...]
Fern sind Wilhelm Meister und der grüne Heinrich, die edlen Jünglinge. Ihr später Nachfahr, Oskar Matzerath, Blechtrommler, Krüppel, Idiot, ist ein Kind seines Jahrhunderts, wie sie des ihren. Er erzählt nicht nur seine eigene Geschichte, er ist auch ein Mundstück der unsern, »It is a tale told by an idiot, full of sound and fury, signifying nothing.« Oskar drückt es anders aus, in jenem Liedchen, mit dem er sich von seinen Lesern verabschiedet und den Schatten zitiert, der schon immer da war und der ihn und uns nicht mehr verlassen wird: »Du bist schuld und du bist schuld und du am allermeisten. Ist die Schwarze Köchin da? Jajaja!«

(Süddeutscher Rundfunk, Stuttgart, 18.11.1959; auch in: Hans Magnus Enzensberger, Einzelheiten, Frankfurt a.M.: Suhrkamp Verlag 1962, S. 221–227)

Günter Blöcker, Rückkehr zur Nabelschnur

[...] Wir haben es hier – und das ist von einer bravourösen Widerwärtigkeit – mit einer totalen Existenzkarikatur zu tun: mit einem nicht nur frohlockend auf sich genommenen, sondern vollbewußt herbeigeführten Kretinismus, mit einer wütenden Intelligenz, die sich unter schnarrendem Gelächter in einen Froschleib zurückzieht, jede Verantwortung von sich weisend, nur bereit, zu schnuppern und zu schmatzen, zu keckern und sabbern, auf eine Kindertrommel zu schlagen und Schaufensterscheiben oder Einmachgläser zerscherben zu lassen. Die Rückkehr zur Nabelschnur als Programm eines totalen, höchst mit sich zufriedenen, höchst vergnügten Nihilismus! [...] Was bisher noch unter dem Motto einer freilich wenig liebenswerten Kindlichkeit hingehen mochte, erweist sich [...] endgültig als böser, willentlicher Affront gegen Natur und Menschenpflicht. Aus einem »anhaltend Dreijährigen« ist [im Alter von 21 Jahren] ein schauerlich entgleister Peter Pan geworden, der sich – mißraten und fidel – in einer Freizone zwischen Kindheit und Erwachsensein aufhält. Trotzdem verwischt dieser späte, nicht ganz zulänglich motivierte Entschluß zu zusätzlichem Wachstum die Grundkonzeption ein wenig. Offenbar handelt es sich dabei um eine vorwiegend erzähltechnische Manipulation, mit welcher der Verfasser seinen Helden aus der Monotonie der Säuglingsrolle befreien und ihm neue Spiel- und Jagdgründe erschließen wollte.
Wie dem auch sei, man darf Günter Grass bescheinigen, daß ihm mit seinem Oskar Matzerath, der uns da – von der Wiege in einem Danziger Kolonialwarenladen bis zur wohlverdienten Zelle in einer Heil- und Pflegeanstalt – seine krause Biographie, versetzt mit Zeitgeschichte, ins Ohr trommeln darf, eine allegorische Figur von schwer zu überbietender Scheußlichkeit gelungen ist. Der fanatische Säugling und Wechselbalg aus freien Stücken, der im Kleiderschrank oder unter der Tischdecke Beobachtungsposten bezieht, um als kindlicher Voyeur verächtlich und genießerhaft zugleich die Zoologie der Erwachsenen zu studieren, vereinigt sich mit dem besessenen Trommler zu einer gezielten Schöpfung, die dem Leser zu schaffen macht. Kleinbürgerliche Verkommenheit; der braune Marschtritt; der Infantilismus einer Epoche, die Umgang mit dem Äußersten pflegt, aber unfähig der bescheidensten Menschlichkeit ist – solche und andere Assoziationen stellen sich ein. Freilich, ohne auch nur einmal jene Höhe eines erhabenen Schreckens zu erreichen, wo das Geschehen, bei aller schändlichen Komik, ins Tragische umschlüge und damit sinnvoll würde.
Sinnvoll, das hieße: wo es kathartische Wirkung erreichte. Doch die bleibt aus, die Lektüre dieses Romans ist ein peinliches Vergnügen, sofern es überhaupt eines ist. Was Grass schildert und wie er es schildert, fällt nur zum Teil auf die Sache, zum andern Teil auf den Autor selbst zurück. Es kompromittiert nachhaltig nicht nur sie, sondern auch ihn – so stark und unverkennbar ist das Behagen des Erzählers an dem, was er verächtlich macht, so penetrant die artistische Genüßlichkeit, mit der er ins Detail eines unappetitlichen l'art pour l'art steigt. Wozu der Pferdekopf mit Aalgewimmel, wozu der Notzuchtversuch an einer Holzfigur, wozu das Schlucken einer mit Urin versetzten Brühe, die Brausepulverorgien, das zuckende Narbenlabyrinth auf dem Rücken eines Hafenkellners? Weil es dem Autor ganz offenkundig Spaß macht, sein allezeit parates Formulierungstalent daran zu erproben – wobei er sinnigerweise mit besonderer Vorliebe bei dem Vorgang des Erbrechens und der detaillierten Beschreibung des dabei zutage Geförderten verweilt. Grass kann im Gegensatz zu Joyce – wenn dieser unangemessene Vergleich für einen Augenblick gestattet ist – nicht für sich in Anspruch nehmen, daß es ihm auf eine vollständige Bestands-

aufnahme des Weltinventars angekommen sei, aus der er das Obszöne nicht willkürlich habe ausklammern können. Er gibt keine Welttotale, sondern einen sehr subjektiven, sehr tendenziösen Ausschnitt – eine Spezialitätenschau. Es scheint, er braucht das Ekelhafte, um produktiv zu werden, ebenso wie er das fragwürdige Überlegenheitsgefühl des intellektuellen Zuchtmeisters braucht und genießt. Der Autor schlägt zu, und er trifft die richtigen Objekte, aber die Wollust des Peitschens und Treffens ist so offensichtlich, daß sie die Rechtmäßigkeit der Bestrafung in Frage stellt. Hier dominiert nicht der tragische Sinn, nicht jenes Grauen, aus dem die Erlösung kommt, sondern das unverhohlene Vergnügen daran, der Menschheit am Zeuge zu flicken. So hinterläßt das überfüllte Buch am Ende den Eindruck einer wahrhaft gräßlichen Leere. In seinem konsequent antihumanen Klima gibt es nur eines, woran man sich halten kann: den Selbsthaß. [...]

(aus: Frankfurter Allgemeine Zeitung, 28. 11. 1959; auch [erweitert] in: Kritisches Lesebuch, hrsg. von G. Blöcker, Hamburg: Leibniz-Verlag 1962)

Material 5

Marcel Reich-Ranicki, Auf gut Glück getrommelt

Der zweiunddreißig Jahre alte Günter Grass, dessen ungewöhnlich lauter und in die Länge gezogener Trommelwirbel den Enthusiasmus fast der gesamten deutschen Kritik hervorgerufen hat, ist tatsächlich ein geborener, wenn auch vorläufig noch keineswegs ein guter Erzähler. Ein origineller und überdurchschnittlicher Schreiber, ganz gewiß, aber doch von der Sorte jener geigenden Zigeunervirtuosen, deren effektvolles Spiel das Publikum zu hypnotisieren vermag. [...]

Dem Erzähler sprudelt es nur so von den Lippen. Da gibt es mitunter Wortkaskaden von außerordentlicher Vehemenz und großartigem Schwung. Wenn er eine gute Stunde hat, dann hämmert und trommelt er mit einer Wut und einem rhythmischen Instinkt, daß es einem beinahe den Atem verschlägt. [...]

Nicht selten ist das Feuer dieser Prosa echt. Aber von dem Wasser ist allzu viel da – und wir haben es nicht immer mit sauberem Wasser zu tun.

Seine große stilistische Begabung wird dem Grass zum Verhängnis. Denn er kann die Worte nicht halten. Sie gehen mit ihm durch. Er wird immer wieder geschwätzig. Wäre der Roman um mindestens zweihundert Seiten kürzer, er wäre – wenn auch sicher kein bedeutendes Werk – doch weit besser. Im Klappentext heißt es: »Von der Fülle an Stoff, die er allein in der *Blechtrommel* mitteilt, lebt mancher Romancier ein Leben lang.« Das stimmt haargenau, nur daß es in der Literatur viel weniger auf die mitgeteilte »Fülle an Stoff« ankommt, als darauf, was ein Schriftsteller aus dem Stoff zu machen weiß.

Viele seiner Einfälle verarbeitet Grass überhaupt nicht – in dem überladenen Prosagebilde treffen wir immer wieder auf unverdaute und vielleicht auch unverdauliche Brocken. Und da die »Blechtrommel« von der anekdotischen Szene lebt, werden dem Autor seine Lust am Fabulieren und seine manchmal bewundernswerte Phantasie schließlich zum Verhängnis. Von der Kunst des Weglassens scheint er vorerst keinen Schimmer zu haben.

Grass ist auch ein Mann mit sehr originellem, meist makabrem Humor und mit viel Witz. Manche Witze sind auf bestem kabarettistischem Niveau. Aber wenn einer über siebenhundert Seiten lang um jeden Preis witzig sein will und an fast chronischer Geschmacklosigkeit leidet, müssen ihm natürlich zahllose schäbige Witzeleien unterlaufen. Auch sein Humor wird ihm zum Verhängnis.

Das Ganze ist als satirisches, zeitkritisches Gemälde der Jahre 1924 bis 1954 gedacht.

Der in einer Irrenanstalt befindliche Oskar Matzerath erzählt die Geschichte seines Lebens. Von einem Entwicklungsroman in klassischem Sinne kann nicht die Rede sein, denn Oskar »gehörte zu den hellhörigen Säuglingen, deren geistige Entwicklung schon bei der Geburt abgeschlossen ist und sich fortan nur noch bestätigen muß.«

Im Alter von drei Jahren beschließt Oskar, nicht mehr zu wachsen – er bleibt also 94 Zentimeter groß.

Was soll dieser monströse Zwerg-Held? Nun, zunächst reizte Grass wohl der uralte, vom Film zu Tode gerittene Märchentrick, eine phantastische Figur in eine streng realistisch geschilderte Welt einzuführen. Überdies wollte er vermutlich die Perspektive des völlig unvoreingenommenen und höchst scharfsichtigen Beobachters verwerten, der – da er von allen für ein Kleinkind gehalten wird – außerhalb der gezeigten Welt steht, doch stets zu ihr Zugang hat. Oskar wurde also – um das kleinbürgerliche Milieu in Danzig vor und während des Krieges zu beobachten – mit einer Art Tarnkappe versehen.

Der Einfall ist nicht übel; leider vermochte Grass nicht viel aus ihm zu machen. Nur in einer einzigen Szene war ihm die Zwergfigur des Helden zu einem allerdings glänzenden Effekt nützlich. Während einer Nazi-Kundgebung versteckt sich der Kleine mit seiner Trommel unter der Tribüne, auf der HJ-Trommler postiert sind. Da ein Mikrophon in der Nähe ist, gelingt es dem trommelnden Oskar, die offiziellen Trommler durcheinanderzubringen, die statt der vorgeschriebenen Marschrhythmen schließlich einen Charleston trommeln, wodurch die ganze Kundgebung kläglich zusammenbricht. Das ist großartig geschrieben. Welch ein Sketch! Aber ach, ein Sketch nur!

Phantasie ohne epischen Atem ist im Roman verhängnisvoll. So wird beispielsweise Oskar mit der Gabe ausgestattet, durch seine schrille Stimme Glas zu zerbrechen. Diese Fähigkeit ist zunächst nur Abwehrwaffe des Zwergs gegen die verachtete Welt der Erwachsenen. Da das Verteidigungs-Singen mit der Zeit langweilig wird, läßt Grass seinen Helden später Schaufenster von Juwelierläden zerschreien, um verschiedenen Personen Diebstähle zu ermöglichen.

Was hätte ein wirklicher Romancier aus diesem kuriosen Einfall gemacht! In der »Blechtrommel« dient er allenfalls zu einigen ziemlich banalen Bemerkungen über die Unehrlichkeit der Menschen.

Schließlich läßt Grass die ganze Glas-Zersingerei fallen, denn für die Darstellung der Nachkriegsabenteuer Oskars scheint sie ihm nicht mehr nützlich zu sein. Die Handlung spielt jetzt vor allem in Düsseldorf, der Held schlägt sich als Steinmetz, Malermodell und Jazz-Musiker durch. Da für diese nicht ungewöhnliche Laufbahn ein Zwerg nicht brauchbar war, läßt Grass seinen Oskar ganz einfach um noch dreißig Zentimeter wachsen und versieht ihn bei dieser Gelegenheit mit einem Buckel.

Die Vision der Hunger- und Wirtschaftswunder-Jahre ist schon ganz und gar schwunglos und uninteressant. […]

Den Vorgängen des Urinierens und Erbrechens widmet Grass immer wieder seine besondere Aufmerksamkeit. Er schildert auch einen Notzuchtversuch an einer religiösen Holzfigur und berichtet, wie sein im Schrank versteckter Held onaniert.

Wir sind durchaus nicht schockiert. Nichts Menschliches und Allzumenschliches braucht der Schriftsteller zu umgehen. *Aber er muß uns durch sein Werk überzeugen, daß die Berücksichtigung dieser Vorgänge notwendig oder zumindest nützlich war.* Das vermag Grass nicht. Die meist präzisen und bisweilen wollüstigen Schilderungen seiner Art ergeben nichts für seine Zeitkritik.

Auch ist die geradezu kindische Wonne, die dem Autor seine Provokationen bereiten, recht bedenklich. *Sartre* sagt einmal, die Worte des Schriftstellers seien »geladene Pistolen« und der Schriftsteller müsse »wie ein Mann auf ein Ziel schießen und nicht wie ein Kind auf gut Glück, mit geschlossenen Augen und nur, um vergnügt das Knallen zu hören.«
Gewiß hält Grass die Augen nicht geschlossen. Manche seiner bissigen Gedichte schienen von wirklichem Nonkonformismus zu zeugen. In der »Blechtrommel« lenkt ihn jedoch eine ungebändigte Phantasie meist von der wesentlichen Problematik der letzten Jahrzehnte ab. Das »Knallen«, das ihm unendliche Freude bereitet, ist nur Trommelei – und die Trommel ist aus Blech. Die Echtheit der Aggressivität wird oft in Frage gestellt und die Auseinandersetzung mit der Zeit wird von Spielereien oder Schaumschlägereien verdrängt.
Was wird aus dem Grass werden? Ja, wenn er Schauspieler wäre, würde man sagen, dieser wilden Begabung solle sich sofort der beste und energischste deutsche Regisseur annehmen. Aber für Schriftsteller gibt es bekanntlich weder Regisseure noch Lehrmeister. Sie müssen ganz allein mit sich fertig werden. »Die Blechtrommel« ist kein guter Roman, doch in dem Grass scheint – alles in allem – Talent zu stecken. Er muß mit den Feinden seines Talents kämpfen – sie sind in seiner eigenen Brust zu finden. Wir wünschen ihm sehr, sehr viel Glück.

(aus: Die Zeit, Hamburg, 1. 1. 1960)

Material 6

Marcel Reich-Ranicki, Selbstkritik eines Kritikers

Natürlich sind mir in meiner literarkritischen Arbeit allerlei mehr oder weniger ernsthafte Irrtümer unterlaufen. Man sollte jedoch zwei Arten von Irrtümern unterscheiden. Zunächst einmal gibt es Fehler, Versehen und Mißverständnisse, die auf ein Versagen zurückzuführen sind. [...]
Ungleich wichtiger scheinen mir jene Irrtümer zu sein, denen nichts Zufälliges anhaftet und die im unmittelbaren Zusammenhang mit den Anschauungen des Kritikers stehen, die also durch diese Anschauungen ermöglicht, wenn nicht gar verursacht wurden. Von solchen Irrtümern in meiner Arbeit – und nicht von gelegentlichen Verwechslungen oder Mißverständnissen – möchte ich hier sprechen.
Ich bin Anhänger einer engagierten Literatur. Ich glaube, daß Schriftsteller sich nicht damit begnügen dürfen, das Leben mit reizvollen Arabesken zu schmücken und allerlei Ornamente beizusteuern. Ich glaube, daß es ihre Hauptaufgabe ist, bewußt in einer bestimmten Richtung zu wirken, also auf ihre Zeitgenossen Einfluß auszuüben. Daher suche ich in der Literatur, zumal in der erzählenden Prosa, vor allem die Auseinandersetzung mit den großen moralischen Fragen der Gegenwart. Zwei Seelen wohnen also in des Kritikers Brust, in zwei Rollen tritt er gleichzeitig auf: als Rechtsanwalt und als Staatsanwalt. Das Ergebnis des Kampfes dieser beiden Seelen, des Gefechts auf dem Feld derartiger dialektischer Spannungen, die Summe der beiden Plädoyers, des verteidigenden und des anklagenden – das ist die Kritik, die dem Leser dienen will und dem Autor, der Literatur und unserer Zeit. Die Urteile hingegen werden, meine ich, nicht von uns, den Kritikern, gefällt, sondern später einmal von den hohen Richtern, den Literaturhistorikern.
Wer das Amt des Kritikers in diesem Sinne auffaßt, wer eine lebendige, militante, dialektische Auseinandersetzung mit der zeitgenössischen Literatur anstrebt, wer

mutige und eindeutige Sofortreaktionen der Kritik fordert – der muß mit Irrtümern rechnen, der muß sie in Kauf nehmen. Denn oft bedarf das Plädoyer bereits nach wenigen Jahren einer Korrektur. Nach abermaliger Lektüre erscheint der Roman oder der Erzählungsband in einem anderen Licht. [...]

Am 1. Januar 1960 brachte die *Zeit* meine Kritik des Romans »Die Blechtrommel« von Günter Grass. Ich sagte damals, der Anfänger Grass sei ein ungewöhnlicher, ein überdurchschnittlicher Erzähler, ich rühmte seinen originellen Humor, seine bewunderungswürdige Phantasie und seine sprachliche Kraft. Andererseits schrieb ich – übrigens weit ausführlicher – über das alles, was mir an der »Blechtrommel« fragwürdig oder geradezu schlecht zu sein schien. Ich meinte, der Autor habe von der Kunst des Weglassens keinen Schimmer und sei sogar geschwätzig. Ich bedauerte, daß er seine teilweise großartigen Einfälle episch auszuwerten nicht imstande sei. Ich beanstandete Geschmacklosigkeiten und Schaumschlägereien, ich warf Grass vor, er habe es bisweilen darauf abgesehen, die Leser um jeden Preis zu schockieren, ihm sei hier und da an einem primitiven Bürgerschreck gelegen, der die Ernsthaftigkeit und die Aggressivität seines Buches in Frage stelle.

Das alles war im großen und ganzen richtig. Dennoch könnte ich diese Kritik nicht mehr unterschreiben. Ich würde heute die Akzente anders setzen und mich insbesondere mit dem Neuartigen in der Prosa von Grass viel eingehender befassen. Warum habe ich es damals nicht getan? Und warum zeichnet sich meine Kritik durch einen besonders gereizten und enragierten Ton aus? Mich hatte die leidenschaftliche, ja wilde Kraft dieses Erzählers beeindruckt. Aber er hatte mich zugleich enttäuscht. Ich konnte mich nicht damit abfinden, daß Grass seine Vitalität nicht gezügelt und sein Temperament nicht beherrscht hatte. Ich meinte, hier werde eine große Begabung verschleudert. Ich hielt es für meine Pflicht, den Autor zu warnen und das Publikum zur Skepsis aufzurufen. Daher habe ich in meinem Plädoyer vor allem den Ankläger sprechen lassen – und eben dadurch wurden die Proportionen entstellt.

Aber ich muß meiner vor drei Jahren geschriebenen Kritik noch etwas vorwerfen. Es handelt sich um den Helden der »Blechtrommel«. Warum hat Grass einen monströsen Zwerg in den Mittelpunkt gestellt? Ich schrieb, es habe ihn gereizt, »eine phantastische Figur in eine streng realistische Welt einzuführen«. Weiter hieß es in meiner damaligen Kritik: »Überdies wollte er vermutlich die Perspektive des völlig unvoreingenommenen und höchst scharfsichtigen Beobachters verwerten, der – da er von allen für ein Kleinkind gehalten wird – außerhalb der gezeigten Welt steht, doch stets zu ihr Zugang hat. Oskar wurde also ... mit einer Art Tarnkappe versehen.« Das war alles richtig. Und doch bin ich der Gestalt des Helden und somit der Konzeption des Romans »Die Blechtrommel« mit diesen Bemerkungen nicht gerecht geworden. Denn Oskar protestiert physiologisch und psychisch gegen die Existenz schlechthin. Er beschuldigt den Menschen unserer Zeit, indem er sich zu seiner Karikatur macht. Der totale Infantilismus ist sein Programm. Er verkörpert jenseits aller ethischen Gesetze und Maßstäbe die absolute Inhumanität. Das hätte ich damals schreiben sollen. Ich habe es leider nicht geschrieben.

So muß ich gestehen, daß meine private literarkritische Methode – wenn dieses Wort nicht viel zu hoch gegriffen ist – Irrtümer keineswegs ausschließt, ja sie mitunter sogar begünstigt. Und doch sehe ich keine andere Möglichkeit, keinen besseren Weg zu einer fruchtbaren Auseinandersetzung mit der Gegenwartsliteratur als die unentwegte kritische Diskussion mit den Autoren. Oder richtiger gesagt: mit ihren Werken. So will ich nicht als Kunstrichter urteilen, sondern weiter Plädoyers schreiben – des Verteidigers wie des Anklägers. Als Trost bleibt die stille Hoffnung, die heimliche Zuversicht, daß auch die Irrtümer, die der Kritik auf der Suche nach der Wahrheit unterlaufen, letztlich doch der Literatur dienen. [...]

(Westdeutscher Rundfunk, Köln, 22. 5. 1963)

Anhang

Anmerkungen

[1] **Als ich zweiunddreißig Jahre alt war, wurde ich berühmt. Seitdem beherbergen wir den Ruhm als Untermieter.** (WA IV, 366)
[2] G 1, 45
[3] G 2, 31
[4] G 8, 60
[5] WA III, 519
[6] WA X, 180
[7] Ebd.
[8] WA IV, 274. I. Leonard hat in ihrem Grass-Buch diese Bemerkung mit einem Zitat aus einem historischen Werk belegt (H. L. Leonhardt: Nazi-Conquest of Danzig, 1942, VII), das Grass vielleicht als Quelle gedient hat: **Danzig was a German microcosm. In Danzig events in the Reich were repeated in slow motion.** (L 34, 2)
[9] G 2, 11
[10] Zitiert bei K. L. Tank, L 56, 54
[11] G 2, 11
[12] WA VI, 214
[13] L 4, 25 f.
[14] G 8, 60
[15] WA IV, 384 f.
[16] WA X, 437
[17] Ebd.
[18] G 10, 157
[19] WA IX, 163
[20] WA IX, 772
[21] G 10, 116
[22] Time, 13. April 1970, 74
[23] WA IV, 406
[24] WA IX, 163
[25] WA IV, 420
[26] WA IV, 403
[27] G 8, 61
[28] WA IX, 631
[29] Zu Grass' Düsseldorfer Zeit vgl. V. Neuhaus: »Das biedermeierliche Babel – Günter Grass und Düsseldorf«, in: Die *Danziger Trilogie* von Günter Grass, Frankfurt 1991, 133–143
[30] WA IX, 626 f.
[31] WA IX, 627
[32] Ebd.
[33] G 2, 20
[34] WA X, 183
[35] G 8, 64
[36] WA I, 56
[37] WA VIII, 159
[38] WA IX, 628
[39] L 27
[40] WA IX, 628 ff.
[41] WA IX, 631 f.
[42] L 4, 8
[43] Ebd. 13
[44] Ebd. 21 ff.
[45] Ebd. 21
[46] L 55
[47] L 30, 78–81
[48] Vgl. dazu L 43, 35 ff.
[49] Vgl. dazu z. B. Wayne C. Booth: The Rhetoric of Fiction, Chicago 1961
[50] L 37, 81
[51] So z. B. C. S. Forester seinen Captain Hornblower auf den ersten Seiten des ersten Bandes der Serie *The Happy Return*
[52] So z. B. J. M. Simmel *Bis zur bitteren Neige*, 2: **Die Titelseite eines Filmmagazins zeigte mein Gesicht** [...]
[53] WA III, 31
[54] Sie stimmen darin durchaus mit ihrem Autor überein. Grass hat wiederholt betont, dass er als ›**ehemaliger Bildhauer**‹ ›**auf Oberfläche angewiesen**‹ ist und **vom Betastbaren, Fühlbaren, Riechbaren** (G 4, 214) ausgeht, dass er **allem, was ich nicht anfassen kann, was ich nicht sehen kann, was ich nicht schmecke, allem, was mit Idee behangen ist, von vornherein mißtrauisch** gegenüberstehe (G 1, 43).
[55] L 30, 44 f.
[56] L 14, 165 f.
[57] L 30, 44
[58] Oskar erhält diesen Anspruch auch weiterhin aufrecht, wenn er Kommentare zum eigenen Erzählen einstreut, z. B. **Schnell etwas Pathos** (57), **das Poemhafte dieser Feldschlachtbeschreibung. Es wäre vielleicht richtiger** [...] (325) usw.
[59] Vgl. dazu Lars Gustafssons Bemerkungen zu ›Richthofens Problem‹: Welch **bemerkenswertes literarisches Kunstwerk** wäre Richthofens ›**zynische**‹, ›**naive**‹, ›**dürftige**‹ Autobiographie *Der rote Kampfflieger*, wenn sie fiktiv wäre! (Akzente 16 [1969], 3, 234–247).
[60] L 37, 79
[61] L 26, 84 f., weist auf Äußerungen von Adorno, Broch und Kahler hin, auf die sich Oskar hier beziehen könnte. Joachim Kaiser (in L 4) hat in seiner Rezension in der *Süddeutschen Zeitung* als denkbaren Adressaten von Oskars Seitenhieben auf das **Raum-Zeit-Problem** Durrell (*The Alexandria Quartet*) genannt.
[62] G 2, 6

[63] WA VI, 116

[64] WA IX, 625

[65] Auf eine motivische Beziehung zu Grimmelshausens *SIMPLICIUS SIMPLICISSIMUS* hat F. Gaede hingewiesen: Von Vittlar, dem Oskar am Ende seines Lebens außerhalb des Asyls begegnet, ist **der neue Baldanders**, dessen Urbild Simplicius im 5. Buch trifft. Wie dieser **bald anders** ist, kann auch Vittlar **eine bestimmte Seite zeigen, [...] je nach Umgebung zum Faden, zur Vogelscheuche, zum Garderobenständer, zu einer liegenden Astgabel werden** (744), s. dazu Friedrich Gaede: Grimmelshausen, Brecht, Grass, in: Simpliciana. Schriften der Grimmelshausen-Gesellschaft I, Bern/München 1979, 54–66

[66] Zur pikaresken Tradition in der *BLECHTROMMEL* s. vor allem H. Plard, L 45, D. Droste, L 18, W. van der Will, L 59 und M. Kremer, L 33

[67] L 44, 78–80, ähnlich 95. S. Jendrowiak, L 26, die die Beziehungen der *BLECHTROMMEL* zum Pikaroroman einfach abtut, stellt ebenso fest, dass Oskar sich nicht entwickelt: Das Ende von Oskars erster Phase und damit des ersten Buchs setzt der Tod der Mutter, die zweite Phase endet mit dem ebenfalls nicht von Oskar bewirkten Neuanfang in Düsseldorf.

[68] L 40, 54

[69] L 5, 155

[70] Vgl. *FAUST*, I. Teil, die Verse 3485–3490: **Kommt er einmal zur Tür herein, / Sieht er immer so spöttisch drein / Und halb ergrimmt; / Man sieht, daß er an nichts keinen Anteil nimmt; / Es steht ihm an der Stirn geschrieben, / Daß er nicht mag eine Seele lieben.** Vgl. auch die Definition des Teufels durch die heilige Therese: **Le malheureux qui ne sait point aimer.**

[71] Deutsche Normalschrift, in Preußen 1915 eingeführt, benannt nach ihrem Entwerfer, dem Grafiker Ludwig Sütterlin (1865–1917). Sie steht auch außerhalb der *BLECHTROMMEL* bei Grass für die Bösartigkeit, die Aggressivität und den Terror gerade der geordneten kleinbürgerlichen Gesellschaft. Im Gedicht »Der Dichter« heißt es: **Böse, wie nur eine Sütterlinschrift böse sein kann** (WA I, 84), und Elisabeth Seiferth in *ÖRTLICH BETÄUBT* schreibt **mit Sütterlinbuchstaben eine Denunziation [...] die einem Menschen das Leben kosten soll** (WA IV, 163). Oskar **durchschaut** diese Bezüge: **In der Tat läßt sich gerade die Sütterlinschrift für Markantes, Kurzformuliertes, für Tageslosungen etwa, gebrauchen. Auch gibt es gewisse Dokumente, die ich zwar nie gesehen habe, die ich mir dennoch mit Sütterlinschrift beschrieben vorstelle. Ich denke da an Impfscheine, Sporturkunden und handgeschriebene Todesurteile. Schon damals, da ich Sütterlinschrift zwar durchschauen, aber nicht lesen konnte, wollte die Doppelschlinge des Sütterlin M, mit dem die Inschrift begann, tückisch und nach Hanf riechend, mich ans Schafott gemahnen** (103). Seine **Assoziationen** sind Einzelhaft, Schutzhaft, Oberaufsicht und **Alle-an-einen-Strick** (104), und später betont er, das **Judensau** an Markus' Schaufenster sei **in Sütterlinschrift [...] geschrieben** (260). Gerade an dieser Schrift kann man zeigen, wie Oskar trotz seines Durchschauens der Kleinbürgerwelt ihren Verstrickungen nicht entgeht: Wenn er sein und Roswithas »Am Atlantikwall« aufschreibt, tut er das **mit Sütterlinbuchstaben** (443). Dasselbe gilt für die Oskar wie Grass gleichermaßen verhassten Butzenscheiben als Zeichen für die falsche kleinbürgerliche ›Gemütlichkeit‹ (140, 672, 755, WA IX, 571, 573, WA IV, 315): Sie finden sich auch im **Zwiebelkeller**, in dem Oskar seinen Lebensunterhalt verdient (687).

[72] Ursprünglich hieß dieses nach Greffs Gewicht benannte Kapitel nicht »75 Kilo«, sondern »87 Kilo«, was, mit einigen zusätzlichen Gramm, die ›Pointe‹ »175 Pfund« ergeben hätte – gemäß dem damaligen § 175.

[73] Vgl. dazu V. Neuhaus: Das christliche Erbe bei Günter Grass, in: H. L. Arnold (Hrsg.): Günter Grass, Text + Kritik, Heft 1/1a 1988, 6. Auflage, 108–119

[74] L 37, 72

[75] L 26, 235

[76] Vgl. den Anfang von *DICHTUNG UND WAHRHEIT*: **Die Konstellation war glücklich; die Sonne stand im Zeichen der Jungfrau und kulminierte für den Tag; Jupiter und Venus blickten sie freundlich an, Merkur nicht widerwärtig; Saturn und Mars verhielten sich gleichgültig: nur der Mond, der soeben voll ward, übte die Kraft seines Gegenscheins um so mehr, als zugleich seine Planetenstunde eingetreten war. Er widersetzte sich daher meiner Geburt, die nicht eher erfolgen konnte, als bis diese Stunde vorübergegangen.** Weitere Horoskope gibt Oskar für seine Mutter (24) und für seinen mutmaßlichen Sohn Kurt (391).

[77] IV. Teil, 20. Buch

[78] L 26, 224, das Pütz-Zitat aus Heinz Peter Pütz: Kunst und Künstlerexistenz bei Nietzsche und Thomas Mann, Bonn 1975, 2. durchgesehene und ergänzte Auflage

[79] L 21a, 55 f.

[80] In derselben Bildlichkeit heißt es einmal anlässlich Oskars Wunsch nach Rückkehr unter die Röcke der Großmutter und damit nach Rückgängigmachung seiner Geburt (s. S. 26 und S. 80 ff. dieser Arbeit): **Wer nimmt mich heut' unter die Röcke? Wer stellt mir das Tageslicht und das Lampenlicht ab?** (216)

[81] Vgl. A. Henkel u. A. Schöne: Emblemata. Stuttgart 1967, 910 f. Die berühmteste Ausprägung findet sich in Goethes »Selige Sehnsucht«: **Und zuletzt, des Lichts begierig, / Bist du, Schmetterling, verbrannt.** Es begegnet bei Grass auch im Gedicht »Die Mückenplage«: **Nun glauben wir an Flammen, / die zwanzig Pfennige kosten, / denen die Mücken sich nähern, / einer kurzen Verheißung.** (WA I, 17)

[82] L 21, 93

[83] Vgl. ähnlich 532: **Bei meiner Geburt unter den Glühbirnen bestimmte er mich fürs Geschäft. Um nicht hinter dem Ladentisch stehen zu müssen, stellte sich Oskar über siebzehn Jahre lang hinter ungefähr hundert weißrot gelackte Blechtrommeln.**

[84] Grass hat in seiner *Jungbürgerrede: Über Erwachsene und Verwachsene* diesen Komplex ganz im Sinne Oskars wieder aufgegriffen, worauf G. Cepl-Kaufmann hingewiesen hat (L 14, 128): Da sein Sohn Bruno mit Schwyzerdeutsch/Hochdeutsch **zweisprachig** aufwächst, hat er in Analogie zu **erzählen/verzelle** zu **›Erwachsene‹ ›Verwachsnige‹** gebildet (WA IX, 430 f.). Grass übernimmt das Wortspiel: **Es scheint, als sei das Angebot der Erwachsenenwelt wenig verlockend und eher abschreckend. Die jugendliche Angst spricht sich aus in dem Wunsch, nicht so zu werden: so festgelegt, so angepaßt, so verantwortlich, so eingekauft, so eng, mürrisch, unbefriedigt und verheiratet, so erwachsen** (WA IX, 431 f.). Zugleich beginnt sehr früh der gegenläufige Prozess: **Jeder von Ihnen konnte und kann an sich beobachten, wie er, älter, reifer, verantwortlicher, erwachsener werdend, gleichzeitig zu verkümmern, sich zu verengen und insgesamt zu verwachsen begann** (WA IX, 431). Hier ist als innerlicher Vorgang exakt beschrieben, was Oskar beim Erwachsenwerden als Verwachsung begegnet, sobald er sich entschließt **verantwortlich** und erwachsen zu werden. Sogar seine Reaktion darauf erwähnt Grass in der *Jungbürgerrede:* **dauerndes Ungenügen und eine latente Fluchtbereitschaft in jugendliches bis kindliches Verhalten** (WA IX, 432). Als fiktive Gestalt kann Oskar in seiner Welt diese Flucht sogar real vollziehen und zur Trommel zurückfliehen.

[85] Von seinem Vater Matzerath sagt Oskar einmal, dass er, der **Gefühle in Suppen verwandeln kann** (47, 532, 699) – allerdings auch nur in Suppen! – **eigentlich nur während seiner Lieblingsbeschäftigung, während des Kochens *differenzierter, ja sensibel und deshalb beachtenswert* wurde** (341).

[86] WA VIII, 44

[87] WA IX, 8 ff.

[88] WA IX, 11

[89] So L 52, 12

[90] Zum Stockturm vgl. auch das Gedicht »Kleckerburg«, WA I, 208

[91] L 26, 136

[92] S. dazu 158: **[...] daß ich meinen Bühnentrick (= Tribünentrick) ähnlich wie das fernwirkende Glaszersingen bis zur Perfektion trieb.**

[93] L 26, 336, Anm. 46. Sie stützt sich bei ihrer Definition auf G. von Wilpert: Sachwörterbuch der Literatur, Stuttgart 1964, 4. Aufl., Stichwort ›Ästhetizismus‹, und setzt sich zugleich – zu Recht – von G. Just ab, der zwischen Oskars Ästhetentum und seinem Ästhetizismus nicht unterscheidet.

[94] L 26, 163

[95] WA VI, 154 f.

[96] So auch L 26, 184

[97] Grass im Gespräch mit G. Cepl-Kaufmann, WA X, 111

[98] L 20, 128

[99] WA III, 826

[100] L 26, 160

[101] WA I, 56. *Tertium comparationis* ist die anatomische Bezeichnung ›Muttermundstrompete‹.

[102] L 49, 53, spricht vom **Dualismus von Innerlichkeit und Terror,** den er auch bei Matzerath nachweist (s. u.). Zu Meyn vgl. Hillmann, L 24, 11 ff.

[103] Klepp ist es auch, der Oskar die Vermarktung seiner Kunst, **den Umgang mit den Managern**, verübelt (733). Zu Klepp s. auch Richter, L 49, 64 f.

[104] L 26, 161

[105] Der Begriff wird im Buch selbst erläutert: in den Strand gerammte Pfähle **gegen eventuelle Panzer und Landungsboote** (443).

[106] Vgl. dazu auch Richter, L 49, 92 f., der schreibt, dass Oskar am Tod der Nonne **durch Passivität ebenfalls mitschuldig wird.**

[107] Grass hat bei der Arbeit an der *Blechtrommel* gleichzeitig als Oskar geschrieben und als Lankes gemalt: In seinem zeichnerischen Werk gibt es eine ganze Nonnenserie, Teile daraus sind in *Zeichnen und Schreiben I. Zeichnungen und Texte 1954-1977* und in *Vier Jahrzehnte. Ein Werkstattbericht* reproduziert. Vgl. auch Grass' Beitrag *Wer wird dieses Bändchen kaufen?* (WA IX, 31): **[...] ihr arbeitsamen Klarissinnen, ihr klugen Ursulinen, ihr barmherzigen Vinzentinerinnen. Wie oft habe ich euch mit schwarzer Tusche, mit grauer Kohle gezeichnet und mit kühnen Worten bedichtet. Noch jüngst verkaufte ich ein Blatt, betitelt: ›Dreizehn Nonnen mit Regenschirmen‹ [...]**

[108] Bei der zweiten Darstellung der Szene »Karfreitagskost« beschreibt Oskar, was alles sich vollzieht, **während ich auf dem Blech wütend und auch begeistert manch neuen Rhythmus fand** (651).

[109] Vgl. dazu G. Just, L 30, der von einer **amoralischen, apolitischen, ästhetizistischen Wahrnehmung der Welt** (84) spricht. Ich folge dem Vorschlag von S. Jendrowiak zwischen ›ästhetisch‹ und ›ästhetizistisch‹ zu unterscheiden (L 26, 336, Anm. 46, s. auch S. 37 dieser Arbeit).

[110] So fasst er z. B. ein Rolltreppengeländer nicht ohne Handschuhe an (775), in Klepps Zimmer ist von vornherein seine größte Sorge, er könne unter diesen hygienischen Bedingungen zum Spaghettiessen eingeladen werden (661 ff.). **Bis heute hat Oskar nicht verstehen können, wie er sich damals** angesichts des **›scheußlichsten aller Teller‹**, ›mit üblem, an den Fingern klebendem Besteck‹ ›zum Gebrauch von Messer und Gabel hat aufraffen können‹ (664). Er kann unter der Langfuhrer Eisenbahnunterführung nicht hergehen ohne zu bemerken, dass es dort **immer gelblich und ekelhaft tropfte** (181 f., ähnlich 464, 471). Dieses Detail bedarf inzwischen der Erläuterung: Vor der Elektrifizierung aller Strecken wiesen Schilder der Reichsbahn bzw. der Bundesbahn an Unterführungen auf **tropfendes Lokomotivwasser** hin, was jedoch von der Bevölkerung allgemein für die Wirkung der nach unten offenen Zugtoiletten gehalten wurde.

[111] Er spricht von den **gewohnten, verdammten Ölsardinen**, beim Beobachten seiner Mutter fallen ihm, **der ich in der Küchentür stand, die Hände von der Trommel** (206).

[112] L 40, 62

[113] Abgedruckt in L 4, 21 ff.

[114] L 30

[115] L 34, 16

[116] L 20, 121

[117] WA I, 173

[118] L 15

[119] L 10, 90

[120] L 11, 79

[121] Leider hat ausgerechnet diese massive Vergewaltigung des Textes Eingang in zwei didaktische Werke gefunden: Ute Liewerscheidt spricht in ihrer Interpretation von einer **bestechenden These** (L 36, 10) und Annegrit Brunkhorst-Hasenclever und Martin Brunkhorst drucken gerade diesen Passus als einzige ›wissenschaftliche‹ Interpretation neben Koopmanns wichtigen Darlegungen ab (L 12, 34 ff.).

[122] L 37, 76 f.

[123] Th. Mann, zitiert bei S. Jendrowiak, L 26, 88

[124] WA VI, 6

[125] WA IV, 15

[126] Zur Taschenbuchausgabe von 1974 (rororo 1751 bzw. Sammlung Luchterhand 310)

[127] WA VI, 172

[128] L 32

[129] WA VI, 233

[130] WA IV, 400

[131] Ähnlich heißt es S. 324: **So vieles ereignet sich gleichzeitig. Während vor meinem Bett Matzerath, die Greffs, die Schefflers mit Obst und Kuchen drängten, während man aus Bissau über Goldkrug und Brentau zu Fuß zu mir kam, weil die Eisenbahnlinie Karthaus bis Langfuhr noch nicht frei war, während Krankenschwestern, weiß und betäubend, Krankenhausklatsch vor sich herplapperten und im Kindersaal Engel ersetzten, war Polen noch nicht verloren, dann bald verloren und schließlich, nach den berühmten achtzehn Tagen, war Polen verloren, wenn sich auch bald darauf herausstellte, daß Polen immer noch nicht verloren war; wie ja auch heute, schlesischen und ostpreußischen Landsmannschaften zum Trotz, Polen noch nicht verloren ist.**

[132] WA IX, 625

[133] L 46

[134] L 30, 107

[135] L 48, 71. In ihrer 1981 bei mir angefertigten Staatsexamensarbeit weist Maria Henzgen darauf hin, dass es auch eine direkte Beziehung zwischen den beiden Daten und dem privaten Schicksal der Familie gibt: Der Weltmachtpolitik nach außen entsprach in dieser Zeit eine forcierte Germanisierung der preußischen Polen im Innern, deren Opfer der überzeugte Pole Koljaiczek letztlich wird. Angesichts der Fahnen und Kapellen er**wachte sein altes Koljaiczeksches Brandstifterherz und er spuckte den sanften Wranka** aus (36) und flieht. Unter den Klängen der deutschen Nationalhymne und anderer patriotischer Lieder stirbt Oskars polnischer Großvater unter **Seiner Majestät Flößen** (37).

[136] Richter, L 48, 71, bezieht hier *Katz und Maus*, erzählt von Pilenz, und die *Hundejahre*, im Mittelteil erzählt von Liebenau, mit ein, da in ihnen dasselbe Verfahren zu beobachten ist.

[137] Sie spricht (z. B. L 53, 75) davon, dass die **inhaltlich beziehungslose Verknüpfung von Vorder- und Hintergrund die kleinbürgerliche Welt als ungleichzeitig gegenüber den politischen Verhältnissen ausweist. Die Ungleichzeitigkeit ist dabei bedingt durch die Unfähigkeit der Kleinbürger, ihre eigenen Verhältnisse in Relation zu den allgemeinen zu sehen.**

[138] L 24, 19

[139] L 53, 42 f.

[140] L 49, 20 f.

[141] Ebd. 21

[142] WA IX, 237, 244. Zu Grass und Döblin s. B. Böschenstein, L 8, Ergänzungen bei S. Jendrowiak, L 26, 75–79, Korrekturen an Grass' Döblin-Bild bei Kellermann, L 31

[143] WA IX, 240

[144] L 48, 79

[145] Gerade das kritisiert Oskar an der herkömmlichen Geschichtsschreibung, die säuberlich in **Geschichtsbuchkapitel** (521) abgeteilt und allzusehr an Personen ausgerichtet ist, die ›Geschichte‹ machen: **Wegen des einen einzigen Königs wurden tausendachthundert Häuser zerstört.** (521 f.)

[146] Grass ist damit einer der ersten, der auf diese Formen des Jugendwiderstandes hingewiesen hat. In Köln selbst begann z. B. erst in den siebziger Jahren die öffentliche Diskussion um die Edelweißpiraten.

[147] Neben diesen historischen Details liefert Oskar zugleich eine Fülle kulturhistorischer Informationen, so die Sitte, **abwaschbare Hemdkragen** zu tragen (96), den aus Armut entstandenen Brauch, den abgetragenen Mantel vom Schneider wenden zu lassen (162), das Verfahren schwarze Anzüge mit Kaffee auszubürsten (238), als chemische Reinigungen und Benzinbäder selten und teuer waren, die 30%-Wolle der schlechten Nachkriegsstoffe (594), das Kippensammeln, den Nylonhut des Anwalts am Anfang der fünfziger Jahre, das **Fringsen** (600) und Ähnliches.

[148] WA IX, 625

[149] Ebd.

[150] L 4, 10

[151] L 14, 101

[152] G 2, 4 f.

[153] L 14, 101. Diese Feststellung bedarf hinsichtlich der *Hundejahre* der Ergänzung. In ihrer schon in Anm. 135 zitierten Staatsexamensarbeit hat Maria Henzgen nachgewiesen, dass Grass von den ›Vansittartisten‹ beeinflusst ist, die den Nationalsozialismus auf spezifisch deutsche Eigenschaften und Traditionen zurückführten.

[154] L 14, 101. Diese Deutungsabstinenz ist Grass von vielen Kritikern vorgeworfen worden, z. B. von F. Richter in L 49: **Grass stellt die Ideologie des Kleinbürgertums glänzend dar, ohne den Versuch zu unternehmen, die Kausalitäten, die für die Produktion dieser Ideologie und für deren politische Verwertung von entscheidender Bedeutung sind, in die Darstellung einzubeziehen. Die kleinbürgerliche Ideologie, der kleinbürgerliche ›Mief‹ erscheint als a priori vorhanden [...] und gebiert den Faschismus** (106). Richter, der Grass von einem marxistischen Standpunkt aus kritisiert, ist besonders hellsichtig für Grass' Appell an den Einzelnen und arbeitet diese Haltung richtig heraus: **Hinter der Maske des Bürgerschrecks verbirgt sich der Bürger, dessen affirmative Pose unleugbar ist: nicht die gesellschaftliche Organisation bedarf einer Revision, sondern der in ihr lebende Bürger** (106). Das ›verbirgt‹ ist unnötig, da Grass sich stets offen zu dieser Haltung bekannt hat (vgl. dazu Neuhaus, L 42, 127).

[155] L 53 a, 93

[156] Vgl. dazu L 14, 84 f.

[157] **An sich hatte nur Mama etwas für Opern übrig. Für Matzerath waren selbst Operetten zu viel. Jan richtete sich nach Mama, schwärmte für Arien, obgleich er trotz seines musikalischen Aussehens vollkommen harthörig für schöne Klänge war.** (138)

[158] Die katholische Kirche erscheint auch hier, wie stets bei Grass, als systemkonforme Einrichtung zur Stabilisierung aller irdischen Verhältnisse mitsamt ihren Schwächen und Fehlern. In der **büßenden Magdalena im Eheschlafzimmer, die fleischfarben** dem **›hellblauen‹ ›Betthimmel‹** konstrastiert (51), ist Agnes' Rolle längst präfiguriert.

[159] **Und mir erzählte noch vor einigen Tagen ein Arzt der Heil- und Pflegeanstalt von einer verheirateten Frau, die sich mit einem lebendigen Aal befriedigen wollte.** (194)

[160] Oskar spielt hier auch in der Formulierung auf den Tod Koljaiczeks an: [...] **und das Floß schob sich über ihn und wollte nicht mehr aufhören, gebar immer ein neues Floß: Floß von deinem Floß, in alle Ewigkeit: Floß** (37). Zu **›Aal von deinem Aal‹**, **›Floß von deinem Floß‹** vgl. Gen 2, 23.

[161] Vgl. dazu L 24, 7 f., zur Karfreitagskost L 30, 133–136, L 49, 35 f., 92 f.

[162] Vgl. dazu L 14, 84 f., G. Just L 30, 51, 183 f.

[163] Im Film ruft Gretchen Scheffler: **Die ›Gustloff‹ nimmt noch Leute mit.** (G 12, 162)

[164] L 49, 23 ff., 31 f.

[165] Oskar **glaubte auch ein- oder zweimal in einer Horde Infanteristen Marias flotten Bruder erkannt zu haben; aber er war es nicht: Feldgrau täuscht!** (433)

[166] **Sie sahen alle aus wie der Musiker Meyn, trugen Meyns SA-Uniform** [...] (260)

[167] In den knappen Angaben zu diesem Verhältnis mit dem verheirateten Stenzel (638), dem Siezen **im Geschäft** und dem Duzen **nach Feierabend** (643), dessen **allabendlichen** Besuchen (673), in Kurtchens Anrede, die von **Onkel Stenzel** zu **Papa Stenzel** übergeht (699, 711), erscheint ganz nebenbei ein Stück Sittengeschichte der ersten Nachkriegszeit mit ihrem Männermangel und ihren kriegszerstörten Familien.

[168] Zu Oskars Kleinbürgereigenschaften (s. S. 64 dieser Arbeit) gehört auch die Hoffnung, seinem **Stammhalter** (456) sein Geschäft, also das Trommeln, zu vererben; im Gegensatz zu allen andern ist er aber imstande, das als **Denkfehler** (457) zu erkennen.

[169] Vgl. auch das diametral entgegengesetzte Verhalten beider zu denselben Geburtstagsgeschenken (81 u. 460 f.).

170 **Bete und arbeite – Industrie und Religion Hand in Hand** (599). **[...] sangen die Starkstromengel in Dreierkolonnen zum Horizont hin, wo Köln und sein Hauptbahnhof neben dem gotischen Fabeltier lagen, und versorgten die katholische Beratungsstelle mit Strom, himmlisch über die Rübenäcker** [...] (602). S. dazu L 26, 177

171 Ebd. 181

172 G 12, 120

173 Dass Oskar gerade nicht an die **epochemachenden Erfindungen** der Erwachsenen glaubt, nicht an die Uhr, nicht an Niobe – solange er dabei ist, ist Herbert Truczinski sicher –, damals wie heute nicht an den Weihnachtsmann, kurz, an keinerlei Ideologie, sondern ihnen insgesamt sein skeptisches **Wissen und** [...] **Nichtwissen** (263) entgegensetzt und gerade den blinden Glauben als die Ursache der Verbrechen denunziert und nicht die Fetische dieses Glaubens, wird häufig übersehen. Richtig heißt es bei I. Schneider, L 53, 115: **Der einleitende Satz ›Ich aber, ich weiß nicht‹ expliziert im Grunde sein Lebensprinzip: entscheidend ist die Skepsis gegenüber dem, was den anderen als sicher erscheint.** H. Hillmann spricht dagegen von **Oskars aus mangelnder Einsicht entstehendem metaphorisch-dämonischem Antifaschismus und Schicksalsglauben** (L 24, 21). Ähnlich nennt S. Jendrowiak **Oskar den Prototyp einer irrationalistisch-dämonologischen Denkhaltung** (L 26, 274). Richtiger heißt es bei F. Richter, L 49, 74 f.: **Oskar geht also nicht vollkommen in der kleinbürgerlichen Welt auf. Zwar steht er wie seine kleinbürgerliche Umgebung unter der Herrschaft des Fetisches, des Objektes** [...], **zwar akzeptiert Oskar eine Holzfigur als Ursache des Unglücks. Aber zugleich läßt Grass seinen Erzähler die Unsterblichkeit als Menschenwerk erkennen: ›Der Konservator hatte den Holzleib gegen Würmer gefeit und unsterblich gemacht‹ (248). Das Resultat ist eine für *Die Blechtrommel* charakteristische Widersprüchlichkeit. Einerseits wird auf diese Weise die menschliche Aktivität, die hinter dem Niobe-Komplex steht, auf einer allegorischen Ebene sichtbar gemacht [...] Andererseits wird die menschliche Aktivität nicht historisch konkretisiert. Vielmehr wird diese Aktivität in einen antithetischen Rahmen gebettet, in dem ein zielgerichtetes menschliches Handeln in einem anscheinend unabänderlichen Dualismus seine Grenzen findet. So läßt sich das ›Unglück‹ in der *Blechtrommel* zwar auf menschliches Handeln zurückführen, aber dennoch tritt es als unveränderbare Macht auf.** Richter übersieht dabei, dass allein in der Tatsache, dass Oskar seine Einsichten trommelnd und romanschreibend weitergibt und dabei immer wieder an den Einzelnen appelliert und ihn zur Skepsis aufruft, ein Moment der Hoffnung auf eine allmähliche Änderung liegt, die allerdings Richters eigenen Vorstellungen konträr zuwiderläuft, s. dazu S.142 dieser Arbeit, Anm. 154.

174 WA IX, 458–461

175 WA IX, 755–769

176 L 53, 107 f. Weitere Deutungen zum Kapitel »Glaube Hoffnung Liebe« finden sich bei J. Rothenberg, L 52, 12 ff., G. Just, L 30, 181 f., J. Rohlfs, L 51, 117, G. Jung, L 28.

177 Der Begriff ›Engführung‹ als sprachliche Metapher begegnet auch sonst bei Grass: In *Aus dem Tagebuch einer Schnecke* heißt es: **Ich will das nicht engführen** (WA IV, 287), in *örtlich betäubt*: **Ich will das jetzt nicht bis zur Platzangst verengen** (WA IV, 72).

178 WA IX, 767 f.

179 WA IX, 768

180 Erst angesichts des brennenden Danzig steht Matzerath da **wie ein Kind, das nicht weiß, ob es weiterhin an den Weihnachtsmann glauben soll,** und äußert **erstmals Zweifel am Endsieg** (514). Oskar hat an solch kindlichen-kindischen Täuschungen nie Anteil, immer schon erkennt er, dass der Weihnachtsmann **in Wirklichkeit Greff** heißt, wie es nur vier Seiten nach der ›Weihnachtsmann‹-Allegorie heißt (271 f.). Der **Gasmann** hat seine Wurzeln in der grauenhaften Realität von Auschwitz, die Vorstellung von Hitler als **Weihnachtsmann** kann einer in der Nazizeit im Untergrund kursierenden Parodie einer Goebbels-Rede entstammen, die zugleich das Wort vom **größten Feldherrn aller Zeiten** verspottete. Anlässlich einer Weihnachtsbescherung durch Hitler sagt Goebbels: **Wenn ich in all diese strahlenden Kinderaugen blicke, so muß ich sagen: Mein Führer! Sie sind der größte Weihnachtsmann aller Zeiten!**

181 Dieser Exkurs nimmt viele Themen des von der Steinzeit bis in die siebziger Jahre unseres Jahrhunderts reichenden *Butt* vorweg. Beide Romane verhalten sich als Geschichtsromane komplementär zueinander: Gestaltet *Die Blechtrommel* die allgemeine Geschichte nur in solch kurzen Exkursen, macht *Der Butt* sie zum Thema, während das Dritte Reich – und mit ihm Oskar! – nur als Schlussepisode im Leben der Lena Stubbe erscheint (WA V, 529).

182 Es ist die große Bedeutung des Lehrers Hermann Ott genannt Zweifel in *Aus dem Tagebuch einer Schnecke*, dass an ihm deutlich gemacht werden kann, wie viel inmitten des allgemeinen Unrechts ein Einzelner vermag, der bereit ist auch unter Preisgabe seiner bürgerlichen Existenz, ja unter Gefährdung des

Lebens gegen den Strom zu schwimmen, beim kollektiven Unrecht nicht mitzumachen, sondern es nach besten Kräften lindern zu helfen.

183 Vgl. dazu das Gedicht »Normandie« (WA I, 85), die Gestalt des Generals Krings, der seine verlorenen Schlachten nachträglich im Sandkasten gewinnen will (*ÖRTLICH BETÄUBT*) wie der Alte Fritz im Himmel mit Zinnsoldaten die Schlacht von Kolin (*DER BUTT*, WA V, 382). Von Strauß behauptet eine Gestalt der *KOPFGEBURTEN*, er wolle **noch immer Stalingrad halten** (WA VI, 198).

184 L 10, 95–99

185 *DIE UNFÄHIGKEIT ZU TRAUERN. GRUNDLAGEN KOLLEKTIVEN VERHALTENS*. München 1967; Grass hat sich später ausdrücklich auf dieses Buch berufen: WA IX, 488.

186 WA X, 183

187 Life LVIII, 22, S. 51

188 WA IV, 8

189 So der Titel von F. Richters Buch, L 48

190 L 57, 123

191 L 56, 43

192 L 30, 110 f.

193 Ebd. 126 f.

194 WA I, 129 f., vgl. auch »Das endlose Laken« (WA I, 45), »K, der Käfer« (WA I, 49 f.), »Kettenrauchen« (WA I, 175)

195 L 34, 91

196 Diesen Aspekt hat vor allem F. Richter herausgearbeitet (L 48). Er stellt dar, wie die **zerschlagene Wirklichkeit**, die seinem Buch den Titel gegeben hat, in solchen Bildreihen neu zusammengesetzt wird.

197 Zum Kartenspiel und zu den Spielkarten in der *BLECHTROMMEL* s. L 14, 88; L 30, 183 f.

198 WA IX, 112, 144, das Gedicht »Credo«, WA I, 44, vgl. dazu L 26, 12 f.

199 L 44, 147

200 Ebd.

201 L 35, 90

202 G 5, 269

203 L 17, 86. Über der Untersuchung all dieser Anspielungen verfehlt Diller den gesamten so dichten und konkreten zeitgeschichtlichen Gehalt: Von Danzig und Polen, von Judenverfolgung, Krieg und Nachkriegszeit, Währungsreform und drohendem Revanchismus bleiben **in the last analysis** nur **primordial states, ritual adventures, and mythological prototypes** übrig, **which Grass so masterfully develops** (ebd. 172).

204 WA IV, 499

205 S. Jendrowiak hat auf das Buch von René Fülöp-Miller: *DER HEILIGE TEUFEL. RASPUTIN UND DIE FRAUEN*, Berlin/Wien/Leipzig 1927, als wahrscheinliche Quelle für Oskars und Grass' Rasputin-Bild hingewiesen (L 26, 239 u. 344, Anm. 48).

206 Als **Kräfte der Ordnung** werden, ihrem eigenen Verständnis gemäß, von Oskar auch einmal ganz konkret die Nazis apostrophiert (145).

207 WA III, 212

208 WA III, 248

209 WA IX, 38. Deshalb bemühen sich Oskar und Klepp auch, durch Zerschneiden und Neuzusammenfügen ihrer Fotos **neue, und wie wir hoffen, glücklichere Geschöpfe zu erschaffen** (60). H. Ide deutet in diesem Sinn einer von Anfang an fehlerhaften Schöpfung Vittlars rätselhafte Äußerung, auch im Paradies habe es Kochäpfel gegeben (743): **Alles, was die Schwarze Köchin kochte, führt letzten Endes auf den Ursprung, an den Anfang der Schöpfung zurück** (L 25, 614). Im *MEISSNER TEDEUM* heißt es entsprechend: **Wer hat dem lieben Gott / einst das Konzept versaut?** (WA I, 270), im *BUTT:* **Deine Fehlplanung, Gott!** (WA V, 210 f.), und drastischer: **Haufen Scheiße, wie Gott ihn fallen ließ** (WA V, 217). Mit Recht hat deshalb schon H. Loetscher *DIE BLECHTROMMEL* ›**ein eminent katholisches Buch**‹ ›**im Annehmen und Gestalten der Sündhaftigkeit der Welt**‹ genannt (G 6, 194), und Grass hat die **katholische Ideologie**, eben weil sie vom unvollkommenen, vom ›gefallenen‹ Menschen ausgeht, als **lebensfähiger** denn **die marxistische** bezeichnet (G 3, 200). Vgl. dazu auch L. Fergusons Überlegungen zum **hinter Glas gehaltenen Gestank der eingeweckten Embryone** [...] **Man fragt sich, ob er damit die Welt schon in ihrem Keimstadium als verpestet und stinkend entblößen will. So spricht er auch später von ›verruchten, haßerfüllten Säuglingen‹, die zu ›unschuldigen Großmüttern‹ werden, und verlegt damit ebenfalls die Verseuchung des Menschen in das Anfangsstadium** (L 21, 97).

210 Zum Gegensatz Apoll – Dionysos, den Oskar von Nietzsche übernimmt, s. S. Jendrowiak, L 26, 86 und 324, Anm. 104, die weitere Literatur nennt; ähnlich F. Richter, L 49, 93 f., der auf die Nietzsche-Rezeption Thomas Manns verweist.

211 Einem solchen nicht-dualistischen Messias entspricht es auch, dass sein Jünger von Vittlar **Judas oder Johannes** (171), Teufel und Engel (368) ist, wie vor allem das Gespräch 743–749 zeigt, in dem dieser **Baldanders** (s. S. 139 dieser Arbeit, Anm. 65) Paradiesesschlange und Engel in einem ist. Auf die Parallelen zum Teufelsgespräch im *DR. FAUSTUS* hat S. Jendrowiak hingewiesen (L 26, 227 f.).

212 L 49, 108

213 Oskars Aussage wird bestätigt vom Bandenchef Störtebeker, der als Starusch in *ÖRTLICH BETÄUBT* schreibt: **Wir hatten ja unser Maskottchen. Jesus nannten wir das. Jesus war gegen Feuer** [...] (WA IV, 131). Oskars Messe in der Herz-Jesu-Kirche wird auch in *KATZ UND MAUS* erwähnt (WA III, 88).

[214] L 41, 739
[215] WA IV, 447. Das 1972 erschienene Buch geht auf Notizen aus dem Jahre 1969 zurück.
[216] WA I, 265–271
[217] WA I, 271
[218] WA I, 266
[219] Auch ganz konkret nicht: Auf das **Ite, missa est** folgt sofort die Verhaftung der ›Gemeinde‹ (499).
[220] L 21 a, 64
[221] WA IV, 567
[222] S. dazu L 30, 179
[223] G 2, 7
[224] S. dazu auch L 52, 167
[225] WA IX, 145
[226] Zum Aufklärungsbegriff bei Grass s. L 14, 126 und L 42, 128
[227] WA VI, 212 f.
[228] L 21 a, 55. Oskars Urbild, der Säulenheilige, war ja auch **Existentialist, wie es die Zeitmode vorschrieb** (s. S. 13 dieser Arbeit).
[229] WA VI, 134
[230] WA VI, 71
[231] WA VII, 449
[232] WA VII, 319, 295
[233] WA VII, 299 f.
[234] G 4, 214
[235] G 1, 43
[236] WA IX, 240
[237] L 20, 166, s. auch L 19
[238] WA X, 9
[239] L 30, 109; L 13, 470
[240] L 57, 124
[241] L 30, 124
[242] L 53, 44 schränkt dieses grundsätzliche Phänomen der Grass'schen Prosa jedoch auf die Möbel der Kleinbürgerwohnung ein, **z. B. Purpur bezieht die Chaiselongue, das Rauchtischchen wechselt seinen Platz** und deutet es als Indiz dafür, **daß die Gegenstände für die Bewohner die Relevanz und Bedeutung von Kommunikationspartnern haben.**
[243] WA VI, 71
[244] WA X, 8
[245] L 53 a, 21
[246] Ebd. 22
[247] Ebd. 21
[248] Ebd. 24
[249] Ebd. 21
[250] Meyns Worte **Der Führer, wie ich den sehe usw.** (G 13, 89) sagt in den *HUNDEJAHREN* der SA-Sturmführer Sawatzki (WA III, 370).
[251] L 53 a, 23
[252] Ebd. 60
[253] Ebd. 72, ähnlich 44
[254] Ebd. 25
[255] Ebd. 61
[256] Ebd. 80 f.
[257] Ebd. 119
[258] Ebd. 49
[259] Ebd. 39
[260] Ebd. 116
[261] Ebd. 122
[262] L 4, 22
[263] L 40, 62
[264] L 41
[265] L 30
[266] L 53 a, 38
[267] Ebd. 25
[268] L 34, 16
[269] L 53 a, 23
[270] Ebd. 62
[271] Ebd. 38
[272] G 12, 46
[273] L 53 a, 125
[274] Ebd. 72
[275] Ebd. 38
[276] Ebd. 72 f.

Literaturverzeichnis

Günter Grass: Werkausgabe in 10 Bänden (WA)

Hrsg. von Volker Neuhaus, Neuwied 1987. Kritisch durchgesehen, kommentiert und mit Nachworten versehen; ausgestattet mit Karten von Danzig, Langfuhr und dem Freistaat (in II), einer Tabelle zur Geschichte Danzigs (in V) und einer Grass-Vita mit Selbstaussagen (in X)

WA I Gedichte und Kurzprosa. Hrsg. von Anita Overwien-Neuhaus und Volker Neuhaus

WA II Die Blechtrommel. Hrsg. von Volker Neuhaus

WA III Katz und Maus. Hundejahre. Hrsg. von Volker Neuhaus

WA IV örtlich betäubt. Aus dem Tagebuch einer Schnecke. Hrsg. von Volker Neuhaus

WA V Der Butt. Hrsg. von Claudia Mayer

WA VI Das Treffen in Telgte. Kopfgeburten oder Die Deutschen sterben aus. Hrsg. von Christoph Sieger

WA VII Die Rättin. Hrsg. von Angelika Hille-Sandvoß

WA VIII Theaterspiele. Hrsg. von Angelika Hille-Sandvoß

WA IX Essays, Reden, Briefe, Kommentare. Hrsg. von Daniela Hermes

WA X Gespräche. Hrsg. von Klaus Stallbaum

Günter Grass: Werkausgabe in 16 Bänden

Hrsg. von Volker Neuhaus und Daniela Hermes, Göttingen 1997

Weitere Werke von und über Günter Grass

G 1 Diskussionsbeiträge zur Podiumsdiskussion »Lyrik heute«. In: Akzente 8 (1961), 38 ff.

G 2 Arnold, Heinz Ludwig (Hrsg.): Gespräche mit Günter Grass. (In: L 1, 1–39)

G 3 Bourrée, Manfred: Das Okular des Günter Grass. (In: L 4, 196–202)

G 4 Hartlaub, Geno: Wir, die wir übrig geblieben sind … (In: L 4, 211–216)

G 5 Ingen, Ferdinand van u. Labroisse, Gerd (Redaktion): Gespräch mit G. Grass. In: Deutsche Bücher 1976. Amsterdam 1976, 251–276

G 6 Loetscher, Hugo: Günter Grass. (In: L 4, 190–196)

G 7 Raddatz, Fritz J.: Heute lüge ich lieber gedruckt. Zeit-Gespräch über den *Butt* mit Günter Grass. In: Die Zeit, 12. August 1977

G 8 Rudolph, Ekkehard: Günter Grass. In: Rudolph, Ekkehard (Hrsg.): Protokolle zur Person. München 1971

G 9 Rudolph Ekkehard: Günter Grass. In: Rudolph, Ekkehard (Hrsg.): Aussage zur Person – zwölf deutsche Schriftsteller im Gespräch mit E. Rudolph. Tübingen 1976

G 10 Schwarz, Wilhelm Johannes: Auf Wahlreise mit Günter Grass (1969). (In: L 3, 151–166)

G 11 Vormweg, Heinrich: Der Berühmte. (In: L 4, 202–207)

G 12 Schlöndorff, Volker u. Grass, Günter: *Die Blechtrommel als Film*. Frankfurt a.M. 1979
G 13 Unkenrufe. Göttingen 1992
G 14 Ein weites Feld. Göttingen 1995
G 15 Fundsachen für Nichtleser. Göttingen 1997
G 16 Mein Jahrhundert. Göttingen 1999

Tonaufnahmen

Es war einmal ein Land. Günter Grass liest aus *Blechtrommel* und *Rättin*, begleitet von dem Dresdener Schlagzeuger Günter »Baby« Sommer. 2 Langspielplatten u. 1 Lesebuch. Göttingen 1987
Wer lacht hier, hat gelacht? Günter Grass liest aus *Blechtrommel*, *Hundejahre* und *Rättin*, begleitet von dem Schlagzeuger Günter »Baby« Sommer. 2 Tonkassetten. Göttingen 1988
Luchterhand O-Ton.
Günter Grass. *Die Blechtrommel*. Roman. Gelesen vom Autor. 23 CDs, Hamburg 1997 (Aufnahme des Hessischen Rundfunks von 1989)

Sekundärliteratur

L 1 Arnold, Heinz Ludwig (Hrsg.): Günter Grass. In: Text + Kritik. Heft 1/1a ⁵1978
L 2 Geißler, Rolf (Hrsg.): Günter Grass. Materialienbuch. Neuwied 1976
L 3 Jurgensen, Manfred (Hrsg.): Kritik, Thesen, Analysen. Bern/München 1973
L 4 Loschütz, Gert (Hrsg.): Von Buch zu Buch. Günter Grass in der Kritik. Eine Dokumentation. Neuwied 1968
L 5 Abbé, Derek v.: Metamorphoses of ›Unbewältigte Vergangenheit‹ in *Die Blechtrommel*. In: German Life and Letters 23 (1969/70), 152–160
L 6 Bance, Alan F.: The Enigma of Oskar in Grass's *Blechtrommel*. In: Seminar 3 (1967), 147–156
L 7 Baumgart, Reinhard: Deutsche Gesellschaft in deutschen Romanen. In: Baumgart, Reinhard: Literatur für Zeitgenossen. Essays. Frankfurt a. M. 1966, 37–58
L 8 Böschenstein, Bernhard: Günter Grass als Nachfolger Jean Pauls und Döblins. In: Jahrbuch der Jean-Paul-Gesellschaft 6 (1971), 86–101
L 9 Brode, Hanspeter: Die Zeitgeschichte im erzählenden Werk von Günter Grass. Versuch einer Deutung der *Blechtrommel* und der *Danziger Trilogie*. Frankfurt a. M./Bern 1977
L 10 Brode, Hanspeter: Die Zeitgeschichte in der *Blechtrommel* von Günter Grass. Entwurf eines textinternen Kommunikationsmodells. (In: L 2, 86–114)
L 11 Brode, Hanspeter: Günter Grass. München 1979 (Autorenbücher 17)
L 12 Brunkhorst-Hasenclever, Annegrit u. Brunkhorst, Martin (Hrsg.): Günter Grass *Die Blechtrommel*, *Katz und Maus*. Materialien. Stuttgart 1981
L 13 Büscher, Heiko: Günter Grass. In: Weber, Dietrich (Hrsg.): Deutsche Literatur seit 1945 in Einzeldarstellungen. Stuttgart 1968, 455–483
L 14 Cepl-Kaufmann, Gertrude: Günter Grass. Eine Analyse des Gesamtwerkes unter dem Aspekt von Literatur und Politik. Kronberg 1975
L 15 Cunliffe, W. Gordon: Günter Grass. New York 1969

L 16 Diederichs, Rainer: Strukturen des Schelmischen im modernen deutschen Roman. Diss. Zürich 1971
L 17 Diller, Edward: A Mythic Journey. Günter Grass's *Tin Drum*. Lexington 1974
L 18 Droste, Dietrich: Gruppenarbeit als Mittel der Erschließung umfangreicher Romane: Grimmelshausen *Abenteuerlicher Simplicius Simplicissimus* und Grass *Die Blechtrommel*. In: Der Deutschunterricht 21 (1969), 6, 101 ff.
L 19 Durzak, Manfred: Arno Holz, Alfred Döblin, Günter Grass. Zur Tradition von politischer Dichtung in Deutschland. In: Moderna Sprak 13 (1972), 1–21
L 20 Durzak, Manfred: Fiktion und Gesellschaftsanalyse. Die Romane von Günter Grass. In: Durzak, Manfred: Der deutsche Roman der Gegenwart. Stuttgart 1971, 108–173
L 21 Ferguson, Lore: *Die Blechtrommel* von Günter Grass. Versuch einer Interpretation. Bern 1976
L 21a Gaede, Friedrich: Grimmelshausen, Brecht, Grass. Zur Tradition des literarischen Realismus in Deutschland. In: Simpliciana. Schriften der Grimmelshausen-Gesellschaft I. 1979, 54–66
L 22 Geißler, Rolf: Der moderne Roman im Unterricht – zum Beispiel *Die Blechtrommel* von Günter Grass. In: Helmers, Hans (Hrsg.): Moderne Dichtung im Unterricht. Braunschweig 1967, 126–141
L 23 Görtz, Franz Josef: Günter Grass – Zur Pathogenese eines Markenbilds. Meisenheim am Glan 1978
L 24 Hillmann, Heinz: Günter Grass *Blechtrommel*. In: Brauneck, Manfred (Hrsg.): Der deutsche Roman im 20. Jahrhundert II. Bamberg 1976, 7–30
L 25 Ide, Heinz: Dialektisches Denken im Werk von Günter Grass. In: Studium Generale 1968, 608 ff.
L 26 Jendrowiak, Silke: Günter Grass und die ›Hybris‹ des Kleinbürgers. Heidelberg 1979
L 27 Jendrowiak, Silke: Die sogenannte ›Urtrommel‹: Unerwartete Einblicke in die Genese der *Blechtrommel* von Günter Grass. In: Monatshefte 71 (1979), 2, 172–186
L 28 Jung, Hans-Gernot: Lästerungen bei Günter Grass. (In: L 3, 75–86)
L 29 Just, Georg: Die Appellstruktur der *Blechtrommel*. (In: L 3, 31–44)
L 30 Just, Georg: Darstellung und Appell in der *Blechtrommel* von Günter Grass. Darstellungsästhetik versus Wirkungsästhetik. Frankfurt a. M. 1972
L 31 Kellermann, Rolf: Günter Grass und Alfred Döblin. (In: L 3, 107–150)
L 32 Koopmann, Helmut: Günter Grass. Der Faschismus als Kleinbürgertum und was daraus wurde. In: Wagener, Hans (Hrsg.): Gegenwartsliteratur und Drittes Reich. Stuttgart 1977, 163–182
L 33 Kremer, Manfred: Günter Grass, *Die Blechtrommel* und die pikarische Tradition. In: The German Quarterly 46 (1973), 381–392
L 34 Leonard, Irene: Günter Grass. Edinburgh 1974
L 35 Leroy, Robert: *Die Blechtrommel* von Günter Grass. Eine Interpretation. Paris 1973
L 36 Liewerscheidt, Ute: Günter Grass. *Die Blechtrommel*. Interpretation und didaktische Analyse. Hollfeld [2]1979

L 37 Mannack, Eberhard: Die Auseinandersetzung mit literarischen Mustern – Günter Grass: *Die Blechtrommel*. In: Mannack, Eberhard: Zwei deutsche Literaturen. Kronberg 1977, 66–83

L 38 Mason, Ann L.: The Skeptical Muse: A Study of Günter Grass' Conception of the Artist. Bern/ Frankfurt a. M. 1974

L 39 Mayer, Gerhart: Zum deutschen Antibildungsroman: In: Jahrbuch der Raabe-Gesellschaft 1974, 55–64

L 40 Mayer, Hans: Felix Krull und Oskar Matzerath. Aspekte eines Romans. In: Arnold, Heinz Ludwig u. Buck, Theo (Hrsg.): Positionen des Erzählens. München 1976, 49–67

L 41 Michelsen, Peter: Oskar oder Das Monstrum. Reflexionen über *Die Blechtrommel* von Günter Grass. In: Neue Rundschau 83 (1972), 722–740

L 42 Neuhaus, Volker: Günter Grass. Stuttgart [2]1993 (Sammlung Metzler 179)

L 43 Neuhaus, Volker: Typen multiperspektivischen Erzählens. Köln 1971

L 44 Pflanz, Elisabeth: Sexualität und Sexualideologie des Ich-Erzählers in Günter Grass' Roman *Die Blechtrommel*. München 1975

L 45 Plard, Henri: Über die *Blechtrommel*. (In: L 1, 40–50)

L 46 Preisendanz, Wolfgang: Zum Vorrang des Komischen bei der Darstellung von Geschichtserfahrung in deutschen Romanen unserer Zeit. In: Poetik und Hermeneutik VII. Das Komische. München 1976, 153–164

L 47 Reddick, John: Eine epische Trilogie des Leidens? *Die Blechtrommel, Katz und Maus, Hundejahre*. (In: L 1, 60–73)

L 48 Richter, Frank-Raymund: Die zerschlagene Wirklichkeit. Überlegungen zur Form der Danzig-Trilogie von Günter Grass. Bonn 1977

L 49 Richter, Frank-Raymund: Günter Grass. Die Vergangenheitsbewältigung in der Danzig-Trilogie. Bonn 1979

L 50 Roberts, David: Aspects of Psychology and Mythology – *Die Blechtrommel*. (In: L 3, 45–74)

L 51 Rohlfs, Jochen: Erzählen aus unzuverlässiger Sicht. Zur Erzählstruktur bei Günter Grass. (In: L 1, 51–59)

L 52 Rothenberg, Jürgen: Günter Grass. Das Chaos in verbesserter Ausführung. Geschichte als Thema und Aufgabe des Prosawerks. Heidelberg 1977

L 53 Schneider, Irmela: Kritische Rezeption. *Die Blechtrommel* als Modell. Bern/Frankfurt a. M. 1975

L 53a Schlöndorff, Volker: *Die Blechtrommel*. Tagebuch einer Verfilmung. Neuwied 1979 (Sammlung Luchterhand 272)

L 54 Schwarz, Wilhelm Johannes: Der Erzähler Günter Grass. Bern/ München 1969

L 55 Stanzel, Franz K.: Typische Formen des Romans. Göttingen 1964

L 56 Tank, Kurt Lothar: Günter Grass. Berlin [5]1974

L 57 Wagenbach, Klaus: Günter Grass. In: Nonnenmann, Klaus (Hrsg.): Schriftsteller der Gegenwart. 53 Porträts. Olten/Freiburg 1963, 118–126

L 58 Wieser, Theodor (Hrsg.): Günter Grass. Porträt und Poesie. Neuwied/Berlin 1968

L 59 Will, Wilfried van der: Pikaro heute. Metamorphosen des Schelms bei Thomas Mann, Döblin, Brecht, Grass. Stuttgart u.a. 1967

L 60 Willson, A. Leslie: The Grotesque Everyman in Günter Grass's *Die Blechtrommel*. In: Monatshefte LVIII (1966), 131–138

Nachtrag zum Verzeichnis der Sekundärliteratur

Angenendt, Thomas: »Wenn Wörter Schatten werfen«. Untersuchungen zum Prosastil von Günter Grass. Diss. Köln 1992

Arnold, Heinz Ludwig (Hrsg.): Günter Grass. In: Text und Kritik. Heft 1/1a [6]1988

Arnold, Heinz Ludwig (Hrsg.): Blech getrommelt. Günter Grass in der Kritik. Göttingen 1997

Beyersdorf, Herman Ernst: The Narrator as Artful Deceiver: Aspects of Narrative Perspective in *Die Blechtrommel*. In: The Germanic Review (1980), 4, 129–138

Frizen, Werner: Zwei Schelme im Unterricht. (Zu *Felix Krull* und *Die Blechtrommel*). In: Mitteilungen des Deutschen Germanisten-Verbandes (1983), 3, 1–20

Frizen, Werner: *Die Blechtrommel* – ein schwarzer Roman. Grass und die Literatur des Absurden. In: Arcadia (1986), 2, 166–189

Görtz, Franz Josef (Hrsg.): *Die Blechtrommel*. Attraktion und Ärgernis. Ein Kapitel deutscher Literaturkritik. Darmstadt/Neuwied 1984

Görtz, Franz Josef, Jones, Randall L. u. Keele, Alan F. (Hrsg.): Wortindex zur *Blechtrommel* von Günter Grass. Frankfurt a. M. 1990

Hermes, Daniela u. Neuhaus, Volker (Hrsg.): Grass im Ausland. Texte, Daten, Bilder. Frankfurt a. M. 1990

Könecke, Rainer: Stundenblätter *Die Blechtrommel*. Stuttgart [2]1986

Krumme, Detlef: Günter Grass. *Die Blechtrommel*. München/Wien 1986 (Hansers Literaturkommentare 24)

Kügler, Hans: Günter Grass: *Die Blechtrommel* oder die entmythologisierte Zeitgeschichte. Nachtrag zum Lernziel »historisches Verstehen«. In: Lehmann, Jakob (Hrsg.): Deutsche Romane von Grimmelshausen bis Walser. Interpretationen für den Literaturunterricht 2, 433–447

Mannack, Eberhard: Oskars Lektüre. Zum Verweisungszusammenhang in Günter Grass' *Blechtrommel*. In: Green, D. H., Johnson, L. P. u. Wuttke, Dieter (Hrsg.): From Wolfram and Petrarch to Goethe and Grass. Studies in Literature in Honour of Leonard Forster. Baden-Baden 1982, 587–602

Neuhaus, Volker (Hrsg.): Günter Grass: Die Blechtrommel. Erläuterungen und Dokumente. Stuttgart 1997 (RUB 16005)

Neuhaus, Volker: Schreiben gegen die verstreichende Zeit. Zu Leben und Werk von Günter Grass. München 1997

Neuhaus, Volker u. Hermes, Daniela (Hrsg.): Die *Danziger Trilogie* von Günter Grass. Texte, Daten, Bilder. Frankfurt a. M. 1991

Stallbaum, Klaus: Kunst und Künstlerexistenz im Frühwerk von Günter Grass. Köln 1989

Zeittafel zu Leben und Werk

1927 16. Oktober in Danzig geboren, Sohn eines Kolonialwarenhändlers, katholisch getauft. Vater Protestant deutscher Abstammung, Mutter Kaschubin

1933–1944 Besuch der Volksschule und des Gymnasiums. Erste schriftstellerische und künstlerische Versuche

1937 Mitglied in Hitlers ›Jungvolk‹

1943 Luftwaffenhelfer

1944 Soldat

1945 Verwundung, Lazarettaufenthalt, amerikanische Kriegsgefangenschaft

1946 Entlassung, Arbeit im Kalibergbau

1947–1948 Steinmetzpraktikum in Düsseldorf. Lyrische Produktionen

1948–1952 Studium der Bildhauerei in Düsseldorf

1951 Italienreise

1952 Frankreichreise. Erste Motive der *Blechtrommel*

1953 Fortsetzung des Bildhauerstudiums in Berlin

1954 Heirat mit der Schweizer Ballettstudentin Anna Schwarz

1955 Erste Lesung vor der ›Gruppe 47‹, der Grass bis zu ihrem Ende angehört

1956 Umzug nach Paris. Arbeit an der *Blechtrommel*

1958 Reise nach Polen. Letzte Recherchen für *Die Blechtrommel*

1960 Übersiedlung nach Berlin, ständiger Wohnsitz

1965 Georg-Büchner-Preis. Bundestagswahlkampf für die SPD

1969 und 1972 Bundestagswahlkampf für die SPD

1974 Austritt aus der katholischen Kirche

1978 Stiftung des Alfred-Döblin-Preises

1979 2. Heirat mit der Organistin Ute Grunert

1983–1986 Präsident der Berliner Akademie der Künste

1986–1987 Aufenthalt in Kalkutta

1993 Austritt aus der SPD wegen Differenzen über die Zuwanderungspolitik. Ehrendoktor der Universität Danzig; Ehrenbürger der Stadt Danzig

1994 Großer Literaturpreis der Bayerischen Akademie der schönen Künste

1996 Dänischer Sonning-Preis, Thomas-Mann-Preis der Hansestadt Lübeck

1999 Nobelpreis für Literatur

Romane und Erzählungen

1959 *Die Blechtrommel*

1961 *Katz und Maus*. Eine Novelle

1963 *Hundejahre*

1969 *Örtlich betäubt*

1972 *Aus dem Tagebuch einer Schnecke. Prosa*

1977 *Der Butt*

1979 *Das Treffen in Telgte. Erzählung*

1980 *Kopfgeburten oder Die Deutschen sterben aus*

1986 *Die Rättin*

1992 *Unkenrufe*

1995 *Ein weites Feld*

1999 *Mein Jahrhundert*

Gedichte

1956 *Die Vorzüge der Windhühner*
1960 *Gleisdreieck*
1967 *Ausgefragt*
1973 *Mariazuehren*
1983 *Ach Butt, dein Märchen geht böse aus*
1993 *Novemberland*
1997 *Fundsachen für Nichtleser*

Sonstiges

1957–1964 Uraufführungen verschiedener absurder Dramen
1966 *Die Plebejer proben den Aufstand.* Schauspiel
1968 *Davor.* Ein Stück in 13 Szenen
1979 *Die Blechtrommel.* Film
1982 *Zeichnen und Schreiben I. Zeichnungen und Texte 1954-1977*
1984 *Zeichnen und Schreiben II. Radierungen und Texte 1972-1982*
1987 *Werkausgabe* in 10 Bänden
1988 *Zunge zeigen*
1990 *Totes Holz. Ein Nachruf*
1991 *Vier Jahrzehnte. Ein Werkstattbericht*
1991 *Die Blechtrommel. Roman. Gelesen vom Autor.* 20 Kassetten
1997 *Werkausgabe* in 16 Bänden